Schriften zum
Planungs-, Verkehrs- und Technikrecht

Herausgegeben von Michael Ronellenfitsch und Klaus Grupp

Band 14

ISSN 1615-813X

Michael Ronellenfitsch / Ralf Schweinsberg (Hrsg.)

Aktuelle Probleme des Eisenbahnrechts IX

Vorträge im Rahmen der Tagung am 3.-5. September 2003
in Tübingen

Forschungsstelle für Planungs-, Verkehrs- und Technikrecht
an der Eberhard-Karls-Universität Tübingen
in Verbindung mit dem Eisenbahn-Bundesamt
2004

Verlag Dr. Kovač

VERLAG DR. KOVAČ

Arnoldstraße 49 · 22763 Hamburg · Tel. 040 - 39 88 80-0 · Fax 040 - 39 88 80-55

E-Mail info@verlagdrkovac.de · Internet www.verlagdrkovac.de

Bibliografische Information Der Deutschen Bibliothek
Die Deutsche Bibliothek verzeichnet diese Publikation
in der Deutschen Nationalbibliographie;
detaillierte bibliografische Daten sind im Internet
über http://dnb.ddb.de abrufbar.

ISSN 1615-813X
ISBN 3-8300-1650-6

© VERLAG DR. KOVAČ in Hamburg 2004

Printed in Germany
Alle Rechte vorbehalten. Nachdruck, fotomechanische Wiedergabe, Aufnahme in Online-Dienste
und Internet sowie Vervielfältigung auf Datenträgern wie CD-ROM etc. nur nach schriftlicher
Zustimmung des Verlages.

Gedruckt auf holz-, chlor- und säurefreiem Papier Alster Digital. Alster Digital ist
alterungsbeständig und erfüllt die Normen für Archivbeständigkeit ANSI 3948 und ISO 9706.

Vorwort

In Zeiten, in denen der (dringend nötige) Ausbau der Eisenbahninfrastruktur aus finanziellen Gründen stockt, befindet sich das Eisenbahnrecht in ständigem Fluss. Es droht, aus einer insbesondere öffentlich-rechtlichen Kernmaterie zu einem Spezialgebiet zu werden, in dem es selbst wenigen Sachkennern gelingt, den Überblick zu bewahren. Die Tübinger eisenbahnrechtlichen Tagungen dienen hier der Orientierung und Richtungsweisung. Der vorliegende Tagungsband stellt den Zusammenhang zur bisherigen Entwicklung des Eisenbahnrechts unter dem alles übergreifenden Gesichtspunkt der Daseinsvorsorge her, zeigt die immer noch virulenten Aspekte des Eisenbahnplanungsrechts auf und legt den Schwerpunkt auf die Nutzung der Infrastruktur. Er kann freilich nur einen bescheidenen Eindruck von der Lebendigkeit und Intensität des Meinungsaustausches vermitteln, der unter den 90 Tagungsteilnehmern stattfand. Wer jemals Tagungen durchgeführt hat, kann ein Lied davon singen, welcher organisatorische Aufwand hierfür erforderlich ist. Von der Vielzahl der Mitarbeiterinnen und Mitarbeiter der Forschungsstelle für Planungs-, Verkehrs- und Technikrecht und des Eisenbahnbundesamts möchten wir besonders hervorheben: Marietta Jährling, die als ruhender Pol im Lehrstuhlsekretariat immer das Heft in der Hand hielt, ferner Dr. Rebecca Dorn, Nikolai Warneke, Stéphanie Rischar, Christina Maier, Stefanie Rausch und Mechthild Lang. Die Redaktion und Gestaltung des Tagungsbands lag in den Händen von Christina Maier und Nikolai Warneke.

Wir bedanken uns auch für die organisatorische Unterstützung bei der Vorbereitung der Tagung von Regierungsamtsrat Paul Feit und Regierungsdirektor Reinhard Hennes des Eisenbahn-Bundesamtes, Bonn.

Tübingen und Bonn, den 15. Juli 2004   Michael Ronellenfitsch
                                        Ralf Schweinsberg

Inhaltsverzeichnis

Daseinsvorsorge - Wettbewerb - Gemeinschaftsrecht - Überlegungen unter Blickwinkel des Sozialstaatsprinzips des Art. 20 Abs. 1 GG
Prof. Dr. Siegfried Broß..1

Planerische Vorfestlegungen für die eisenbahnrechtliche Fachplanung (Bundesverkehrswegeplanung, Schienenwegeausbauplanung, Raumordnung) zur Wahrung der föderalen Daseinsvorsorge - Besinnung auf den harmonischen Bundesstaat
Prof. Dr. Michael Ronellenfitsch... 21

Eigentumszuordnung von Flächen für naturschutzrechtliche Ausgleichs- und Ersatzmaßnahmen
Prof. Dr. Willi Blümel..53

Betriebliche Grundlagen des Trassenmanagements
Prof. Dr.-Ing. Ekkehard Wendler...61

Netzzugang: aktuelle gesetzliche Vorgaben bei Trassenkonflikten, Vorrangregelungen und Höchstpreisverfahren
Horst-Peter Heinrichs..81

Der Diskriminierungsdurchgriff auf Nutzer – der Infrastrukturnutzer als „Betreiber"
Dr. Heike Delbanco...99

Aktuelle Rechtsprechung im Bereich des Netzzugangs
Christian Mäßen..109

Reichweite eisenbahnrechtlicher Genehmigungen - Bestandsschutz im Eisenbahnrecht
Wilko Wilmsen..127

Auswirkungen der TA Lärm auf nicht genehmigungsbedürftige Anlagen im Bereich der Eisenbahnen
Dr. Marc Röckinghausen..157

Die Entwicklung des Eisenbahnrechts im letzten Jahr
Dr. Urs Kramer...173

Das Verhältnis von Widmung und Planfeststellung - eine Neubewertung ist nötig!
Dr. Urs Kramer.. 187

Der Zugang zur Eisenbahninfrastruktur in Frankreich
Nadine Kari..195

Prof. Dr. Siegfried Broß, Richter am Bundesverfassungsgericht.

Daseinsvorsorge – Wettbewerb – Gemeinschaftsrecht – Überlegungen unter Blickwinkel des Sozialstaatsprinzips des Art. 20 Abs. 1 GG

I. Einführung

Das Thema Daseinsvorsorge und Wettbewerb hat Konjunktur[1]. Allerdings vermag ich nicht zu erkennen, dass ihm unter dem Blickwinkel des Sozialstaatsprinzips des Art. 20 Abs. 1 GG die gebotene Aufmerksamkeit geschenkt würde. Das bedeutet, dass Daseinsvorsorge vor dem gemeinschaftsrechtlichen Hintergrund national in Deutschland heute mehr als früher umfasst, sonach weiter ist, weil die Auslieferung vieler Bereiche an einen Wettbewerb das Sozialstaatsprinzip verletzt. Der Staat ist deshalb gehalten, Äquivalente zu schaffen. Herr Ronellenfitsch hat sich eingehend mit der Daseinsvorsorge als Rechtsbegriff beschäftigt[2]. Ich kann deshalb auf die von ihm entwickelten Linien im Einzelnen verweisen. Mein Anliegen heute ist es, Probleme zu erörtern, die sich aus dem Spannungsverhältnis des vom Wettbewerb betonten Gemeinschaftsrechts zu unserem nationalen Verfassungsrecht, vor allem dem Sozialstaatsprinzip des Art. 20 Abs. 1 GG ergeben können. Das Bundesverfassungsgericht misst der Daseinsvorsorge Verfassungsrang bei, wenn es z.B. formuliert "Die Energieversorgung gehört zum Bereich der Daseinsvorsorge; sie ist eine Leistung, deren

---

[1] Siehe statt aller nur Schwarze (Hrsg.), Daseinsvorsorge im Lichte des Wettbewerbsrechts, Baden-Baden 2001; Bullinger, Französischer service public und deutsche Daseinsvorsorge, JZ 2003, S. 597 ff.
[2] Siehe Willi Blümel (Hrsg.), Ernst Forsthoff, Kolloquium aus Anlass des 100. Geburtstags, Berlin 2003, S. 53 ff.

der Bürger zur Sicherung einer menschenwürdigen Existenz unumgänglich bedarf"[3]. Daraus erhellt, dass die Daseinsvorsorge nach dem Verfassungsverständnis des Grundgesetzes in Deutschland jedenfalls einen gehörigen Abstand zu Wirtschaft und zu Wirtschaftsverfassung aufweist. Ein weites Verständnis von Daseinsvorsorge und eine Distanzierung von ungezügeltem Wettbewerb trägt vor allem dem Umstand Rechnung, dass nicht alle Menschen, die unter dem Grundgesetz leben, mit denselben Anlagen ausgestattet sind, das heisst, nicht alle unter dem Grundgesetz lebenden Menschen können gleichermaßen ihr Leben meistern und die sich in einem Leben stellenden Probleme gleichermaßen bewältigen. Es ist unverkennbar, dass sich hier das Sozialstaatsprinzip des Grundgesetzes, wie es in Art. 20 Abs. 1 GG nur abstrakt als Begriff umschrieben ist, mit der Menschenwürde des Art. 1 Abs. 1 Satz 1 GG verbindet. Diese verfassungskräftige Absage an den Ellbogen-Menschen wird zu einer weiteren verfassungsmäßigen Bindung. Art. 79 Abs. 3 GG erklärt es für unzulässig, das Grundgesetz derart zu ändern, dass die in den Art. 1 und Art. 20 niedergelegten Grundsätze berührt werden. Daraus ist zu folgern, dass es der Bundesrepublik Deutschland verwehrt ist, sich an einem europäischen Integrationsprozess zu beteiligen, der die Sperre des Art. 79 Abs. 3 GG zu unterlaufen geeignet ist; sie hat alles zu unterlassen, was geeignet wäre, den im Geltungsbereich des Grundgesetzes gewährleisteten Sozialstandard zu gefährden oder gar absinken zu lassen (vgl. BVerfGE 73, 339 <387>; 89, 155 <174 f.>; 102, 147 <162 f.>). Dies schließt namentlich jede Mitwirkung an Maßnahmen aus, die auf eine weitere Vertiefung des Integrationsprozesses gerichtet sind, ohne dass dem gleiche Wettbewerbsbedingungen in allen Mitgliedstaaten korrespondieren. Was dem nationalen Gesetzgeber verwehrt ist, kann auch nicht durch Übertragung einer Regelungsbefugnis auf die

---

[3] BVerfGE 66, 248 (258).

Gemeinschaftsebene zulässig werden. Das Sozialstaatsprinzip des Art. 20 Abs. 1 GG erweist sich sonach als eine starke Integrationsschranke, die durch Art. 79 Abs. 3 GG zudem gegen verfassungsändernde Gesetze wirksam wird.

II. Einzelheiten

1. Die Wirtschaftsverfassung der Gemeinschaft verfolgt ordnungspolitisch den Grundsatz "einer offenen Marktwirtschaft mit freiem Wettbewerb", wie Art. 4 Abs. 2 EGV besagt. Demgemäß umfasst die Tätigkeit der Gemeinschaft nach Maßgabe des Vertrags und der darin vorgesehenen Zeitfolge gemäß Art. 3 lit. g "ein System, das den Wettbewerb innerhalb des Binnenmarkts vor Verfälschungen schützt". Auch die Präambel des Vertrages widmet sich in ihrem 4. Absatz dem Wettbewerbsgedanken, indem ein "redlicher Wettbewerb" zu gewährleisten ist. Mich interessiert im vorliegenden Zusammenhang nicht das gemeinschaftsrechtliche Instrumentarium, das diesen Wettbewerb absichern soll[4]. Für erörterungsbedürftig halte ich vielmehr Fragen dahingehend, ob die Überbetonung des Wettbewerbs nicht geradezu ein Widerspruch in sich und ein Hindernis für eine menschenwürdige und sozialverträgliche Grundlage eines jeden Staatswesens, aber und gerade auch der angestrebten noch enger werdenden Gemeinschaft mit einer eigenen Verfassung ist. Das wird schon an den in Art. 2 EGV beschriebenen Zielen deutlich, von denen wir uns aktuell eher weit zu entfernen drohen, als Aussicht besteht, sich ihnen zu nähern.

Der Wettbewerb - so verstanden wie ihn das Gemeinschaftsrecht meint - zeichnet sich vor allem dadurch aus, dass er allein aus sich heraus im Sinne einer Auseinandersetzung mit Konkurrenten lebt. Außerhalb des Wettbewerbs liegende Gesichtspunkte, Rahmenbedingungen bezüglich eines verwerfungsfreien Zusammenlebens der Menschen oder innere Hemmungen sind ihm fremd. So geht dem hier deutlich werdenden Wettbewerbsdenken jegliche Beachtung von Belangen des Gemeinwohls, des gesellschaftlichen und staatlichen Ganzen ab. Als staatliches und gesellschaftliches Ganzes verstehe ich hier nicht allein den einzelnen Mitgliedstaat mit seinem nationalen Interesse, sondern auch den Zusammenhalt in der Gemeinschaft und ihre konsensuale Grundlage. Von daher gesehen können Daseinsvorsorge und Wettbewerb nicht in Einklang gebracht werden, weil Daseinsvorsorge durch das Gemeinwesen eine Berücksichtigung innerer menschlicher Werte zur Voraussetzung hat. Demgegenüber ist der Wettbewerb hiervon unabhängig und unter diesem Gesichtspunkt wertneutral, vulgo rücksichtslos.

Man könnte nun daran denken, dass die von mir beklagte Diskrepanz zwischen Daseinsvorsorge und Wettbewerb dadurch behoben werden kann, dass sich die Gemeinschaft umfassend der Daseinsvorsorge für alle Mitgliedstaaten der Gemeinschaft und deren Staatsbürgerinnen und Staatsbürger annimmt. Ungeachtet des Umstandes, dass dies nach dem von mir zuvor entwickelten verfassungsrechtlichen Ansatz jedenfalls für Deutschland ausgeschlossen wäre, dürften aber auch andere Mitgliedstaaten selbst bei anders gearteter verfassungsrechtlicher Ausgangslage hieran kein Interesse haben. Umgekehrt kann ich mir auch nicht vorstellen, wie die Gemeinschaft die unüberschaubaren Probleme zum Beispiel der Versorgung alter Menschen sicherstellen könnte oder wollte. Ich bleibe vielmehr innerhalb meines Systems dergestalt, dass die Unvereinbarkeit von Daseinsvorsorge und Wettbewerb sich in vergleichbarer Gestalt dann eben auf Gemeinschaftsebene erneut und ebenfalls ohne schlüssige Lösungsmöglichkeit darbieten würde.

---

[4] Einzelheiten hierzu etwa bei Ronellenfitsch, a.a.O., S. 87 f.

2. Anhand einiger Beispiele möchte ich Ihnen mein Unbehagen mit Blick auf tatsächliche Gegebenheiten verdeutlichen. Sie sprechen schon alleine ohne Bewertung für sich, machen aber deutlich, dass das Schlagwort von einem "unumkehrbaren dynamischen Prozess" auf europäischer Ebene zu dürftig ist. Evaluation ist seit geraumer Zeit in Mode. Ich habe keinerlei Verständnis dafür, dass man nicht auch auf europäischer Ebene sich dieser Methode bedient. Man könnte die tatsächlichen Gegebenheiten vor dem Hintergrund jahrelanger Entwicklungen daraufhin überprüfen, ob möglicherweise die Rahmenbedingungen unzutreffend gewählt oder dem Integrationsprozess gefährliche Schlupflöcher übersehen wurden. Es könnte sein - bildlich gesprochen - dass man in einem mehrstöckigen Gebäude im 3. oder 4. Stockwerk anfängt zu bauen, ohne ein tragfähiges Fundament zu schaffen, das das Gesamtgebäude im Endzustand einschließlich eines regendichten schützenden Daches zu tragen vermag.

Hierfür darf ich anknüpfen an die Schlussworte meines verehrten Kollegen Brun-Otto Bryde anlässlich des Kolloquiums zu seinem 60. Geburtstag "Haben wir wirklich recht?" am 7. Februar 2003 in Gießen. Er hielt damals überzeugend fest: "Wenn wir die soziale Wirklichkeit nicht wahrnehmen, können wir sie rechtlich nicht bewältigen - und dann haben wir auch nicht recht"[5].

a) Der Bericht "Leistungen der Daseinsvorsorge" der Kommission für den Europäischen Rat in Laeken vom 17. Oktober 2001 führt etwa in Nr. 48 f. zum Wettbewerb aus[6]:

"Für eine Vielzahl von Dienstleistungen von allgemeinem öffentlichen Interesse haben sich offene Märkte als optimale Instrumente zur Befriedigung der Bedürfnisse der Bürger und Unternehmen erwiesen. In den durch Gemeinschafts-

---

[5] Vgl. hierzu im Einzelnen den Bericht von Bäuerle und Wallrabenstein, NVwZ 2003, 694 ff.

maßnahmen liberalisierten Sektoren hat der Wettbewerb zu einer vergrößerten Angebotsvielfalt und zu Kostensenkungen für die Verbraucher wie auch für die gewerblichen Nutzer geführt. Bei der Einführung des Wettbewerbs in einem Sektor verfolgt die Gemeinschaft einen schrittweisen, strukturierten Liberalisierungsansatz, um so eine Kontinuität des Leistungsangebots zu gewährleisten und den betroffenen Akteuren eine Anpassung an die sich ändernden Marktbedingungen zu ermöglichen."

Ronellenfitsch[7] hat zutreffend darauf hingewiesen, dass immer dann, wenn "besondere Gegebenheiten" dem Wettbewerb entgegenstehen, er überhaupt nicht eingeführt werden darf. Dem stimme ich zu, gehe aber noch einen wesentlichen Schritt weiter. In all den Bereichen, in denen Daseinsvorsorge eine Ausprägung des Sozialstaatsprinzips des Grundgesetzes in Verbindung mit der Menschenwürde ist, darf kein Wettbewerb stattfinden.

Ihnen allen wird an der genannten geradezu euphorischen Stellungnahme aufgefallen sein, dass es nach der Privatisierung mit Kostensenkungen in mancherlei Bereichen nicht so weit her ist. Wenn wir etwa die Abfallbeseitigung in den Blick nehmen, so ist diese nach der Privatisierung unbestritten teurer geworden. Offizielle Stellungnahmen leiden vor allem auch daran, dass sie die Verlagerung von Kosten in den Sekundärbereich nicht berücksichtigen oder gezielt verschweigen. So ist es gerade im Bereich der Abfallbeseitigung unumgänglich, diesen Sekundärbereich einzubeziehen. Wilde Müllablagerungen und die rechtswidrige Beseitigung von Industrie- und Gewerbemüll haben nach Privatisierung und Zurücknahme des staatlichen Sektors zu einem Mehr an Überwachung und damit Kosten, aber auch zu einem Mehr an finanzieller Belastung der

---

[6] (KOM) 2001 598 end.; hierzu u.a. Kämmerer, NVwZ 2002, S. 1041 ff.; zum Ganzen auch Ehlers, Gutachten für den 64. DJT, München 2002.

Allgemeinheit dadurch geführt, dass diese auf den Kosten der Beseitigung einer illegalen Ablagerung "sitzen bleibt", sei es, dass der Verursacher nicht dingfest gemacht werden kann oder mittellos ist. Es würde den Rahmen dieses Vortrages sprengen, wenn ich Ihnen - was sehr reizvoll wäre - noch weitere solcher Sekundärbereiche vorstellen wollte - insoweit müsste ich mich auch des Näheren mit der Tätigkeit von Wirtschaftsprüfungsgesellschaften befassen oder mit der beabsichtigen Privatisierung des öffentlichen Notariats - kurz: Ein redlicher Wettbewerb kann nur durch ein Ausufern von Regeln und Instrumenten und deren Überwachung sichergestellt werden. Das würde vermutlich Arbeitsplätze schaffen, aber den angestrebten Kostenvorteil mit Sicherheit weitgehend aufzehren.

b) Wenn man den Verkehrssektor betrachtet und die dort um sich greifende Privatisierung des öffentlichen Personennahverkehrs mustert, ist die allgemeine Beurteilung regelmäßig schief. Wenn ein gegenüber der Privatwirtschaft höheres Lohnniveau für eine Privatisierung und für Wettbewerb ins Feld geführt wird, gerät ein wichtiger Umstand aus dem Blickfeld: Öffentliche Arbeitgeber pflegen sich erwartungsgemäß an alle bestehenden Regelungen zu halten, während gerade im Verkehrsbereich in jüngster Zeit bei großen Unternehmen gravierende Verstöße festgestellt wurden[8].
Dieser Befund legt weitere Erwägungen nahe.

---

[7] A.a.O., S. 93.
[8] Hinzuweisen ist darauf in diesem Zusammenhang, dass in einem sehr namhaften europaweit tätigen Unternehmen des Güterfernverkehrs ein Teil des Vorstands wegen solcher Verstöße verhaftet wurde, desgleichen Teile des Vorstands eines großen Omnibusunternehmens. Ihnen werden zahllose Verstöße gegen arbeits- und tarifrechtliche Vorschriften angelastet. Da es sich hier in beiden Fällen um die Beschäftigung von EG-Ausländern in sehr großer Zahl handelte, kann man sich die unmittelbare Auswirkung auf den Arbeitsmarkt in Deutschland unschwer vorstellen. Zuletzt ist auf den Bericht der Süddeutschen Zeitung Nr. 134 vom 13. Juni 2003, S. 33 "Tausende Fahrer illegal beschäftigt - Haftstrafe" hinzuweisen.

Bezüglich der Ausschreibungspflicht der öffentlichen Hand nach den Regelungen des Gesetzes gegen Wettbewerbsbeschränkungen (§§ 102 ff.) in Verbindung mit § 2 Vergabeverordnung ist ohnehin zu überlegen, ob die Ausschreibungspflicht zu Lasten der öffentlichen Hand nicht immer dann entfallen muss, wenn sie im Bereich der Daseinsvorsorge - nicht bei Alleinstellung - mit anderen Anbietern konkurriert, wie z.b. im öffentlichen Personennahverkehr oder anderwärts[9]. Die Unternehmen der öffentlichen Hand können dann für ihr Angebot im Rahmen einer solchen Ausschreibung anders kalkulieren und anbieten, wenn nicht bei der Vergabe der nachgefragten Leistung und der dazu benötigten Güter durch das Unternehmen eine Ausschreibungspflicht besteht. Diese Frage ist generell und nicht nur für gemischte Unternehmen, also Beteiligung privater und öffentlicher Unternehmen an einem gemeinsamen Unternehmen, zu überlegen. Die innere Rechtfertigung hierfür ist der Wettbewerb; denn der Wettbewerb wie er von europäischer Ebene her nunmehr seit vielen Jahren forciert wird, fordert, wenn man folgerichtig zu Ende denkt, die völlige Gleichbehandlung aller in einem Wettbewerb stehenden Konkurrenten. Es handelt sich insofern um ein in sich geschlossenes System. Dieses umfasst alle Wettbewerber gleichermaßen und unterschiedslos. Wird ein Unternehmen der öffentlichen Hand aber mit Ausschreibungspflichten isoliert belastet, wird seine Wettbewerbsposition gegenüber Privaten im Widerspruch zu dem zu Grunde liegenden Wettbewerbsgedanken verschlechtert. Anders gewendet: Was hier geschieht hat mit Wettbewerb nichts mehr zu tun, sondern wirkt dahin, das Gemeinwesen auszuhöhlen und die dieses stabilisierenden Elemente der Daseinsvorsorge zu zerstören. Daraus folgt zwingend, dass immer dann, wenn Wettbewerbsverhältnisse über eine Ausschreibung der öffentlichen Hand eröffnet werden, Unternehmen der

---

[9] Hierzu a. Broß, Die Vergabe öffentlicher Aufträge als Wettbewerbsproblem, FS Brandner, Köln 1996, S. 343 ff.

öffentlichen Hand selbst, die sich hieran beteiligen, ungeachtet des Umstands, ob es sich um Aufgaben der Daseinsvorsorge handelt, keinerlei Ausschreibungspflicht in der Folge unterliegen, und zwar unabhängig davon, ob ausschließlich in öffentlicher Hand befindliche Unternehmen oder gemischte Unternehmen auftreten.

Man muss den Wettbewerbsgedanken unter dem Gesichtspunkt der Daseinsvorsorge und des in Deutschland geltenden Sozialstaatsprinzips des Art. 20 Abs. 1 GG allerdings noch weiter spannen. Mit der Duldung oder gar der Eröffnung von Steueroasen innerhalb der Gemeinschaft verfälscht diese auch den Standort-Wettbewerb der Mitglieder untereinander. Die Gemeinschaft übersieht bei einem solchen Verhalten, dass unlauterer Wettbewerb und die Schädigung einzelner Mitgliedsländer unmittelbar über die Belastung der jeweiligen Volkswirtschaft durch unredliche Steuerflucht - häufig allein über Briefkastenfirmen - die Substanz einzelner Mitgliedstaaten, aber auch die die Gemeinschaft verbindende Substanz nachhaltig in Frage stellt oder gar allmählich auszehrt. Wie dünn diese die Gemeinschaft verbindende Substanz ist und deren fehlende Belastbarkeit hat nicht zuletzt der Irak-Krieg gezeigt. Die Lagerbildung - auch unter und mit Beitrittskandidaten - hat allerdings noch nicht gereicht, zu kritischem Nachdenken anzuregen. Für das große Vorhaben der europäischen Integration wird insoweit die Legitimation brüchig. Auch hieran zeigt sich, dass es ein verfehlter Ansatz ist, an einer alles überwölbenden Verfassung zu arbeiten, wenn zugleich wesentliche Teile des Fundaments, das alle Mitgliedstaaten verbinden soll, unterminiert werden.

Der Wettbewerb auf Gemeinschaftsebene ist ferner bezüglich der Lenkung der europäischen Verkehrsströme verzerrt. Deutschland und Österreich sind nach dem Fall des Ostblocks Transitländer geworden. Die Transitverkehre werden sich durch die Aufnahme weiterer Staaten im Osten noch verstärken. Es geht nicht an, dass wenige Mitgliedstaaten solche Gesamtlasten und die damit verbundenen ganz außergewöhnlich hohen finanziellen Aufwendungen für das gesamte Fernstraßennetz tragen müssen, ohne hierfür einen angemessenen Ausgleich zu erhalten. Transitverkehre belasten einseitig und bringen keinerlei volkswirtschaftlichen Vorteile. Die Umwelt der betroffenen Staaten und die Beeinträchtigung ihrer Bürger unmittelbar durch Verkehrslärm, Landverbrauch und Luftverschmutzung ist so nicht hinnehmbar. Diesen Staaten muss jedenfalls als erster Schritt vorbehalten bleiben, die Lenkung der Verkehrsströme zu Land (Straße, Eisenbahn), zu Wasser und in der Luft eigenverantwortlich und ohne bindende gemeinschaftsrechtliche Vorgaben zu steuern, bis ein ausgewogenes Gesamtkonzept entwickelt ist.

Es kann nicht hingenommen werden, dass das Sozialstaatsprinzip des Grundgesetzes in Verbindung mit den Regelungen in Art. 1 Abs. 1 Satz 1 und in Art. 79 Abs. 3 GG durch gemeinschaftsrechtliche Maßnahmen und Vorgaben auch schon dadurch nachhaltig in ihrer Substanz beeinträchtigt werden, dass finanzielle Mittel zur Bewältigung eines verzerrten Wettbewerbs dem Staatshaushalt zu Lasten der Staatsangehörigen entzogen werden.

c) Für die Entwicklung des Arbeitsmarktes in Deutschland ergibt sich seit 1971 folgendes Bild:

	Arbeitslose	offene Stellen[10]
1971	185 072	648 084
1975	1 074 217	236 174

---

[10] Quelle: Statistische Jahrbücher für die Bundesrepublik Deutschland bis einschließlich 2002 (Tabelle 6.15), herausgegeben vom Statistischen Bundesamt.

1980	888 900	308 348
1982	1 833 244	104 871
1984	2 265 559	87 929
1986	2 228 004	153 866
1988	2 241 556	188 621
1990	1 883 147	313 604

einschließlich neue Länder

1992	2 978 570	356 237
1993	3 419 141	279 452
1994	3 698 057	284 753
1995	3 611 921	321 306
1996	3 965 064	327 278
1997	4 384 456	337 110
1998	4 279 288	421 606
1999	4 099 209	456 379
2000	3 888 652	513 963
2001	3 851 636	506 141
2002[11]	4 071 216	448 483

Mai 2003[12]	4 342 400	393 500

Auffallend ist, dass seit 1991 trotz der Vereinigung Deutschlands - von einer kurzen "Erholungsphase" in den Jahren 1999, 2000 und 2001 abgesehen - fortwährend Arbeitsplätze in großer Zahl verloren gehen. Im selben Maße nimmt die Zahl der Arbeitslosen zu, hingegen die Zahl der offenen Stellen ab. Der

---

[11] Quelle: http://www.destatis.de/cgi-bin/printview.pl.
[12] Quelle: wie Fn. 12.

Verweis auf die Globalisierung der Wirtschaft und auf einen Reformstau in Deutschland ist vordergründig. Sie mögen die Entwicklung mitbeeinflussen, sicherlich aber nicht zentral und vor allem nicht allein. Das zur Verfügung stehende Material stützt nicht die These, der Sozialstaat und damit die Arbeit seien in Deutschland zu teuer. Nach der Übersicht liegt Deutschland eher im Mittelfeld:

Steuer- und Abgabenquoten in den Mitgliedsländern der EU[13]

Land	**Steuern**				**Steuern und Sozialabgaben**			
	1997	1998	1999	2000	1997	1998	1999	2000
% des Bruttoinlandsprodukts								
Deutschland	23,5	23,9	25,0	25,4	42,1	42,1	42,9	43,0
Belgien	31,3	31,8	31,7	31,8	45,7	46,3	46,0	45,9
Dänemark	48,0	48,3	48,7	44,7	49,6	49,9	50,8	47,0
Finnland	33,5	33,7	33,7	35,4	46,7	46,6	46,8	47,6
Frankreich	26,2	28,8	29,4	...	45,2	45,1	45,9	45,5
Griechenland	23,1	24,9	26,0	26,7	34,3	36,4	37,4	38,1
Irland	28,4	28,1	27,9	26,5	32,8	32,3	32,2	30,4
Italien	29,8	30,7	30,8	30,3	44,7	43,2	43,3	42,7
Luxemburg	30,8	30,3	30,8	...	41,4	40,7	41,6	...
Niederlande	25,2	25,0	25,7	25,5	40,7	40,3	41,7	41,6
Österreich	29,4	29,4	29,3	28,7	44,7	44,6	44,5	43,9
Portugal	25,0	25,0	25,3	26,1	35,4	35,6	35,9	37,0
Schweden	36,5	37,9	38,9	36,9	51,0	52,4	52,0	52,0
Spanien	22,0	22,3	22,9	...	34,2	34,5	35,1	...

---

[13] Quelle: Statistisches Jahrbuch 2002 für das Ausland (Tabelle 13.5), herausgegeben vom Statistischen Bundesamt.

GB	29,4	30,6	30,8	31,6	36,2	37,5	37,7	38,6
EU	26,4	27,0	27,6		41,5	41,5	42,0	...
Eurozone	25,3	25,7	26,5	...	42,6	42,3	42,8	...

Vor diesem Hintergrund muss auch überlegt werden, ob die seit Jahren auf eine Beseitigung "sozialer Wohltaten" gerichteten Forderungen von Unternehmerseite nicht lediglich zum Ziel haben, das Adjektiv "sozial" ersatzlos aus dem Zusammenhang mit der Marktwirtschaft zu streichen.

Im beschriebenen Zeitraum ist ferner eine deutliche Zunahme der Schattenwirtschaft in Deutschland zu verzeichnen. Es muss deshalb nahe liegend die Frage gestellt werden, ob der Verlust an regulären Arbeitsplätzen, die Zunahme der arbeitslos gemeldeten Arbeitswilligen und das Wachsen der Schattenwirtschaft zumindest auch, wenn nicht nachhaltig, durch Maßnahmen von der Gemeinschaftsebene her befördert werden. Gerade die Privatisierung zahlreicher Bereiche der Daseinsvorsorge könnte - wie die Beispiele zuvor gezeigt haben - einen erheblichen Beitrag zu der beklagten Entwicklung leisten.
Darüber müsste verstärkt nachgedacht und von der Gemeinschaftsebene her auch reagiert werden. Reaktionen, die eine Veränderung der Rahmenbedingungen, des Integrationstempos, aber auch der vergemeinschafteten Politikfelder betreffen, vermisse ich. Allerdings hat die beschriebene Entwicklung zur weiteren überaus negativen Folge, dass enorme finanzielle Mittel in den Sozialbereich umgeleitet werden müssen, die für Zukunftsinvestitionen fehlen. Was bringt also die Senkung von Telefonrechnung und Stromrechnung einem Haushalt, wenn er ein mehrfaches der Ersparnis über Steuern und Sozialabgaben wieder in den Staatshaushalt zurückführen muss. Wir alle sehen, dass der Lebensstandard kontinuierlich sinkt.

d) Wenn man dem Wettbewerbsgedanken so huldigt, wie es die Kommission und die Verträge tun, müssen ferner Bereiche einer kritischen Betrachtung unterzogen werden, die zwar nicht unmittelbar und in erster Linie die Daseinsvorsorge als solche betreffen, ihre Grundlage aber nachhaltig und negativ verändern. Das gilt in besonderem Maße für Deutschland. Steindorf hat schon im Jahre 1986 beklagt, dass die Bundesrepublik Deutschland rund 8 Milliarden DM weniger aus dem Gemeinschaftshaushalt zurückerhält, als sie abführt[14]. Inzwischen beläuft sich dieses Missverhältnis auf rund 11,7 Milliarden Euro (bezogen auf das Jahr 2000[15]). Nach den letzten verlässlichen Angaben finanziert die Bundesrepublik Deutschland 24,8 % des Gemeinschaftshaushalts[16]. Insofern handelt es sich nicht um seriösen Wettbewerb zwischen den Mitgliedstaaten. Ich stelle also fest, dass Wettbewerb für zahlreiche Politikfelder rücksichtslos und ohne jede Einschränkung vertreten wird, was sich zu Lasten einzelner Mitgliedstaaten auswirkt, dass man aber diesen Wettbewerb sofort vergisst, wenn es um die Belastung der Bundesrepublik Deutschland mit erheblichen Beträgen geht. Allein seit Mitte der 80er-Jahre dürfte dieses Finanzierungsgefälle mit mindestens 150 Milliarden DM gegenüber Deutschland zu Buche schlagen. Es ist also unumgänglich, dass ungeachtet der Frage, ob bei einem Defizitverfahren gegen die Bundesrepublik Deutschland nicht diese Nettozahlsumme in Abzug zu bringen wäre, die europäische Finanzsituation im Sinne eines seriösen Wettbewerbs für alle Mitgliedstaaten vergleichmäßigt wird, damit die für den Sozialhaushalt dringend erforderlichen Mittel freigesetzt werden können.

---

[14] Europa-Recht, DtV, 7. Aufl, 1986, Einführung S. XIV.
[15] Vgl. Statistisches Jahrbuch 2002 für das Ausland (Tabelle 13.3 und 13.4), herausgegeben vom Statistischen Bundesamt.
[16] Zahlen des Jahres 2000, vgl. Statistisches Jahrbuch 2002 für das Ausland (Tabelle 13.4).

III. Bahn, Post (im weiteren Sinne) und Straßen

1. Daseinsvorsorge in dem von mir verstandenen Sinne als eine Ausprägung des Sozialstaatsprinzips des Art. 20 Abs. 1 GG und der Menschenwürde des Grundgesetzes in Art. 1 Abs. 1 Satz 1 umfasst auch die Pflicht des Staates, ein für alle Bürgerinnen und Bürger leistungsfähiges öffentliches Verkehrs- und Nachrichtennetz zur Verfügung zu stellen und leistungsfähig zu unterhalten. Was die Privatisierung von Bahn und Post anbetrifft, sind Ihnen die einschlägigen Änderungen des Grundgesetzes in Art. 87e und Art. 87f bekannt[17]. Die Bundesstraßen sind hiervon noch nicht betroffen. Allerdings gibt es schon Konzessionsmodelle. Die Privatisierung von Bahn und Post geht eher zu weit. Insoweit wirkt auch die Regelung in Art. 87e Abs. 3 Satz 3 GG, wonach die Mehrheit der Anteile an den Eisenbahnunternehmen beim Bund verbleibt, nicht beruhigend. Privatisierung solcher Infrastrukturbereiche machen ein Staatswesen anfällig, unter Umständen erpressbar. Bei einer namhaften etwa ausländischen Beteiligung könnte nachhaltig auf die Volkswirtschaft eingewirkt werden, man denke nur z.B. an eine Woche Sonderurlaub für alle Bahnbediensteten, weil diese so hervorragend gearbeitet haben. Streiks von Post und Müllabfuhr haben uns schon die Vorteile der Privatisierung freundlich in Erinnerung gerufen, ebenfalls Warnstreiks bei der Bahn.

Man sollte allerdings vor diesem Hintergrund verstärkt darüber nachdenken, ob man nicht die Bahnunternehmen, die Nachfolgeunternehmen der Deutschen Bundespost und die Bundesfernstraßen für einen zentralen Sektor der Daseinsvorsorge aktivieren könnte. Ihnen allen ist bekannt, dass schieres Wettbewerbsdenken und Profitgier die new economy wie eine Seifenblase haben platzen las-

---

[17] Zur Bahn im Einzelnen Blümel/Kühlwetter/Schweinsberg (Hrsg.) Aktuelle Probleme des Eisenbahnrechts IV, Speyerer Forschungsberichte 200, 2000.

sen. Darüber kann man keine Genugtuung empfinden, wenn man an die Vernichtung zahlreicher wirtschaftlicher Existenzen redlicher Wirtschaftsteilnehmer wie auch an die Vernichtung von Arbeitsplätzen und der Altersversorgung vieler Menschen denkt. Für die Vereinigten Staaten von Amerika sprechen Fachleute davon, dass das amerikanische Pensionssystem, das wegen seiner größeren Eigenverantwortung - wenn auch zu Unrecht - als Vorbild für europäische Länder gilt, vor dem Kollaps steht. Niemand wisse, wie die Rente einer ganzen Generation zu finanzieren sei[18]. Auch wenn sich in Deutschland die Verhältnisse nicht ganz so dramatisch darstellen mögen, kommen wir nicht daran vorbei, dass zunehmend die Eigenverantwortung und die Vorsorge für das Alter durch die Menschen selbst und unabhängig vom Staat angemahnt wird. Bei dieser Forderung bleiben allerdings manche Fragen offen und sie muss deshalb mit einem Fragezeichen versehen werden. Derzeit vermag ich nicht zu erkennen, woher die Rendite für eine private Rente kommen soll. Die Aktienkurse haben eine beispiellose Talfahrt erlebt und schon viel in diese Richtung einer privaten Rente angelegtes Vermögen vernichtet. Der Immobilienmarkt, sei es für Privat-, sei es für Gewerbe- oder Industriebauten, ist ebenfalls in großen Teilen Not leidend. Vor allem aber ist es mit dem Sozialstaatsprinzip des Grundgesetzes nicht zu vereinbaren, die Menschen bezüglich dieses Teils ihrer Altersversorgung dem freien Spiel der Kräfte und dem rücksichtslosen Wettbewerb der Wirtschaft mit den damit einhergehenden unwägbaren Risiken auszusetzen. Auch unter gesamtstaatlichen Überlegungen ist diese Art der privaten Rente keine ausgewogene Lösung. Zu berücksichtigen ist, dass wenn die Menschen mit ihrer Privatanlage scheitern, sie gleichwohl über Sozialhilfe wiederum der Allgemeinheit und dem Staatshaushalt anheim fallen. Bei einer Gesamtbetrachtung müssen wir deshalb festhalten, dass der Volkswirtschaft zunächst viel Geld und zum Teil auf

---

[18] Süddeutsche Zeitung Nr. 113 vom 17./18. Mai 2003, S. 21.

unredliche Weise entzogen, sie allerdings zeitversetzt umso stärker belastet wird.

Mit Privatisierung und Wettbewerb im Bereich der Daseinsvorsorge allein ist es nicht getan. Unser Staat kann sich wegen der Geltung des Sozialstaatsprinzips nicht bindungslos zurückziehen und die Menschen gleichsam ihrem Schicksal überantworten. Er muss vielmehr einen zuverlässigen und gesicherten Rahmen gestalten, innerhalb dessen er dann die Eigenverantwortung der Menschen einfordern darf. Mit Rücksicht auf die aktuellen Erfordernisse und die europäische Integration erfährt der Bereich der Daseinsvorsorge deshalb eine Erweiterung und keine Einschränkung, weil der Staat im Widerspruch zum Sozialstaatsprinzip nicht nur eine Gefährdungslage schafft, sondern schon berechtigtes Vertrauen enttäuscht und Besitzstände zerstört.

2. Vor diesem Hintergrund könnte ich mir eine Fondslösung für die private Altersversorgung neben der staatlichen Rente vorstellen. Diese wäre geeignet, Stabilität für die Altersversorgung zu vermitteln, den Staat frei von bedenklichen Einflussnahmen zu halten und zugleich für Zukunftsinvestitionen, zunehmend allerdings auch für Erhaltungsinvestitionen bei Straßen, öffentlichen Gebäuden und dergleichen, die finanzielle Grundlage zu schaffen.

a) Die Bundesanteile an den Eisenbahnunternehmen müssen in ihrem Bestand gänzlich beim Bund verbleiben. Sie werden bewertet und in einen Fonds eingebracht. Von diesem Fonds werden Anteile ausgegeben, die einen bestimmten Nennbetrag und eine auf Dauer feste Verzinsung garantieren. Mit diesen Anteilen ist es möglich, dass krisensicher und unabhängig von den Unwägbarkeiten eines Wettbewerbs eine private Rente aufgebaut werden kann. Zugleich erhält der Bund notwendige Mittel für dringende Investitionen für die Eisenbahnunternehmen; er kann zugleich auf diese Weise den Arbeitsmarkt pflegen. Der Staat sichert dadurch ferner einen für sein Überleben zentralen Infrastrukturbereich.

b) Genauso sind alle noch in der Hand des Bundes befindlichen Anteile an den Nachfolgeunternehmen der Post in einen Fonds einzubringen. Sie sind ebenfalls mit einem bestimmten Nennbetrag und entsprechend den Anteilen an den Eisenbahnunternehmen mit der gleichen Verzinsung auszustatten. Mit dieser Fondslösung könnte der Bund zugleich Wiedergutmachung an diejenigen Anteilseigner leisten, die durch die risikoreiche Unternehmenspolitik der Deutschen Telekom Vermögensverluste erlitten haben und demgemäß ihre Altersversorgung gefährdet sehen. Für solche Anteilseigner wäre das Ganze ein Umtausch.

c) Nachdem schon länger über eine Vorfinanzierung von Autobahnprojekten durch die Länder, die Errichtung von Tunnels oder Teilstücken des Autobahnnetzes durch Private nachgedacht und zum Teil auch umgesetzt wird, könnte man daran denken, dass alle Bundesfernstraßen in einen solchen Fonds eingebracht und nach einer geeigneten Ausgestaltung für eine private Altersversorgung zur Verfügung gestellt werden. Zudem wäre die Unabhängigkeit des Staates sichergestellt, weil sein Verkehrsnetz von Fremdeinflüssen freigehalten werden kann.

d) Solche Fondslösungen kann man sich noch in vielfältiger Weise vorstellen, so etwa für öffentliche Anlagen der Be- und Entwässerung, aber auch der Abfallbeseitigung. Entscheidend ist, dass der staatliche Einfluss auf Einrichtungen der Daseinsvorsorge ungeschmälert erhalten bleibt. Die Sekundärbereiche, die zu Lasten der Allgemeinheit Risiken in sich bergen - z.B. Belastung der Umwelt -

und zusätzliche finanzielle Mittel für eine zunehmende Überwachung oder Beseitigung von Störungen erfordern, können so verhindert werden. Das allerdings bedingt, dass Bereiche auch wieder in die Obhut des Staates (einschließlich der Länder und Gemeinden) zurückgeführt werden. Die Entwicklung der letzten Jahre hat insoweit gezeigt, dass Markt und Wettbewerb nichts richten, sondern im Gegenteil Gemeinwohlbelange und die Menschen zu gefährden geeignet sind. Das Gemeinwesen selbst darf nicht zum Spielball ungezügelten Macht- und Gewinnstrebens werden. Auch der Schwache muss in einem Gemeinwesen noch seinen Freiraum haben. Das gebieten das Sozialstaats- und ferner das Rechtsstaatsprinzip.

Es liegt auf der Hand, dass die Fondanteile mit verschiedenen Anlageformen konkurrieren und dieses Modell nicht zu einem Schneeballsystem mutieren darf. Die Attraktivität liegt in der staatlich garantierten Sicherheit. Es verdeutlicht die Eigen- wie die Gemeinschaftsverantwortung jedes Einzelnen und stellt fortwährend sicher, dass wegen des einzelnen Volumens stetig geeignete, rentierliche Anlageobjekte zur Verfügung stehen. Die Rendite muss im Wettbewerb der Betriebe erwirtschaftet werden, Deckungslücken muss der Staat ausgleichen. Durch Reduzierung von Renten- und Sozialhilfelasten werden Mittel frei. Bei dem Straßenfonds kann man darüber nachdenken, die Kfz-Steuer für Anteilseigner gänzlich zu streichen und eine Maut für Nichtanteilseigner entsprechend höher festzusetzen.

Zusammenfassung:

Eine Überbetonung des Wettbewerbsgedankens gefährdet den sozialen Frieden in der Gemeinschaft und in den einzelnen Mitgliedstaaten. Der strukturelle Widerspruch zu Grundrechtecharta und Verfassungsentwurf kann nicht aufgelöst werden[19].
Die hier vorgestellte Fondslösung ist geeignet, Fehlentwicklungen abzumildern oder rückgängig zu machen, die auf Grund eines vordergründigen Wettbewerbsdenkens eingetreten sind. Zugleich würde die Bundesrepublik Deutschland ihrer der Unabänderbarkeitsklausel des Art. 79 Abs. 3 GG obliegenden Sozialstaatsverpflichtung und ihrer Verpflichtung zur Achtung der Menschenwürde gerecht. Sie könnte ferner in die Zukunft weisend auch für alternde Menschen der nachwachsenden Generationen Zukunftsperspektiven eröffnen.

---

[19] Vgl. hierzu z.B. Bryde, in v.Münch/Kunig (Hrsg.), GG-Kommentar, 5.Aufl., 2000, Rn. 2a zu Art. 14.

Prof. Dr. Michael Ronellenfitsch, Universität Tübingen.

Planerische Vorfestlegungen für die eisenbahnrechtliche Fachplanung (Bundesverkehrswegeplanung, Schienenwegeausbauplanung, Raumordnung) zur Wahrung der föderalen Daseinsvorsorge
- Besinnung auf den harmonischen Bundesstaat -

I. Vorbemerkung

Wie immer auf den eisenbahnrechtlichen Fachtagungen[1], beginne ich mit einer „akademischen" Vorbemerkung. Die Tagungen finden nicht von ungefähr in den Räumlichkeiten des Großen Senats der Universität Tübingen statt. Durch die Lokalität wird symbolisch zum Ausdruck gebracht, dass das Eisenbahnrecht nicht nur als Fachrecht in seinen spezifischen Detailproblemen behandelt werden soll, sondern dass es um **Recht schlechthin** geht. Ich betone das, weil auf multidisziplinären Tagungen die Juristen – mit Vorliebe von Ingenieuren und Ökonomen – in die Ecke der lästigen Bedenkenträger abgedrängt werden. Man spricht dann abwertend von „Fachjuristen". *Forsthoff* hat hierzu die Formulierung vom „lästigen Juristen"[2] geprägt, *Hans Schneider* entwickelte den Ansatz

---

[1] Vgl. *Ronellenfitsch*, Die Betriebsplanfeststellung, in: Ronellenfitsch / Schweinsberg (Hrsg.), Aktuelle Probleme des Eisenbahnrechts V, 2000, S. 101 ff. (102); ders., Der Netzzugang fremder Verkehrsträger zu eisenbahnrechtlich gewidmeten Hafenanlagen, in: Ronellenfitsch / Schweinsberg (Hrsg.) Aktuelle Probleme des Eisenahnrecht VI (2001), S. 29 ff. (29); ders. Aktuelle Entwicklungen des Planfeststellungsrechts, in: Ronellenfitsch / Schweinsberg (Hrsg.), Aktuelle Probleme des Eisenbahnrechts VI, 2002, S. 7 ff. (8); ders. Aufgabenbereiche des Eisenbahn-Bundesamtes und der Kartellbehörden, in: Ronellenfitsch / Schweinsberg (Hrsg.), Aktuelle Probleme des Eisenbahnrechts VIII, 2003, S. 1 ff. (1 f.).
[2] Der lästige Jurist, DÖV 1955, 648 ff.

weiter zum „gefährdeten Juristen"[3]. Ich habe dem den „unentbehrlichen Juristen" entgegengesetzt[4]. Damit meinte ich den umfassend gebildeten **Rechtskundigen**, den „juris-consultus". Das Recht lässt sich zwar aus der Vogelperspektive nicht scharf genug erkennen; ohne Kenntnis von Einzelproblemen gerät die Rechtskunde zu fruchtloser Spekulation[5]. Rechtlich mögen konkrete Fragen wie die nach dem Zugang zur Eisenbahninfrastruktur, der Planung und Finanzierung von Bahnanlagen, der Vergabe von Eisenbahnverkehrsleistungen auch besonders interessant sein. Aber erst das Recht in seiner Gesamtheit bildet den Ordnungsrahmen unseres sozialen Lebens. Die meisten **Praktiker** kommen bei ihrer täglichen Arbeit nicht dazu, nach der Einfügung der korrekt anzuwendenden Rechtsvorschriften in den allgemeinen rechtlichen Ordnungsrahmen zu fragen. Allenfalls wird die Verfassungs- oder Gemeinschaftsrechtwidrigkeit bestimmter Regelungen als Totschlagargument ins Gefecht geführt. Die **Theorie** überlässt man Hochschullehrern und –lehrerinnen, die als weltfremd deklariert werden, wenn sie nicht die gewünschten Ergebnisse liefern[6]. Aber wie Theorie ohne Praxisbezug luftleer und spekulativ bleibt, bedeutet Praxis ohne theoretische Fundierung orientierungsloses Durchwursteln.

Die eisenbahnrechtlichen Fachtagungen sollen dem gegensteuern[7]. In diesem Sinn hat Prof. *Bross*[8] den roten Faden aufgegriffen, der sich durch die vergange-

---

[3] Der gefährdete Jurist, in: Festschr. f. Forsthoff, 1972, S. 347 ff.
[4] *Ronellenfitsch*, Der „unentbehrliche" Jurist, 2001.
[5] Schon die Tätigkeit der römischen Juristen, den Vorgängern der heutigen Rechtswissenschaftler, war vorwiegend praktisch. Sie äußerte sich hauptsächlich in der Erteilung von Rechtsgutachten (responsa) über korrekte praktische Fälle. Das Gewicht der Gutachten richtete sich nach ihrer inneren Begründung und dem Ansehen der Juristen, von denen sie stammten; vgl. *von Czyhlarz*, Lehrbuch der Institutionen des römischen Rechts, 7. und 8. Aufl., 1904, S. 20; ferner *Ebel / Thielmann*, Rechtsgeschichte I, 1989, Rn 114 ff.
[6] Zu den Gefährdungen der Rechtswissenschaftler *von Münch*, Die Idee der Gerechtigkeit, Forschung & Lehre 2003, 432 ff. (434).
[7] Das Anliegen, die Verklammerung von Theorie und Praxis zu verbessern, lässt sich allerdings schwer durchhalten, wenn die Juristischen Fakultäten ihrem juristischen Bildungsauftrag immer weniger gerecht werden und zu Law Schools mit dem Ziel der Vermittlung handwerklich-juristischer Fähigkeiten aus dem Blickwinkel der Notwendigkeiten des Anwaltsberufs degenerieren.

nen Tagungen mit unterschiedlichen Nuancierungen hindurchzieht, nämlich die **verfassungsrechtlichen Verankerung** des Eisenbahnwesens unter dem Aspekt der Daseinsvorsorge[9] im Sozialstaatsprinzip. Ich möchte zunächst noch einmal in der gleichen Richtungen nachstoßen und auf Verfassungsebene das Bundesstaatsprinzip hinzufügen.

II. Zur föderalen Daseinsvorsorge

1. Das Konzept der Daseinsvorsorge[10]

Der von **Forsthoff** entwickelte **Rechtsbegriff der Daseinsvorsorge** prägt die Staatspraxis und erfuhr als rechtlicher Exportartikel in den anderen Mitgliedstaaten der EU sowie vor allem auf Gemeinschaftsebene einen immensen Bedeutungszuwachs, weil er im Gegensatz zum institutionell verstandenen Begriff des service public der romanischen Länder materielle Aufgaben bezeichnet, die im öffentlichen Interesse liegen und deren Erfüllung vom Staat sicherzustellen ist. Es geht nicht um den öffentliche Dienst, sondern um „Dienstleistungen von Allgemeinem Interesse", wie sie im Grünbuch der Kommission vom 21. Mai 2003 beschrieben sind[11]. Eine Definition oder abschließende Aufzählung der Dienstleistungen findet sich in dem Grünbuch nicht. Das Grünbuch beschränkt sich in Ziff. 17 auf die Feststellung, in der Gemeinschaftspraxis herrsche weitgehende Übereinstimmung dahingehend, dass wirtschaftliche Tätigkeiten gemeint seien, die von den Mitgliedstaaten oder der Gemeinschaft mit besonderen Gemeinwohlverpflichtungen verbunden und die im **Interesse der Allgemein-**

---

[8] In diesem Band S. 1 ff.
[9] Vgl. *Nettesheim,* Daseinsvorsorge, Europarecht, Gewährleistungsfunktion, in: Ronellenfitsch / Schweinsberg (Hrsg.), Aktuelle Probleme des Einsenbahnrecht VII, 2002, S. 125 ff.
[10] Vgl. bereits *Ronellenfitsch,* in: Aktuelle Probleme des Eisenbahnrechts VIII, S. 24 ff.; ferner *ders.,* Daseinsvorsorge als Rechtsbegriff – Aktuelle Entwicklungen im nationalen und europäischen Recht, in: Blümel (Hrsg.), Ernst Forsthoff, 2003, S. 53 ff.
[11] Kommission der Europäischen Gemeinschaften, Grünbuch zu Dienstleistungen von allgemeinem Interesse, KOM (2003) 270 end., insbes. Ziff. 19.

heit erbracht werden. Das Konzept der Dienstleistungen von allgemeinem wirtschaftlichen Interesse umfasse daher insbesondere bestimmte Leistungen der großen netzgebundenen Wirtschaftszweige wie des **Verkehrswesens**.

Damit ist aber noch nicht erklärt, was gerade das Eisenbahnwesen zu einer **staatlichen Aufgabe** macht.

Pragmatische Juristen würden jetzt sagen. „Das ergibt sich aus der Verfassung und den jeweils einschlägigen einfachen Gesetzen". Der Blick ins Gesetz hilft auch in den meisten Fällen. Wenn aber eine bestimmte Aufgabe nicht näher gesetzlich geregelt ist, ist die Entscheidung zwischen Analogie und Umkehrschluss schwierig. Das Schweigen des Verfassungsgebers bedeutet nämlich noch nicht, dass eine konkrete Aufgabe keine Staatsaufgabe ist. Die Ableitung von Staatsaufgaben aus der Verfassung selbst erfordert komplizierte Interpretationsmethoden, etwa die Entnahme materieller Aussagen aus Kompetenzvorschriften wie Art. 87 e GG oder gar das Abstellen auf die Staatsstrukturprinzipien. Letztlich sieht man sich vor die Notwendigkeit gestellt, das **staatliche Vorverständnis** des Grundgesetzes zu hinterfragen: Es stellt sich die Frage nach dem Zweck der Staatlichkeit. Für die Positivisten um die Wende des 19. und 20. Jahrhunderts waren solche Erwägungen müßig. *Laband* brachte das Weglassen des Zweckmoments im Staatsbegriff auf die allgemeine Formel: „Der Zweck, welchem ein Rechtsinstitut dient, liegt jenseits seines Begriffes"[12]. Das Ausbrechen aus der Tradition der staatlichen Zwecktheorien enthob zwar die Allgemei-

---

[12] Staatsrecht des Deutschen Reiches, 3. Aufl., 1886, Bd. I S. 61; hiergegen bereits *Rehm*, Allgemeine Staatslehre 1899, S. 32. Nach *Labands* Tod am 24.3.1918 schrieb *Josef Kohler* in der „Kölnischen Zeitung: „ ...wie ein Imker den Bienenstaat, so analysiert er das deutsche Reich. Die Lebenskräfte, die in ihm walten und zum ständigen Fortschritt führen, werden nicht erfasst..." Für die Vorpositivisten war das Zweckelement des Staatsbegriffs eine Selbstverständlichkeit. Noch *Schulze*, Lehrbuch des Deutschen Staatsrechtes Bd. 1, 1891, S. 19 führte aus, die Definition des Staats als „ein Verein von Menschen unter einer höchsten Gewalt", passe auch auf eine Räuberbande.

ne Staatslehre der vergeblichen Suche nach dem idealen Staat. Den glaubte man, gestützt auf die Bismarcksche Verfassung, ohnehin geschaffen zu haben. Diese Illusion ist nach den staatsrechtlichen Identitätskrisen seit 1919 verflogen. Ohne hochgestochene Zwecktheorien aufzustellen[13], haben wir uns die Frage zu stellen, mit der nach *Georg Jellinek* „jedes Geschlecht mit psychologischer Notwendigkeit" dem Staat entgegen tritt[14], nämlich **warum** die Bundesrepublik Deutschland als Staat, genauer als sozialer Rechtsstaat und sozialer Bundesstaat verfasst ist, und welche rechtliche Konsequenzen es nach sich zieht, wenn die EU als Staatenverbund[15] qualifiziert wird. Mit anderen Worten: Aus dem Bekenntnis zum sozialen und föderalen Rechtsstaat ergeben sich Rechtsfolgen, die über die Einzelregelungen des Grundgesetzes hinausgehen.

Nun besteht bei einer derart deduktiven Sichtweise die Gefahr, dass dem Begriff des sozialen und föderalen Rechtsstaat Rechtsfolgen untergeschoben werden, die man von vornherein anstrebt. Wir müssen uns also unter geringst möglicher Abweichung vom positivistischen Ansatz vorurteilsfrei und konkret fragen: *Warum hat sich der Verfassungsgeber für einen sozialen und föderalen Rechtsstaat in dieser Ausprägung entschieden?*

Die Antwort ist trivial. Der Verfassungsgeber hat sich für den sozialen und föderalen Rechtsstaat entschieden, weil er an diese Entscheidung bestimmte Erwartungen knüpfte. Wer ein Gemeinwesen als Staat organisiert, will oder nimmt in Kauf, dass dieses Gemeinwesen jedenfalls nach innen die **Merkmale eines Staates** aufweist. Ob diese Vorstellung 1949 für die Bundesrepublik Deutschland real oder fiktiv war, spielt keine Rolle. Die Merkmale der Staatlichkeit lassen sich ohne Berücksichtigung des **Staatszwecks** nicht bestimmen. Eine tiefer-

---

[13] Hierzu *von Frisch*, Die Aufgaben des Staates in geschichtlicher Entwicklung, in Handbuch der Politik, Bd. I, 1920, S. 86 ff.
[14] Allgemeine Staatslehre, 3. Aufl. 1921, Neudruck. 1966, S. 184
[15] Vgl. BVerfG, Urteil vom 12.10.1993 – 2 BvR 2134, 2159/92, BVerfGE 89, 155.

greifend Diskussion der Staatszwecklehre ist nicht geboten[16], weil jedenfalls bestimmte staatliche Minimalzwecke allgemein anerkannte Merkmale der Staatlichkeit sind, nämlich zunächst einmal der Wille zu Selbstbehauptung[17] nach außen und das Gewalt- und Rechtssetzungsmonopol nach innen. Hinzu kommt noch die Wahrung der kulturellen Identität.

Das **Gewaltmonopol** bedeutet nicht die Faktizität physischer Herrschaftsgewalt, sondern nur ein Monopol legitimen Zwangs. Es ruht als Rechtsordnung wie als Herrschaftsgefüge auf dem Massentatbestand der **Loyalität**[18]. Loyalität kann allein mit Gewaltmaßnahmen nicht erzwungen werden[19]. Das Gewaltmonopol lässt sich ferner auf Dauer nur durchhalten, wenn der Gewaltinhaber die Gewaltunterworfenen vor ihren Mitmenschen wirksam schützt, indem er deren Freiheit Zügel anlegt[20]. Staatlichkeit impliziert Freiheitsbeschränkungen. Freiheitsbeschränkungen erfordern Akzeptanz[21]. Die verfassungsgeschichtliche Entwicklung vom Untertan zum Staatsbürger zeigt, dass die Menschen sich nicht ohne weiteres durch den Staat in ihrer Freiheit beschränken lassen. Das erklärt die Forderung nach der Gewährleistung von Grundrechten und einer **Legitimation der Staatsgewalt**, beides Elemente des **Verfassungsstaats**. Die im Verfassungsstaat für jede Grundrechtsbeschränkung notwendige Legitimation

---

[16] Hierzu *Georg Jellinek*, aaO, S. 230 ff.
[17] Vgl. *Kaufmann*, Das Wesen des Völkerrechts und die clausula rebus sic stantibus, 1911, S. 135. Danach ist das Wesen das Staates „der Wille, sich in der Geschichte zu behaupten."
[18] Vgl. *Waldrich*, Art. Staat, in: B. Schäfers (Hrsg.), Grundbegriffe der Soziologie, 7. Aufl., 2001, S. 370 ff. (371).
[19] *Rousseau*, Du contrat social, 1762, Kap. III, S. 1: „ Le plus fort n'est jamais assez fort pour être toujours le maître, s'il ne transforme sa force en droit e L'obéissance en devoir."
[20] Vgl. bereits *Hobbes*, Leviathan, 1651 zit. nach der deutschen Übersetzung der englischen Urfassung von *D. Tidow*, 1965, S. 133: „Wenn es keine übergeordnete Gewalt gibt oder wenn sie nicht stark genug ist, für unsere Sicherheit zu sorgen, so muss sich deshalb jeder, ungeachtet aller Naturgesetze, die im Übrigen auch immer nur dann beachtet worden sind, wenn man gerade Lust dazu hatte und wenn kein persönlicher Schaden damit verbunden war, zum Schutz vor seinem Nächsten auf seine eigene Kraft und Geschicklichkeit verlassen und hat auch das volle Recht dazu."
[21] *Zippelius*, Allgemeine Staatslehre, 14. Aufl., 2003, § 9 I 2.

folgt nicht nur daraus, dass der Staat den Grundrechtsträger vor Dritten **schützt**, sondern weitergehend daraus, dass er die **Grundrechtsverwirklichung** auch im Verhältnis gegenüber Dritten **ermöglicht**. Die Grundrechte markieren dann die Reichweite unseres im Rahmen des Staatsverbands in Freiheit möglichen Daseins[22]. Hierbei ist die **Grundrechteordnung** insgesamt gemeint. Die einzelnen Grundrechte greifen nur Teilbereiche punktuell heraus und können zudem zu Freiheits- und Lebensbereichen gebündelt werden. Dann ergeben sich additive Grundrechte wie das Grundrecht auf Kommunikation[23] und das Grundrecht auf Mobilität[24]. Die Grundversorgung durch den öffentlich-rechtlichen Rundfunk ist ebenso rechtsstaatlich begründete Daseinsvorsorge wie die Errichtung und Unterhaltung der Verkehrsinfrastruktur.

Schon dieser dem Rechtsstaatsprinzip zugeordnete Staatszweck geht über den Schutzweck hinaus und hat einen eudämonistisch-utilitaristischen Einschlag. Seit *Christian Wolff*[25] wissen wir, dass eine überzogene staatliche Wohlfahrtspflege zur völligen Vernichtung der individuellen Freiheit führt. Eine völlige Preisgabe des **Wohlfahrtzwecks** entzieht dem Staat aber einen Stützpfeiler seiner Legitimationsbasis. Diesem Dilemma versucht das Konzept des Sozialstaats zu entgehen. Die sozialstaatliche Komponente der dann als Daseinsfürsorge auftretenden Daseinsvorsorge hat Prof. *Bross* betont. Einen sozialstaatlichen Ein-

---

[22] Die Freiheit mag grenzenlos sein. Sie endet aber an den rechtlich umhegten Freiheitspositionen Dritter. Autarke private Lebensräume gibt es spätestens seit der Vergemeinschaftung des Grundwassers in der Nassauskiesungsentscheidung des BVerfG nicht mehr.
[23] *Ronellenfitsch*, Das Grundrecht auf Kommunikation, in: Heß (Hrsg.), Wandel der Rechtsordnung, 2003, S.123 ff.
[24] *Ronellenfitsch,* Mobilität: Vom Grundbedürfnis zum Grundrecht, DAR 1992, 321 ff.; *ders.*, Verfassungs- und verwaltungsrechtliche Betrachtungen zur Mobilität mit dem Auto, Tübinger Universitätsreden Bd. 13, 1994; *ders.*, Mobilität: Grundbedürfnis und Grundrecht, in: Schriftenreihe der Polizei-Führungsakademie (PFA 4/94), 1995, S. 25 ff.; *ders.*, "Menschenrecht" auf Mobilität - kann, darf gegengesteuert werden ? Juristische Perspektiven, Dokumentation 11 der Herbert Quandt Stiftung, 1995, S. 49 ff.; *ders.*, Die Verkehrsmobilität als Grund- und Menschenrecht, JöR n.F. 44 (1996), 168 ff.
[25] Vernünftige Gedanken von dem gesellschaftlichen Leben der Menschen und insbesondere dem gemeinen Wesen, 1725.

schlag erfährt die Daseinsvorsorge dadurch, dass sie gegenüber allen Bürgern räumlich und persönlich in gleicher Weise erbracht wenden muss. Im Verkehrssektor geht es um eine flächendeckende Versorgung zu erschwinglichen Preisen im gesamten Bundesgebiet. Damit ist die Brücke zum **sozialen Bundesstaat** geschlagen.

Fazit: Die Daseinsvorsorge trägt maßgeblich zur Legitimation des sozialen Rechtsstaats bei. Die für alle spürbarste Freiheitsbeschränkung, die Abgabenlast[26], nehmen wird nicht nur deswegen hin, weil die Polizei unsere Sicherheit garantiert, sondern weil der Staat die Infrastruktur für ein zivilisiertes Leben gewährleistet.

Um nicht missverstanden zu werden. Der Staat muss die Infrastruktur nicht selbst herstellen und unterhalten. Aber er trägt die Verantwortung dafür, dass die Infrastruktur vorhanden und allen zugänglich ist. *Georg Jellinek* hat das so formuliert: Im Hinblick auf die obersten Staatszwecke beleibe der Staat stets **Regulator** aller politischen Tätigkeiten[27]. Daraus folgt, dass es eine originäre verfassungskräftige staatliche Aufgabe ist es, die für das Funktionieren der Industriegesellschaft unentbehrliche **Verkehrsinfrastruktur** zu gewährleisten[28]. Hierzu gehört vor allem die Eisenbahninfrastruktur.

Mit der Errichtung und Unterhaltung der Verkehrsinfrastruktur ist es nicht getan[29]. Der Staat hat auch zu gewährleisten, dass die **Eisenbahnverkehrsleistun-**

---

[26] Die Steuererhebung dient zwar der Finanzierung der Staatsaufgaben insgesamt; sie ist von der Mittelverwendung strikt zu trennen; vgl. BVerfG, Kammerbeschl. v. 2.6.2003 – 2 BvR 1775/02, NJW 2003, 2600. Dennoch legitimiert in größerem Rahmen die Mittelverwendung die Abgabenlast.
[27] AaO, S. 238.
[28] *Wink*, Verkehrsinfrastrukturpolitik in der Marktwirtschaft, 1995.
[29] Vgl. auch *Ronellenfitsch*, Der Verkehrssektor als bereich der öffentlichen Daseinsvorsorge in Deutschland, in: Hrbeck / Nettesheim, Daseinsvorsorge, S 89 ff.

gen auf dieser Infrastruktur dem Daseinsvorsorgeanspruch genügen[30]. Infrastrukturplanungs- und Infrastrukturzugangsrechts bilden im Hinblick auf des Daseinsvorsorgekonzept eine Einheit. Im vertikal gegliederten Gemeinwesen kann allenfalls zweifelhaft sein, wer (welche Körperschaft) mit „Staat" gemeint ist, dem die Gewährleistungsaufgabe obliegt.

2. Die föderale Seite der Daseinsvorsorge

Die Bundsrepublik Deutschland ist nicht nur sozialer Rechtsstaat, sondern auch sozialer **Bundesstaat**. Das wirft die Frage auf:

Warum leisten wir uns einen Bundesstaat, also ein dezentrale Gebilde, bei dem die Teilgebilde Staatscharakter für sich beanspruchen?

Die Gründe, die historisch für die föderale Gliederung der Bundesrepublik verantwortlich sind, und die Argumente, die für die föderale Gliederung sprechen – von der vertikalen Gewaltenteilung, über die Bürgernähe bis hin zum Subsidiaritätsprinzip – kann ich hier nicht näher darlegen. Ich weise nur darauf hin, dass das Bekenntnis zum Bundesstaat auch ein Bekenntnis zu den Konstruktionselementen des Bundesstaates bedeutet. Und das heißt, die Gliederung in Bund und Länder muss auf der Basis des Homogenitätsprinzips so konstruiert sein, dass einerseits den Ländern mit und in den zentralen Daseinsvorsorgebereichen eigenständige Politikfelder verbleiben, dass andererseits die Lebensverhältnisse im Gesamtstaat so aneinander angeglichen sind, dass die Gefahr seines Auseinaderbrechens möglichst gering ist. Das meint die Formulierung „sozialer Bundesstaat".

Dieser Mechanismus gilt im Übrigen für jeden Staatenverbund. Art. 36 der Charta der Grundrechte der Gemeinschaften lautet nicht von ungefähr:

---

[30] Vgl. BGH vom 21.11.1996 – V ZB 19/96, NJW 1997, 744; vgl. aber auch OLG Frankfurt v. 17.9.1996 – 20 W 374/93. S. auch *Ronellenfitsch,* Privatisierung und Regulierung des Eisenbahnwesens, DÖV 1996, 1028 ff. (1032).

„Die Union anerkennt und achtet den Zugang zu Dienstleistungen von allgemeinem wirtschaftlichen Interesse, wie er durch die einzelstaatlichen Rechtsvorschriften und Gepflogenheiten im Einklang mit dem Vertrag zur Gründung der Europäischen Gemeinschaft geregelt ist, um den sozialen und territorialen Zusammenhalt der Union zu fördern."

Das Adjektiv „sozial" vor dem Substantiv „Bundesstaat" appelliert an Bund und Länder, ihrer einheitsstiftenden Verantwortung gerecht zu werden. Die zentrifugalen Kräfte werden durch das Gebot bundesfreundlichen Verhaltens, die zentripetalen Kräfte durch des Gebot länderfreundlichen Verhalten abgemildert. Den Mechanismus der unentbehrlichen Zusammenarbeit von Bund und Ländern hatte ich 1975 mit dem Begriff **„Harmonischer Bundesstaat"** zu umschreiben versucht[31], stieß damit aber auf wenig Resonanz. Das abstruse Verbot der Mischverwaltung oder die Idee vom Konkurrenz-Föderalismus lassen sich politisch besser verkaufen. Auch die aktuelle Diskussion um die Föderalismus-Reform dreht sich um eine klare **Trennung der Verantwortlichkeiten.** Dass der soziale Bundesstaat dem Grenzen setzt, wird geflissentlich ignoriert.

Demgegenüber gilt festzuhalten: Föderale Daseinsvorsorge verpflichtet den Bund unter Beachtung des Subsidiaritätsprinzips zur Gewährleistung einer überregionalen Verkehrsinfrastruktur in allen Bundesländern, die zur Gleichwertigkeit der Lebensverhältnisse im Bundesgebiet beiträgt. Die Verwerfungen, die durch die ungleichen Lebensverhältnisse in den alten und neuen Bundesländern bestehen, machen die Besinnung auf den harmonischen Bundesstaat nötiger denn je.

---

[31] *Ronellenfitsch,* Die Mischerwaltung im Bundesstaat, Erster Teil: Der Einwand der Mischverwaltung, 1975, S. 191 ff.

3. Die föderale Daseinsvorsorge im Eisenbahnwesen

Bis 1994 waren die Bundeseisenbahnen nach Art. 87 Abs. 1 Satz 1 GG in **bundeseigener Verwaltung** zu führen. Neben ihrem föderalen Gehalt enthielt diese Bestimmung die **materielle Aussage**, dass der Bund verfassungsrechtlich verpflichtet war, zumindest einen Kernbereich an Schienenverkehr zu gewährleisten[32]. Der staatliche Daseinsvorsorgeauftrag kam deutlich in § 4 Abs. 1 AEG 1951[33] zum Ausdruck. Danach hatten die öffentlichen Eisenbahnen,

„*ihr Netz entsprechend den Anforderungen des Verkehrs auszubauen und zum Wohle der Allgemeinheit zu ergänzen sowie Reise- und Güterverkehr in Übereinstimmung mit dem Verkehrsbedürfnis zu bedienen und auszugestalten*".

Die Neuordnung der Bahnstruktur zum 1. Januar 1994 hatte nach den Vorstellungen der Bundesregierung zum Ziel, die Eisenbahnen als Wirtschaftsunternehmen, als „freie und eigenverantwortliche Unternehmen" entstehen zu lassen, die vom **Gemeinwohlauftrag** befreit sind[34]. Dieses Ziel ließ sich im Bundesrat nicht durchsetzen. Auf Betreiben des Bundesrats wurde der Gemeinwohlauftrag der Eisenbahnen in Art. 87 e GG aufgenommen. Dies geschah in der Weise, dass Art. 87 e Abs. 3 Satz 2 und 3 GG ein Verbot der materiellen Privatisierung von Eisenbahninfrastrukturunternehmen normiert und Art. 87 e Abs. 4 GG dem Bund eine Gewährleistungspflicht für Schienennetz und Verkehrsangebot auf diesem Schienennetz des Fernverkehrs auferlegt.

Die Eisenbahnen des Bundes sind nach wie vor Träger der Daseinsvorsorge (Art. 87 e Abs. 4 GG). Die Neuordnung des Eisenbahnwesens hielt am „Ziel bester Verkehrsbedienung" (§ 1 Abs. 2 AEG) fest, das allerdings von den Eisenbahnen des Bundes zu verfolgen ist, die als Wirtschaftsunternehmen in privat-

---

[32] Vgl. die Nachweise bei *Delbanco*, Die Bahnstrukturreform - Europäische Vorgaben und deren Umsetzung in nationales Recht, in: Foos (Hrsg.), Eisenbahnrecht, S. 19 ff. (31).
[33] Allgemeines Eisenbahngesetz vom 29.3.1951 BGBl. I S. 225.
[34] BT-Drucks. 12/5015, S. 7.

rechtlicher Form geführt werden. Die privat-rechtliche Form bezieht sich auf die Rechtsform der Eisenbahnunternehmen, nicht auch auf ihre Handlungsformen. Von Verfassungs wegen ist somit nicht ausgeschlossen, dass die Eisenbahnen des Bundes bei ihrer Tätigkeit öffentliches Recht zu vollziehen haben, soweit es sich nicht um Agenden der Eisenbahnverkehrsverwaltung handelt.

Einfachgesetzlich wurde die Bahnstrukturreform durch das Gesetz zur Neuordnung des Eisenbahnwesens (Eisenbahnneuordnungsgesetz – ENeuOG) vom 27. Dezember 1993[35] umgesetzt. Es griff die verfassungsrechtlich vorgegebene Trennung von staatlicher Aufgabengewährleistung und privater Aufgabenerfüllung auf und konkretisierte sie durch die Trennung zwischen Bestellung und Erstellung von (gemeinwirtschaftlichen) Verkehrsleistungen[36].

Auch die Länder, genauer die Landesregierungen, werden durch § 1 Abs. 2 AEG auf das Ziel „bester Verkehrsbedienung" verpflichtet. Die Trennung zwischen Bestellung und Erstellung von Verkehrsleistungen erfasst auch den übrigen SPNV, mit dem sich das als Art. 4 ENeuOG erlassene Gesetz zur Regionalisierung des öffentlichen Personennahverkehrs (Regionalisierungsgesetz) befasst[37].

Mir ist bewusst, dass Daseinsvorsorgeansatz nach wie vor auf Ressentiments stößt. Bei manchen weckt die Terminologie Assoziationen an die Epoche der

---

[35] BGBl. I S. 2378.
[36] Wegen des Daseinsvorsorgecharakters der Verkehrsleistung, muss diese nicht notwendig ausgeschrieben werden. § 15 Abs. 2 AEG geht als lex specialis dem GWB vor; vgl. Brandenburgisches OLG, Beschlusse vom 2.9.2003 – Verg W 3/03 und Verg W 5/03 .
[37] § 1 Abs. 1 Regionalisierungsgesetz bezeichnet die Sicherstellung einer ausreichenden Bedienung der Bevölkerung mit Verkehrsleistungen im SPNV als eine Aufgabe der Daseinsvorsorge. Zur Erfüllung dieser Aufgabe können nach § 4 Satz 1 Regionalisierungsgesetz „gemeinwirtschaftliche Verkehrsleistungen" nach Maßgabe der VO (EWG) Nr. 1191/69 F. 91 mit einem Verkehrsunternehmen vertraglich vereinbart oder einem Verkehrsunternehmen auferlegt werden.

Staatsbahn[38], an die Zeit, als der Staat **selbst** Eisenbahnunternehmer war[39]. In der ersten Euphorie über die Bahnreform wurde nicht nur die Beendigung des Staatsbahnzeitalters gefeiert. Man glaubte vielmehr, nun sei die neue Zeit des freien ungezügelten Wettbewerbs im Eisenbahnwesen angebrochen, es gelte nur noch, die Bahn an die Börse zu bringen. Die erste voreilige Bewertung durch *Fromm* aus dem Jahr 1994, die Eisenbahnen des Bundes könnten nicht als Träger der Daseinsvorsorge verstanden werden[40] war als Schnellschuss verständlich. Aber noch im Juli 2000 glaubte *Kraft,* das gleiche Ergebnis vertreten zu dürfen[41]. Das ist falsch. Durch eine schlichte Änderung von Kompetenzvorschriften im VIII. Teil des Grundgesetzes hätte sich der Staat nicht aus seiner Verantwortung für das Eisenbahnwesen stehlen können, und er hat es auch nicht getan. *Kraft* selbst räumt ein, geblieben sei die politische Verantwortung des Bundes für den bedarfsgerechten Erhalt und Ausbau der Infrastruktur sowie des Verkehrsangebots im überregionalen Bereich[42], um – im Anschluss an *Hommelhoff / Schmidt-Aßmann*[43] und *Hermes*[44] fortzufahren, dieser Verfassungsauftrag werde als Paradigma der Verwaltungsverantwortung in der Ausprägung der **Gewährleistungsverantwortung** betrachtet. In der Tat schließen sich Daseinsvorsorge und Wettbewerb nicht aus. Aber der Wettbewerb hat der Erfüllung der

---

[38] Zur Entwicklung des Eisenbahnwesens *van der Borgh*, Das Verkehrswesen, 1884, S. 279 ff.; *Riegels*, Die Verkehrsgeschichte der deutschen Eisenbahnen mit Einschluss der heutigen Verkehrslage zum fünfzigjährigen Jubiläum der ersten preußischen Eisenbahnen, 1889; *Röll,* Enzyklopädie des Eisenbahnwesens, 10. Bde., 2. Aufl., 1913/1923; *Sarter*, Die Reichseisenbahnen, 1920; *Sax*, Die Verkehrsmittel in Volks- und Staatswirtschaft, 3. Bd.: Die Eisenbahnen, 2. Aufl., 1922; Reichsministerium (Hrsg.), Die deutschen Eisenbahnen 1910-1920, 1923; *Hellauer,* Nachrichten- und Güterverkehr, 1930, S. 80 ff.; *Witte*, Eisenbahn und Staat, 1932; Reichsverkehrsministerium (Hrsg.), Hundert Jahre deutsche Eisenbahnen, Jubiläumsschrift, 2. Aufl., 1938, S. 18 ff.; *Klee*, Preußische Eisenbahngeschichte, 1982.
[39] Vgl. *Alberty*, Der Übergang zum Staatsbahnsystem in Preußen, 1911; *Badura*, Das Verwaltungsmonopol, 1963, S. 209 ff.
[40] DVBl. 1994, 187 ff. (191).
[41] Bauleitplanung auf Bahnflächen, DVBl. 2000, 1326 ff.
[42] BT-Drucks. 12/ 6280, S. 12.
[43] Die Deutsche Bahn AG als Wirtschaftsunternehmen, ZHR 160 (1996), 521 ff. (551 f.).
[44] Staatliche Infrastrukturverantwortung, 1998, S. 337 ff.

Daseinsvorsorgaufgabe zu dienen und nicht der Gewinnmaximierung. Davon abgesehen ist Wettbewerb **mit** der Schiene eine Utopie. Die Eisenbahnen des Bundes betreiben Daseinsvorsorge, auch wenn das "Ziel bester Verkehrsbedienung" gewinnorientiert verfolgt wird. Gewinn ist dabei so zu verstehen, dass die Daseinsvorsorgelasten des Staates möglichst gering gehalten werden sollen. Andernfalls hätte man die Einsenbahninfrastruktur materiell privatisieren müssen. Die mit finanziellen Lasten verbundene Eigentümerstellung des Bundes an der DB-AG ist nur solange legitimiert, wie die DB-AG Daseinsvorsorgeaufgaben erfüllt.

III. Die Infrastrukturverantwortung im Planungssystem

1. Überblick

Die Planung, Errichtung, Unterhaltung, Zulassung und Beseitigung der Verkehrsinfrastruktur erfordert **klare Aufgabenzuweisungen,** aus denen sich auf privater Ebene Verpflichtungen und auf staatlicher Ebene Kompetenzen und Zuständigkeiten ergeben. „Zur Eisenbahninfrastruktur gehören alle Schienenwege der Eisenbahnen einschließlich der für den Betrieb notwendigen Anlagen und der Grundflächen, die einem der Aufgabe der Eisenbahn entsprechenden Bahnbetrieb zu dienen bestimmt sind"[45]. Infrastrukturvorhaben sind damit gefahrenträchtig, beanspruchen Raum, müssen unterhalten werden und kosten Geld. Es entsteht **Planungsbedarf.** Dies schlägt sich in einem komplizierten Geflecht von Ordnungs-, Planungs- und Haushaltsrecht nieder. Um hier nicht den Überblick zu verlieren, müssen Planungsarten, Planungsebenen, Planungsräume, Planungsstufen, Planungsabschnitte sowie die zugehörigen Aufgaben-, Wahrnehmungs- und Finanzierungsverantwortlichkeiten unterschieden werden. Wollte man alle

---

[45] *Urs Kramer*, Bemerkungen zum Recht der Eisenbahninfrastruktur, in: Ronellenfitsch / Schreinsberg, Aktuelle Probleme VII, S. 193 ff. (194).

Zusammenhänge umfassend darstellen, wären mehrere Habilitationsschriften nötig. Ich kann mich daher nur auf Andeutungen und Anregungen beschränken[46].

2. Planungssystem
a) Planungsarten

Zu trennen sind zunächst Gesamt- und Fachplanung. **Gesamtplanung** ist die überfachliche Planung, die die Gestaltung der strukturellen Verhältnisse (Bodennutzung, Siedlungsentwicklung, Industrieansiedlung, Verkehrsentwicklung, Umweltschutz) eines Planungsraums in ihrer Gesamtheit zum Gegenstand hat. Die Gesamtplanung ist durch generellen Gesamtplanungsrecht geregelt. **Fachplanungen** sind auf Grund besonderer Gesetze durchgeführte Planungen für Einzelprojekte.

b) Planungsebenen

Planungen für die Eisenbahninfrastruktur bez. schienengebundene Infrastruktur finden statt auf

(1)   Gemeinschaftsebene
(2)   Bundesebene
(3)   Landesebene
(4)   Regionalebene
(5)   Kommunalebene.

Diese Ebenen ergeben sich aus der **vertikalen** dezentralen Zuständigkeitsverteilung im viergliedrigen Staatenverbund.

---

[46] Aus diesem Grund wird für die nachfolgende Skizzierung auf nähere Nachweise verzichtet.

c) Planungsräume

Von den Planungsebenen sind die Planungsräume zu unterscheiden. Die Planungsräume sind **horizontal** zu verstehen. Sie umgrenzen einheitliche Bezugssysteme für Verkehrsbeziehungen und Verkehrsrelationen. Von einer hochstufigen Warte aus kann man in Anlehnung an die Verkehrsmärkte Planungsräume für den internationalen Verkehr, den europaweiten Verkehr, den Grenzverkehr, den nationalen Verkehr, den Regionalverkehr und den örtlichen Verkehr unterscheiden. Konkret erfassen Planungen jedoch nur Teilräume bis hin zu Einzelstandorten, die sich einer klaren kompetenziellen Zuordnung entziehen. Schwierig wird es dann, wenn der gleiche Raum von verschiedenen Planungsträgern beansprucht wird. Erforderlich ist dann eine **Abstimmung**. Kommt eine Einigung nicht zustande, greifen Kollisions- und Vorrangregelungen ein.

d) Planungsstufen

Alle Planungen erstrecken sich in die Zeit und setzen eine sinnvolle Abfolge von Entscheidungen voraus. Versteht man Planung als dynamischen Prozess, müssen zusätzlich zu Planungsbeginn und –ende, eine ganze Reihe von Planungsphasen unterschieden werden. Die wichtigsten Grobphasen der Planung sind Planaufstellung, Planbeschluss und Plandurchführung. Mit diesen Phasen ist es aber nicht getan. Der Planungsprozess dient der Reduktion der Komplexität, die sich nicht nur aus den Sachzwängen des Planungsvorhabens, sondern auch aus den angesprochenen Unterschieden der Planungsebenen und der konkurrierenden Raumnutzung ergeben. Diese machen die Planung zu einem mehrstufigen Vorgang, bei dem Infrastruktur und Finanzierungsentscheidungen, Standortfindung und Variantenvergleiche, Planrechtfertigung und Abwägungsentscheidungen in getrennten Verfahrensschritten und getrennter Verantwortlichkeit getroffen werden. Dadurch kommt es vielfach zu Redundanzen, so dass statt der Reduktion eine Potenzierung von Komplexität erreicht wird.

Planerische Vorfestlegungen für die eisenbahnrechtliche Fachplanung

e) Planungsabschnitte

Verhältnismäßig unproblematisch ist dagegen die Bildung von Planungsabschnitten. Sie kommt insbesondere bei linienförmigen Planungen vor und betreffen bestimmte Planungsprojekte. Rechtlich relevant ist hier letztlich nur die Frage der korrekten Abschnittsbildung, wobei die selbständige Verkehrsfunktion des Abschnitts und der vorbeugende Rechtsschutz eine zentrale Rolle spielen. Hilfreich ist hier die genaue Feststellung des betroffenen Planungsraums.

3. Verantwortlichkeiten

a) Problemstellung

Innerhalb des Planungssystems bestehen Verantwortlichkeiten, die m.E. bislang zu eng auf die Planungsaufgabe bezogen werden. Unterschieden werden etwa Planaufstellungsverantwortung und Planrealisierungsverantwortung des Vorhabenträgers und Planfeststellungsverantwortung des EBA als Planfeststellungsbehörde.

Der Daseinsvorsorgegesichtspunkt, die Infrastrukturverantwortung kommt nicht in den Blick. Sie beeinflusst indessen auch den Planungsprozess.

b) Infrastrukturverantwortung

Die **Aufgabenverantwortung** für die Verkehrsinfrastruktur im Eisenbahnwesen liegt, da es sich um eine Daseinsvorsorgeaufgabe handelt, zunächst beim Staat. Die Verantwortung beschränkt sich seit der Bahnreform auf eine Gewährleistungsfunktion. Die Erfüllung der Infrastrukturaufgaben (**Wahrnehmungsverantwortung**) kann der Staat Infrastrukturunternehmen in privater Rechtsform überlassen. Die Aufgabenteilung, von der § 1 Abs. 1 Satz 2 AEG spricht, betrifft das Verhältnis verschiedner Verkehrsträger, lässt sich aber entsprechend auf das Verhältnis von staatlichen Gewährleistungsverpflichteten und privaten, gewerbs- und geschäftsmäßig betriebenen öffentlichen Einsenbahninfrastrukturunternehmen übertragen. Die staatliche Gewährleistungsaufgabe beschränkt sich nicht nur auf eine Finanzierungslast, sondern impliziert Internnationsbefugnisse und planerische Entscheidungsspielräume. Die Wahrnehmungsverantwortung legt den Infrastrukturunternehmen Pflicht bei der Aufgabenerfüllung auf. Die Pflichten bestehen in der Errichtung und Unterhaltung der Infrastruktur sowie in der Verpflichtung, den Einsenbahnverkehrsunternehmen diskriminierungsfreien Zugang zu gewähren. Das EBA ist befugt, diese Verpflichtungen durchzusetzen. Hierzu enthält insbesondere § 14 AEG ein abgestuftes System von Sanktionsmechanismen, die das EBA aber nicht zu einem komplementären Infrastrukturunternehmen macht. Es gewährleistet lediglich den Zugang zur Infrastruktur und kann zu diesem Zweck auch Aufsichtmittel einsetzen. Aufsicht- und Infrastrukturverantwortung sind gleichwohl klar zu trennen. So erfordert der Trassenkonflikt mehrerer Bewerber um den Zugang zur Eisenbahninfrastruktur eine Infrastrukturentscheidung. Hierbei kommt den Eisenbahninfrastrukturunternehmen bei mehreren konträren Anmeldungen eine unternehmerische Entscheidungsprärogative zu[47]. Verstößt ein Eisenbahninfrastrukturunternehmen gegen die ihm durch § 14 Abs. 1 AEG auferlegte Verpflichtung, Eisenbahnverkehrunternehmen diskriminierungsfreien Zugang zu gewähren, kann dem das EBA zwar durch Maßnahmen im Rahmen der Eisenbahnaufsicht begegnen (§ 14 Abs. 3 a AEG). Wie bei der Planfeststellung nur die Konzeption des Vorhabenträgers von EBA planerisch nachvollzogen wird, hat das EBA als Aufsichtbehörde die Kontrolle aus der Sicht des Kontrollierten durchzuführen, aber keinen eigenen unternehmerischen Entscheidungsspielraum. Die Reservefunktion des § 14 Abs. 5 AEG tritt erst ein, wenn die Zugangsfrage durch das Eisenbahninfrastrukturunternehmen diskriminierungsfrei geklärt ist und betrifft

---

[47] Vgl. (wenngleich mit kritischer Tendenz) *Pöhle*, Erfahrungen und Folgerungen aus fünf Jahren aufsichtsbehördlicher Tätigkeit des Einsenbahn-Bundesamtes im Bereich Netzzugang, in: Ronellenfitsch / Schweinsberg, Aktuelle Probleme des Eisenbahnrechts V, 2000, S. 207 ff. (209): „Der Infrastrukturbetreiber entscheidet weitgehend frei über den Zugang zu seinem Netz und die Zugangsbedingungen."

nur Einzelheiten des Zugangs. Das EBA kann auch nicht im Wege der Ersatzvornahme die Infrastruktur errichten oder unterhalten. Die staatliche Infrastrukturverantwortung schlägt sich jedoch nieder auf die **Genehmigungsverantwortung** bei der Abgabe und Stillegung von Eisenbahninfrastruktureinrichtungen nach § 11 AEG. Hier haben die Länder ein bescheidenes Mitwirkungsrecht, in dem sich ihre Infrastrukturverantwortung niederschlägt. Nimmt man den föderalen Daseinsvorsorgegedanken ernst, dann ist das Benehmen der Länder nach § 11 Abs. 2 Satz 2 AEG nicht als status-quo-Garantie zu verstehen, sondern als allgemeines bundesstaatliches Rechtsprinzip. Folgerichtig zeigt sich die Infrastrukturverantwortung dann auch bei der Genehmigungsverantwortung im Zusammenhang mit der Errichtung und dem Betrieb von Infrastruktureinrichtungen.

c) Genehmigungsverantwortung

Die Errichtung und der Betrieb der Eisenbahninfrastruktur ist mit Gefahren für die öffentliche Sicherheit und Ordnung verbunden, die eine präventive Gefahrenabwehr in der Gestalt von Kontrollerlaubnissen erfordern (§ 6 Abs. 1 Nr. 2, § 18 AEG). Der Bau und die Änderung von Betriebsanlagen einer Eisenbahn setzten eine **Baugenehmigung** voraus. Baugenehmigungen sind zukunftsbezogen. Als Ergebnis einer Prüfung lassen sie ein Vorhaben schon in einem Zeitpunkt zu, zu dem es noch nicht existiert. Somit können die Pläne des Vorhabens geprüft werden. Die Pläne unterbreitet der Bauherr der Genehmigungsbehörde. Nur so wie die Baupläne genehmigt sind, darf der Bauherr bauen. Die Baugenehmigung stellt fest, dass das Bauvorhaben nach den unterbreiteten Plänen dem Recht entspricht (Feststellungswirkung) und gestattet, dass entsprechend gebaut werden darf (Gestattungswirkung). Im Wortsinn ist die Baugenehmigung eine Planfeststellung. Der Rechtsbegriff der Planfeststellung greift jedoch über dieses enge Verständnis hinaus.

d) Planungsverantwortung

Der **Planfeststellung als Rechtsinstitut** kommt im Verhältnis zur Baugenehmigung ein rechtlicher Mehrwert zu. Sie ist im Ansatz eine Baugenehmigung, unterscheidet sich von der Baugenehmigung durch den **Prüfungsmaßstab** und den damit verbundenen partiellen Wechsel der Planungsverantwortung. Die Baugenehmigung dient allein der Kontrolle der Anlagensicherheit. Durch Verkehrsinfrastrukturvorhaben werden aber nicht nur baupolizeiliche Aspekte, sondern viele anderen Belange etwa des Gewässer- und Bodenschutzes, der Landschaft- und Städteplanung u.dgl. berührt. Bei schlichten Bauvorhaben sind zur Wahrung dieser Belange gesonderte Genehmigungen, Erlaubnisse usw. einzuholen. Zur Wahrung der gesamtplanerischen Belangen auf kommunaler Ebene wird im Rahmen der bauordnungsrechtlichen Genehmigungen eine bauplanungsrechtliche Genehmigung nach den §§ 29 ff BauGB miterteilt. Die Planung erfolgt isoliert vom konkreten Genehmigungsverfahren durch die Bauleitplanung oder wird durch das gemeindliche Einvernehmen zur Baugenehmigung nach § 36 BauGB ersetzt. Die überörtliche Gesamtplanung fließt über § 1 Abs. 4 BauGB in die Bauleitplanung ein. Die **Planungshoheit** hinsichtlich der Raumnutzung liegt bei der Kommune oder bei der Regional- bzw. Landesplanung. Der Planfeststellungsbeschluss bündelt die Vielzahl der Genehmigungen und zieht die Raumplanungsentscheidung an sich. Die gemeindliche oder landesplanerische Planungshoheit geht auf die Planfeststellungsbehörde über, soweit die Fachplanungskompetenz reicht. Die „Vorhabenhoheit" verbleibt dem Vorhabensträger, dessen Planungen die Planfeststellungsbehörde lediglich **nachzuvollziehen** hat. Wie bei der gemeindlichen Angebotsplanung (§ 1 Abs. 6 BauGB) hat die Planfeststellungsbehörde die von dem - ihre fremden – Vorhaben berührten öffentlichen und privaten Belange einschließlich der Umweltverträglichkeit abzuwägen. Verantwortlich für diese Belange sind die Träger öffentlicher Belange und die Privaten selbst und in schwächerer Position die Umweltschutzverbände. Die

Planfeststellungsbehörde trifft insoweit aber wegen der Konzentrationswirkung des Planfeststellungsabschlusses die Letzterantwortung.

e) Verhältnis der Verantwortlichkeiten

Aus den staatlichen Verantwortlichkeiten erwachsen Befugnisse, die sich überlappen und wechselseitig blockieren können. Andererseits ergeben sich aber auch Verpflichtungen und Ansprüche der Eisenbahninfrastrukturunternehmen, die rechtlich noch nicht klar genug herausgearbeitet sind. Klarheit lässt sich nur erreichen, wenn die einzelnen Planungsstufen schrittweise auf Aufgaben, Befugnisse, Pflichten und Rechte schrittweise abgeklopft werden.

IV. Die stufenförmige eisenbahnrechtliche Fachplanung

1. Überblick

Zur Eisenbahninfrastruktur zählen vor allem Schienenwege von Eisenbahnen einschließlich der für den Betrieb der Schienenwege notwendigen Anlagen und der Bahnstromfernleitungen, also Betriebsanlagen der Eisenbahn. Diese dürfen nach § 18 Abs. 1 Satz 1 AEG nur gebaut und geändert werden, wenn der Plan zuvor festgestellt worden ist. Die Planfeststellung erfolgt in einen gestuften Verfahren. Dem eigentlichen Planfeststellungsverfahren liegen weitere Verfahrensstufen voraus. Diese hängen wiederum mit den Planungsebenen zusammen, betreffen aber auch das Verhältnis von Gesamt- und Fachplanung. Beide Planungsbereiche dienen unterschiedlichen Zwecken. Die Gesamtplanung ist grundsätzlich Angebotsplanung, auch wenn sie in planungsrechtlicher Hinsicht "Baurecht" schaffen kann. Sie ersetzt nicht die Fachplanung, durch die das Vorhaben zugelassen wird. Gesamt- und Fachplanung müssen gleichwohl aufeinander abgestimmt werden[48]. Die Gesamtplanung kann dabei zum Einfallstor von Infrastrukturinteressen der Länder und Kommunen zur Fachplanung werden.

2. Transeuropäische Netze

Auf Gemeinschaftsebene erfolgt die Planung Transeuropäischer Netze. Hierzu habe ich auf der Tagung 1998 vorgetragen. Ich hatte die Leitlinien-Entscheidung als Planungsakt der Gemeinschaft bezeichnet, aus der sich die Planrechtfertigung bestimmter Vorhaben ergibt. Soweit ersichtlich ist dem die Rechtsprechung gefolgt. Die EU macht hier Vorgaben für Infrastrukturentscheidungen mit Gemeinschaftsrelevanz. Die Bundesrepublik Deutschland kann sich diesen Vorgaben nicht entziehen.

3. Bundesverkehrswegeplan

Der Bundesverkehrswegeplan wird von der Bundesregierung aufgestellt und vom Kabinett beschlossen. Er betrifft die Verkehrswege des Bundes, beruht auf einer Gesamtverkehrsprognose und stellt für einen Zeitraum von etwa 10 Jahren Ausbau- und Neubauprojekte einschließlich des Gesamtinvestitionsbedarfs dar. Hierbei werden die Projekte auf der Grundlage einer gesamtwirtschaftlichen Bewertung in Dringlichkeitsstufen eingeteilt. Es handelt sich somit um einen freiwilligen Investitionsrahmenplan der Bundesregierung für den Bereich des Verkehrs. Der BVWP bildet den übergreifenden Rahmen für die Bedarfsplanung der einzelnen Verkehrsträger. Er bringt die Verkehrsinfrastrukturabsichten der Bundesregierung zum Ausdruck, schließt aber nicht ein vorgelagertes Verfahren mit Bindungswirkung für die Projektplanung ab. Dies wird gerade dadurch bestätigt, dass im BVWP der Teil Eisenbahnen zugleich den Entwurf eines Änderungsgesetztes zum Schienwegeausbaugesetz ausmachte. Durch diesen Entwurf

---

[48] Eine Abstimmung im Rahmen der Gesamtplanung ist entbehrlich, wenn keine gesamtplanerischen Vorgaben vorhanden sind. Die Erfordernisse der Raumordnung können dann allein im Zusammenhang mit der Fachplanung gewürdigt werden.

war der Gesetzgeber in keiner Weise rechtlich gebunden. Niemand käme auf die Idee, im „normalen" Gesetzgebungsverfahren die Vorlage eines Regierungsentwurfs als abgeschlossene eigenständige Verfahrensstufe zu betrachten. Jedenfalls entfaltet der BVWP unmittelbare Steuerungswirkung allenfalls gegenüber der Bedarfsplanung. Um eine echte Vorstufe des Planfeststellungsverfahrens handelt es sich nicht.

4. Schienwegeausbauplan

Der Planfeststellung oder Plangenehmigung von Verkehrsvorhaben können Bedarfspläne vorgelagert sein. Bedarfspläne ergehen als förmliches Parlamentsgesetz, genauer: sie sind einem Gesetz als Anlage beigefügt. Bezüglich der eisenbahnrechtlichen Fachplanung stellt das Gesetz über den Ausbau der Schienenwege des Bundes vom 15. November 1993[49] den **Bedarfsplan** für das Schienenwegenetz der Eisenbahnen des Bundes fest, der dem Gesetz als Anlage beigefügt ist[50]. Bei der Ausbauplanung handelt es sich um eine echte Stufe im Planungsprozess. Allerdings findet ein Wechsel der Entscheidungsformen und damit der staatsrechtlichen Organkompetenz statt[51].

Der Bedarfsplan hat **haushaltsrechtliche Relevanz.** Er ist ein Instrument der Finanzplanung, der haushaltsmäßige und zeitliche Prioritäten zum Ausdruck bringt und indizielle Bedeutung für die Finanzierbarkeit prioritärer Vorhaben besitzt[52]. Dennoch ist er mit einem Haushaltsplan nicht vergleichbar. Beispielsweise können § 3 Abs. 2 HGrG bzw. § 3 Abs. 2 BHO nicht entsprechend herangezogen werden. Das Bepackungsverbot des Art. 110 Abs. 4 Satz 1 GG[53] gilt

---

[49] BGBl. I S. 1874; zuletzt geändert durch Siebte Zuständigkeitsanpassungs-Verordnung vom 29.10.2001 (BGBl I S. 2785).
[50] § 1 Abs. 1 BSWAG.
[51] Vgl. *Ossenbühl*, Die Ausbauplanung für öffentliche Straßen, in: Bartlsperger / Blümel / Schroeter (Hrsg.), Ein Vierteljahrhundert Straßenrechtsgesetzgebung 1980, 297 ff. (303).
[52] BVerwG, Urt. vom 20.5.1999 – 4 A 12.98, NVwZ 2000, 555 (558).
[53] Hierzu v. *Portatius,* Das haushaltsrechtliche Bepackungsverbot, 1975.

nicht. Das BSWAG ist vielmehr Gesetz im materiellen Sinn, das inhaltliche Anforderungen für den Ausbau festschreibt und planungsrechtliche Wirkungen entfaltet. Er geht nach Abstimmung mit den Bedarfsplänen der anderen Verkehrsträger in die Bundesverkehrswegeplanung ein[54], ohne dass eine FFH-Verträglichkeitsprüfung[55] oder förmliche Plan-UVP[56] durchzuführen wäre. Der Bedarfsplan ist ferner in aller Regel der Planfeststellung / Plangenehmigung konkreter Aus- oder Neubaustrecken vorgelagert. Insbesondere indiziert er die Planrechtfertigung[57]. Gleichwohl trifft er noch keine definitive (parzellenscharfe)

---

[54] § 3 Abs. 2 BSWAG.
[55] Bedarfspläne im üblichen Maßstab 1 : 750 000 erfassen nicht mit Bindungswirkung konkrete FFH-Gebiete. Die Bedarfspläne sind keine „sonstigen" Pläne i.S.v. § 19 d Nr. 2 BNatSchG 1998 bzw. § 34 Nr. 2 BNatSchG 2002, weil sie nicht umfassend abgewogen werden. Gemeinschaftsrechtlich ist die Qualifizierung der Bedarfspläne als „Verkehrswegepläne" (Art. 6 Abs. 3 FFH-RL) ebenfalls nicht geboten. Bedarfspläne sind keine Pläne, bei denen behördliche Entwürfe gesetzlich sanktioniert werden, sondern eigenständige parlamentarische Pläne in Gesetzesform. Sie müssen zwar auf Grund von Rechtsvorschriften erstellt werden. Dennoch ist das Parlament bei der Abstimmung frei. Würde man die Bedarfsgesetze der FFH-Verträglichkeitsprüfung unterwerfen, würde die parlamentarische Abstimmung zu einem Subsumtionsakt degenerieren. Ergäbe nämlich die Prüfung der Verträglichkeit, dass der Bedarfsplan zu erheblichen Beeinträchtigungen einen FFH-Gebiets führen kann, dürfte das Parlament den Bedarfsplan nicht verabschieden. Eine verfassungsrechtlich gebotene (Art. 38 Abs. 1 Satz 2 GG) freie Abstimmung wäre nicht möglich. Vgl. *Ronellenfitsch,* Gutachtliche Stellungnahme „Bedeutung der FFH-Richtlinie für die Bundesverkehrswegeplanung", erstattet im Auftrag des Bundesministeriums für Verkehr, Bau- und Wohnungswesen, Juni 2000.
[56] Die Begriffsmerkmale von Art. 2 Buchst a RL 2001/42/EG sind nicht erfüllt. Bedarfspläne werden bereits nicht von einer Behörde für die Annahme („Adoption") durch das Parlament im Wege eines Gesetzgebungsverfahren ausgearbeitet. Sie sind ferner keine Pläne, bei denen behördliche Entwürfe gesetzlich lediglich sanktioniert werden, sondern eigenständige parlamentarische Pläne in Gesetzesform. Die exekutiven Vorarbeiten stellen die Organkompetenz des Parlaments nicht in Frage. Schließlich müssen Bedarfspläne nicht aufgrund von Rechts- oder Verwaltungsvorschriften erstellt werden. Sie sind Anlagen von Bedarfsgesetzen, ergehen somit nicht aufgrund dieser Gesetze, sondern als Gesetze. Vgl. *Ronellenfitsch,* Gutachtliche Stellungnahme: „Auswirkungen der RL 2001/42/EG auf die Bundesverkehrswegeplanung, die Ausbauplanung und die Raumordnung", erstattet im Auftrag des Bundesministeriums für Verkehr, Bau- und Wohnungswesen, November 2002.
[57] Nachweise bei *Ronellenfitsch,* Grundzüge, Entwicklungen und Probleme des Einsenbahnplanungs- und Planfeststellungsrechts, in: Foos (Hrsg.), Eisenbahnrecht und Bahnreform, 2001, S. 133 ff. (149 mit Fußn. 51).

planerische Entscheidung[58], ist also kein sich selbst vollziehendes Maßnahmegesetz.

Bedarfspläne entfalten bundesweit **Bindungswirkungen** für alle Planungsträger, auch für den planenden Gesetzgeber[59]. Der jeweilige Bedarfsplan rechtfertigt mit Gesetzeskraft ein Vorhaben, indiziert also die Planrechtfertigung[60]. Eine Kommunalverfassungsbeschwerde gegen das Bundesschienenwegeausbaugesetz nahm das Bundesverfassungsgericht nicht zur Entscheidung an[61]. Gleichwohl trifft er keine definitive (parzellenscharfe) planerische Entscheidung. Das BVerwG hat zur Festraßenausbauplan in der A 81-Entschediung ausgeführt:

„Der Bedarfsplan bildet die Grundlage für die Schaffung eines zusammenhängenden Verkehrsnetzes für einen weiträumigen Verkehr ..., das dem prognostizierten Bedarf gerecht wird. Als globales und grobmaschiges Konzept ist er indes von vornherein nicht detailgenau. Die in ihm festgestellte Art der Netzverknüpfung darf auf den nachfolgenden Planungsstufen nicht ignoriert werden. Hierin erschöpft sich seine Bindungswirkung aber auch. Der Bedarfsplan lässt für die Ausgestaltung im Einzelnen planerische Spielräume, die ... im Verfahren der Planfeststellung auszufüllen sind."[62]

---

[58] Das BVerwG hat hierzu in der A 81-Entscheidung (NVwZ 2001, 673, 675) ausgeführt: „Der Bedarfsplan bildet die Grundlage für die Schaffung eines zusammenhängenden Verkehrsnetzes für einen weiträumigen Verkehr i.S. des § 1 Abs. 1 FStrG, das dem prognostizierten Bedarf gerecht wird. Als globales und grobmaschiges Konzept ist er indes von vornherein nicht detailgenau. Die in ihm festgestellte Art der Netzverknüpfung darf auf den nachfolgenden Planungsstufen nicht ignoriert werden. Hierin erschöpft sich seine Bindungswirkung aber auch. Der Bedarfsplan lässt für die Ausgestaltung im Einzelnen planerische Spielräume, die gegebenenfalls im Rahmen der Linienbestimmung, jedenfalls aber im Verfahren der Planfeststellung auszufüllen sind."
[59] Vgl. *Ronellenfitsch*, in: Marschall / Schroeter / Kastner, Bundesfernstraßengesetz, 5. Aufl., 1998, Vorbem. zu §§ 16 bis 17 a, Rdnr. 66.
[60] Ebd. § 17 Rdnr. 132.
[61] Beschl. vom 19.7.1995 - 2 BvR 2397/94 -; NVwZ 1996, 261; ferner Beschl.vom 9.2.1996 - 1 BvR 1752/95 -; vom 8.6.1998 - 1 BvR 650/97 u.a., NVwZ 1998, 1060.
[62] NVwZ 2001, 673 (675).

Die Bindungswirkung des Bedarfsplans antizipiert die Zulässigkeitsfrage von Enteignungen zugunsten der in den Plan aufgenommenen Vorhaben. Dadurch werden zugleich Vertrauenstatbestände für den Vorhabenträger schaffen.

Nach § **8 Abs. 1 Satz 1 BSWAG** finanziert der Bund Investitionen in die Schienenwege der Eisenbahnen des Bundes. Investitionen sind alle Maßnahmen, die nach handelsrechtlichen Grundsätzen als Aktiva in der Bilanz eines Unternehmens erscheinen. Die Investitionen umfassen nach § 8 Abs. 1 Satz 2 BSWAG Bau, Ausbau sowie Ersatzinvestitionen der Schienenwege der Eisenbahnen des Bundes. Die Aufzählung ist abschließend gemeint. Demgegenüber tragen die Eisenbahnen des Bundes die Kosten der Unterhaltung und Instandsetzung ihrer Schienenwege selbst (§ 8 Abs. 4 BSWAG). Einfachgesetzlich erfasst die finanzielle Gewährleistungspflicht des Bundes somit nur Neubau, Ausbau und Ersatz. Erhalt und Unterhalt werden aus der staatlichen Finanzierungspflicht ausgenommen. Dies dürfte schwerlich mit Art. 87 e Abs. 3 S. 1 und Abs. 4 S. 1 GG zu vereinbaren sein, wo Ausbau, Unterhaltung und **Erhalt** des Schienennetzes gleichrangig nebeneinandergestellt werden. Versuche der nicht grundrechtsfähigen Bahngesellschaften des Bundes, eine verfassungskonforme Gesetzesextension gerichtlich zu erzwingen, erscheinen kaum erfolgversprechend. Immerhin könnte durch Unterlassung von Erhalt und Unterhaltung von Eisenbahninfrastrukturen staatliches Eingreifen provoziert werden. Dieses wäre dann unverhältnismäßig, wenn die Unterhaltungsmaßnahmen ohne staatliche Ausgleichszahlungen unzumutbar wären (§ 11 Abs. 1 Satz 2 AEG). Der **Rückbau von Eisenbahninfrastruktur**, der Vermarktung früheren Bahngeländes dient, fällt dagegen in den Tätigkeitsbereich der Bahnunternehmen als Wirtschaftsunternehmen. Förderungswürdig ist allenfalls der Rückbau im Interesse der Allgemeinheit (Nachbarschutz) oder im Interesse des Ausbaus der Infrastruktur (Rückbau zur Schaffung naturschutzrechtlicher Ausgleichs- oder Ersatzflächen).

Die Finanzierungsmodalitäten sind im Gesetz selbst geregelt. Es versteht sich von selbst, dass die Finanzierungsmittel in den Haushaltsplan eingestellt sein müssen. Die Finanzierung der Investitionen steht expressis verbis unter dem Vorbehalt, dass eine Finanzierung im Rahmen der jährlich zur Verfügung stehenden Haushaltsmittel möglich ist[63]. Dies gilt für alle Bedarfspläne[64]. Eine auf die Gewährleistungspflicht des Art. 87 e Abs. 4 GG gestützte Verpflichtung, **vorrangig** Haushaltsmittel für Maßnahmen nach § 8 Abs. 1 BSWAG bereitzustellen, besteht nicht. Andererseits ist die Gewährleistungsgarantie des Art. 87 e Abs. 4 GG zeitlich nicht begrenzt. Ein möglicher Börsengang der DB AG ändert nichts daran, dass die Mehrheit der Anteile beim Bund verbleiben muss (Art. 87 e Abs. 3 Satz 3 Halbsatz 2 GG).

Rechtsgrund und Titel für die Finanzierung sind fraglich. In Betracht kommt die Aufnahme in den Bedarfsplan selbst oder die Vereinbarung auf der Grundlage des Bedarfsplans.

Die Materialien geben keinen Aufschluss. Zwar heißt es in der Gesetzesbegründung[65]:

"Wird eine Investition in den Bedarfsplan aufgenommen, so ist damit noch nicht über den Bau entschieden. Dies geschieht erst mit dem Abschluss einer Vereinbarung zwischen der Eisenbahn, deren Schienenweg gebaut oder ausgebaut werden soll, und der Körperschaft (oder dem Dritten), die den Bau oder Ausbau finanziert."

---

[63] Vgl. auch BT-Drucks., 12/4609 (neu), S. 92.
[64] Vgl. BVerwG, NVwZ 2000, 555 (558).
[65] BT-Drucks. 12/4609 (neu), S. 93.

Die Begründung betrifft aber die Phase bei der Projektrealisierung, bei der bereits die Maßnahme in den Bedarfsplan aufgenommen worden ist und nur noch über die Stufen des Baus und Ausbaus zu entscheiden ist. Die "Ob"-Entscheidung fällt das Parlament. Auch die Planrechtfertigung resultiert auf einem parlamentarischen Willensakt, der nicht durch eine administrativen Finanzierungsvereinbarung in der Schwebe gehalten werden kann. Aus Sinn und Zweck der Bedarfsplanung sowie aus § 10 Abs. 1 BSWAG folgt, dass bereits die Aufnahme in den Bedarfsplan konstitutive Wirkung entfaltet. Sie begründet zwar noch keinen bezifferten Finanzierungsanspruch, präjudiziert aber die Finanzierungsvereinbarung.

5. Raumordnungspläne
a) Ziele der Raumordnung

Die Planung der Eisenbahninfrastruktur muss ihren Niederschlag in Zielen der Raumordnung auf Landes- oder Regionalebene finden[66]. Nach der ständigen Rechtsprechung des Bundesverwaltungsgerichts müssen Ziele der Raumordnung "inhaltlich so bestimmt sein, dass sie der unmittelbaren Rechtsanwendung im Einzelfall zugänglich sind"[67].

Die durch die Landesplanung gesetzten Ziele der Raumordnung binden auch den Bund (§ 4 Abs. 1 ROG). Verfassungsrechtlich lässt sich diese Selbstbindung des Bundes nur rechtfertigen, wenn der Bund sich hiervon durch **Widerspruch** befreien kann. Diesen Widerspruch ermöglicht § 5 ROG. § 5 Abs. 1 ROG erwähnt raumbedeutsame Planungen und Maßnahmen von öffentlichen Stellen des Bundes, von anderen öffentlichen Stellen, die im Auftrag des Bundes tätig sind, sowie von Personen des Privatrechts, die nach § 4 Abs. 3 ROG für den Bund öf-

---

[66] Vgl. *Rieger*, Zusammenwirken von Fachplanungen und Raumordnung, in: Ronellenfitsch / Schweinsberg, Aktuelle Probleme des Eisenbahnrechts V, 2000, S. 17 ff.
[67] Urteil vom 19.7.2001 – BVerwG 4 C 4.00, DÖV 2002, 76, (77).

fentliche Aufgaben wahrnehmen und über die in einem Verfahren namentlich nach dem AEG zu entscheiden ist. Bei verfassungskonformer Auslegung handelt es sich um Vorhaben, die entweder vom Bund schwerpunktmäßig selbst betrieben werden, oder um Fachplanungsvorhaben, die in die alleinige oder komplementäre Entscheidungskompetenz von Bundesbehörden fallen. Die Widerspruchsmöglichkeit nach § 5 ROG bringt den Vorrang der fachplanerischen (Bundes-) Planungshoheit der Planfeststellungsbehörde vor der gesamtplanerischen Landesplanungsbehörde zum Ausdruck. Der Widerspruch muss allerdings den Anforderungen des § 5 Abs. 3 ROG genügen. Ein Widerspruch ist nur zulässig, wenn fachplanerisch die **Standortalternativen** geprüft worden sind (§ 5 Abs. 3 Nr. 2 ROG). Der Widerspruch bewirkt, dass die Planung oder Maßnahme so behandelt werden muss, als wenn sie nicht den Zielen der Raumordnung widerspräche.

b) **Raumordnungsverfahren**

Eine eigene Planungsstufe für die **Linienbestimmung** von Neubaustrecken ist im Eisenbahnrecht traditionell nicht vorgeschrieben. Sie wurde lediglich in § 2 VerkPBG eingeführt, aber auf Drängen der Eisenbahnjuristen wieder gestrichen. Praktisch bleibt damit die vorgezogene Grobtrassierung und vor allem die Variantenprüfung[68] den Raumordnungsverfahren zu überlassen. Der Abstimmung von Gesamt- und Fachplanung aus gesamtplanerischer Sicht, der Raumverträglichkeitsprüfung, dient das Raumordnungsverfahren. Von einem Raumordnungsverfahren kann abgesehen werden, wenn die Beurteilung der Raumverträglichkeit der Planung oder Maßnahme bereits auf anderer raumordnerischer Grundlage hinreichend gewährleistet ist (§ 15 Abs. 2 Halbsatz 1 ROG). Ein Raumordnungsverfahren ist nach § 15 Abs. 2 Halbsatz 2 Nr. 1 ROG insbesonde-

---

[68] Vgl. BVerwG vom 30.12.1996 - 11 VR 21.95 -, NVwZ-RR 1998, 284 = UPR 1997, 153; vom 5.3.1997 - 11 A 25.95 -, BVerwGE 104, 123 = DVBl. 1997, 831 = NVwZ 1998, 513 = UPR 1997, 295.

re dann entbehrlich, wenn die Planung oder Maßnahme Zielen der Raumordnung entspricht oder widerspricht. Im letzteren Fall kommt es auf die Bindungswirkung der dem Vorhaben entgegenstehenden Ziele an. Diese ist nicht zwingend, sondern kann durch ein nachträgliches Widerspruchsverfahren nach § 5 Abs. 4 Satz 1 ROG beseitigt werden.

Von einem Raumordnungsverfahren kann nach § 15 Abs. 2 Halbsatz 2 Nr. 3 ROG auch dann abgesehen werden, wenn die Raumverträglichkeit der Planung oder Maßnahme in einem **anderen gesetzlichen Abstimmungsverfahren** unter Beteiligung der Landesplanungsbehörde festgelegt worden ist. Das Abstimmungsverfahren muss kein spezielles gesamtplanerisches Verfahren sein; denn dieses ist gerade das Raumordnungsverfahren. Die Abstimmung kann vielmehr auch im Rahmen eines fachplanerischen Verfahrens erfolgen. Hierfür kommt auch ein **Planfeststellungsverfahren** in Frage. § 15 Abs. 2 Halbsatz 2 Nr. 2 ROG schließt Planfeststellungsverfahren oder „sonstige Verfahren mit den Rechtswirkungen der Planfeststellung für raumbedeutsame Vorhaben" nicht vom Kreis der möglichen Abstimmungsverfahren aus, sondern setzt voraus, dass solche Verfahren als Abstimmungsverfahren in Betracht kommen[69]. Voraussetzung ist dann aber, dass im Planfeststellungsverfahren eine umfassende (die landesplanerischen Aspekte einschließende) und definitive Trassenentscheidung getroffen wird.

---

[69] Andernfalls hätte ein Ausschluss auch in § 15 Abs. 2 Nr. 3 ROG erfolgen müssen. Dies ist aber bei der Änderung des früheren § 6 a Abs. 3 Nr. 3 ROG durch das Investitionserleichterungs- und Wohnbaulandgesetz (Inv.-WoBauG) vom 22.4.1993 (BGBl. I S. 466), auf der § 15 Abs. 2 Nr. 3 ROG wörtlich beruht, bewusst nicht geschehen.

V. Die Rollenverteilung bei der Planung der Eisenbahninfrastruktur

1. Infrastrukturunternehmen

Hauptakteur bei der Planung der Eisenbahninfrastruktur ist das Infrastrukturunternehmen als Vorhabensträger. Ihm steht die primäre Planungshoheit, namentlich die Investitionshoheit zu. Es darf die Infrastruktur aber nicht nach Wettbewerbgesichtpunkten errichten, sondern handelt in Erfüllung des Daseinsvorsorgauftrags. Hierfür erhält es Finanzmittel. Keineswegs darf die Infrastruktur im Dreiecksinteresse ausübt werden, wenn Infrastruktur- und Verkehrsunternehmen unter dem Dach einer Holding geführt werden. Das Infrastrukturunternehmen hat die Initiative, Vorhaben in die Bedarfsplanung einzubringen. Ist dies geschehen, erwachsen daraus aber auch Verpflichtungen.

2. Staatliche Gewährträger der Daseinsvorsorge

Staatliche Gewährträger der Daseinvorsorge gibt es auf allen Ebenen. Die Primärverantwortung für Eisenbahnen des Bundes, liegt naturgemäß beim Bund. Aus seiner Finanzierungskompetenz leiten sich Sachkompetenzen ab (Wer zahlt, schafft an). Die lässt sich umkehren. Wenn die Länder Investitionsansinnen an die Länder stellen, müsse sie sich ggf. an der Finanzierung der Vorhaben beteiligen.

3. Planunfeststellungsbehörde

Die Planfeststellungsbehörde hat im Rahmen der planerischen Abwägung Infrastrukturbelange zu berücksichtigen. Wie bei der planerischen Entscheidung darf sie dabei nicht ihre Investitionsentscheidung an die Stelle des Vorhabensträgers setzten, es sei denn, sie muss Entscheidungen durchsetzen, die auf den Vorstufen gefallen sind. Solche Entscheidungen werden der eigentlichen Abwägungsentscheidung vorangehen.

4. Landesplanungsbehörden

Die Landesplanungsbehörden haben eine Angebotsplanung zu betreiben und können u.U. Infrastrukturvorhaben, durch unwidersprochen konträre Plagungsziele verhindern. Investitionsvorhaben erzwingen, können sie nicht. Die Trassenfindung im Raumordnungsverfahren ist nicht bindenden. Immerhin müssen Infrastrukturvorhaben im Benehmen mit den Ländern geplant und umgesetzt werden.

VI. Schlussbemerkung

Der Aufgabenkatalog in § 3 Bundeseisenbahnverkehrsverwaltungsgesetz ist keine zufällige Auflistung, sondern bildet – trotz der Öffnungsklausel in Abs. 1 Nr. 5 – ein geschlossenes System. Das EBA nimmt originäre gesamtstaatliche Aufgaben wahr und dient sowohl der Gefahrenabwehr wie auch der Daseinsvorsorge. In seiner Funktion als Planfeststellungsbehörde hat es im Rahmen seiner nachvollziehenden Planungsverantwortung zur gesamtstaatlichen Raumplanungsverantwortung, der Infrastrukturverantwortung und der ordnungsrechtliche Verantwortung beizutragen. Bei gemischten Anlagen ist es nur für die planungsrechtliche und ordnungsreichliche Zulassung von Infrastruktureinrichtungen der Eisenbahn zuständig, wobei die ordnungsrechtliche Zuständigkeit die gesamte Infrastruktureinrichtung erfasst, soweit sie eine sicherheitstechnische Einheit bildet.[70]

---

[70] *Ronellenfitsch*, Aktuelle Entwicklungen des Planfeststellungsrechts, in: Aktuelle Probleme VII, 2002, S. 7 ff. (13).

Prof. Dr. Willi Blümel, Hochschule für Verwaltungswissenschaften, Speyer.

Eigentumszuordnung von Flächen für naturschutzrechtliche Ausgleichs- und Ersatzmaßnahmen

I. Vorgeschichte

Nach dem Ihnen vorliegenden Programm soll ich ein Kurzreferat über „Unterhaltslast bei im Rahmen der Realisierung von Eisenbahnvorhaben enteigneten Ersatzflächen" halten. Das entspricht nicht den Vorabsprachen. Ich wollte und will Ihnen vielmehr über Meinungsverschiedenheiten zwischen dem Eisenbahn-Bundesamt und der Deutschen Bahn AG in einer ganz konkreten Rechtsfrage berichten, zu der ich Anfang 2003 eine schriftliche Stellungnahme „Eigentumszuordnung von Flächen für naturschutzrechtliche Ausgleichs- und Ersatzmaßnahmen" vorgelegt habe. Es ging und geht dabei um die Frage, ob eigentumsrechtlich die für Ausgleichs- und Ersatzmaßnahmen erforderlichen Flächen insoweit dem Straßenbaulastträger zugeordnet werden können, als sie Eingriffe in Natur und Landschaft kompensieren, die durch den – als notwendige Folgemaßnahme einer eisenbahnrechtlichen Planfeststellung einzuordnenden – Bau bzw. Änderung einer öffentlichen Straße verursacht sind.

Es handelt sich hier also nicht um den Fall, dass bei einem Neubau von Eisenbahnbetriebsanlagen Ausgleichs- und Ersatzmaßnahmen erforderlich werden. In einem solchen Fall ist die Eigentumszuordnung der Flächen für naturschutzrechtliche Ausgleichs- und Ersatzmaßnahmen bzw. die Frage nach dem künftigen Unterhaltungspflichtigen unproblematisch.[1] Die von mir zu behandelnde Rechtsfrage tauchte – soweit ich sehe – erstmals vor gut einem Jahr in einem Planfeststellungsverfahren für eine Bahnübergangs-Beseitigung der ICE-Ausbaustrecke Hamburg-Berlin auf. Nach einer Diskussion im Erörterungstermin in Damelack am 22.8.2002 vertrat die DB Projekt Verkehrsbau GmbH in einem Schreiben an den Landkreis Ostprignitz-Ruppin vom 22.8.2002 die Auffassung, dass mit Ausgleichs- und Ersatzmaßnahmen belastete Flächen, die der Kompensation von Eingriffen der zu ändernden Straßen dienen, in das Eigentum des Straßenbaulastträgers übergehen sollen. Entsprechende Aussagen befinden sich in den Grunderwerbsverzeichnissen weiterer Planfeststellungsverfahren für BÜ-Beseitigungen.

Zu ihrem Ergebnis gelangt die DB Projekt Verkehrsbau GmbH auf Grund der Überlegung, dass nicht § 22 AEG, sondern die Enteignungsvorschrift des § 42 Abs. 1 BbgStrG (des Brandenburgischen Straßengesetzes) Grundlage der Eigentumszuordnung an den Straßenbaulastträger sei. Denn die nach Landesstraßenrecht zu klassifizierenden und später zu widmenden Straßen seien keine Betriebsanlagen der Eisenbahn.

Nachdem der Landkreis hiergegen Einwendungen erhoben hatte, teilte die Außenstelle Berlin des Eisenbahn-Bundesamtes – Herr Krampitz – der DB Projekt Verkehrsbau GmbH unter dem 29.11.2002 mit, dass sie sich deren Auffassung – nach Prüfung der Rechtslage und nach Abstimmung mit dem Referat 23 der Zentrale – nicht anschließen könne und den Einwendungen des Landkreises stattgeben werde. Außerdem wurde gebeten, die entsprechenden Blaudrucke der Grunderwerbsverzeichnisse für die Änderung der Planfeststellungsunterlagen vorzubereiten.

---

[1] Vgl. dazu auch Muster 4 RL 12 (Bauwerksverzeichnis) der Planfeststellungsrichtlinien (PF-RL) des Eisenbahn-Bundesamts, Ausgabe 01/2002.

Zur Begründung heißt es in dem Schreiben der Außenstelle Berlin des Eisenbahn-Bundesamtes:

„Ihrer Auffassung wäre dann zu folgen, wenn wir in unserem Verfahren mit zwei Antragstellern zu tun hätten, d.h. sowohl die Bahn als auch die Straße hätten jeweils eigenen Änderungsbedarf an ihren Anlagen, und es würde ein gemeinsames Verfahren nach § 78 VwVfG betrieben. Die bei uns anhängigen Verfahren haben jedoch nur einen Vorhabenträger, der seine Anlagen zu ändern beabsichtigt und der bei einem anderen Verkehrsträger die Notwendigkeit einer Anpassung seiner Anlagen auslöst. Es ist daher konsequent, dass nur Sie als Vertreter der DB Netz AG Antragsteller der laufenden Planfeststellungsverfahren sind. In Planfeststellungsbeschlüssen dürfen wir jedoch keine Regelungen zu Lasten eines Dritten, sondern nur zu Lasten des Antragstellers treffen.

Wir sind auch nicht Ihrer Auffassung, dass wir auf der Rechtsgrundlage der §§ 38 ff. BbgStrG handeln dürften. Diese Vorschriften setzen ein Vorhaben zum Bau oder zur Änderung einer Straße voraus, woran es in unseren Verfahren gerade fehlt. Denn wir haben es lediglich mit notwendigen Folgemaßnahmen zu tun, die darauf beruhen, dass die durch die BÜ-Schließungen verursachten Probleme der Unterbrechung eines vorhandenen Verkehrsweges einer Bewältigung bedürfen. Die Zuständigkeit des Eisenbahn-Bundesamtes für derartige notwendige Folgemaßnahmen an Anlagen Dritter beruht auf §§ 18 Abs. 1 S. 1 AEG, 3 Abs. 1 Nr. 1 BEVVG in Verbindung mit § 75 Abs. 1 VwVfG. Gemäß § 22 Abs. 1 Satz 1 AEG ist auf der Grundlage der Planfeststellung die Enteignung der für das Vorhaben einschließlich der für notwendige Folgemaßnahmen zu beanspruchenden Grundstücke zugunsten des Vorhabenträgers zulässig. Dies ist, wie dargelegt, allein die DB Netz AG. Die Grundstückszuordnung zum Vorhabenträger halten wir auch für sachgerecht, weil dieser der alleinige Verursacher der vorhabenbedingten Eingriffe in Natur und Landschaft ist."

II. Stellungnahme

Zu den Schreiben der DB Projekt Verkehrsbau GmbH vom 28.7.2002 und der Außenstelle Berlin des Eisenbahn-Bundesamtes vom 29.11.2002 nahm ich unter dem 8.1.2003 wie folgt Stellung:

Der im Schreiben der DB Projekt Verkehrsbau GmbH vertretenen Rechtsauffassung vermag ich im Ergebnis, der Begründung allerdings nur teilweise, der Auffassung des Eisenbahn-Bundesamts nur teilweise bezüglich der Begründung, aber nicht im Ergebnis zuzustimmen.

Im Schreiben der DB Projekt Verkehrsbau GmbH wird das Verhältnis von eisenbahnrechtlicher Planfeststellung (§ 18 Abs. 1 Satz 1 AEG in Verbindung mit § 75 Abs. 1 Satz 1 VwVfG) und Enteignung (§ 22 Abs. 1 Satz 1, Abs. 4 AEG) insoweit nicht richtig dargestellt, als § 42 Abs. 1 BbgStrG als Grundlage der Eigentumszuordnung von Flächen für naturschutzrechtliche Ausgleichs- und Ersatzmaßnahmen herangezogen wird.

Gegenstand der eisenbahnrechtlichen Planfeststellung sind nicht nur die Betriebsanlagen der Eisenbahn (§ 18 Abs. 1 Satz 1 AEG). Vielmehr erstreckt sich die eisenbahnrechtliche Planfeststellung auch auf notwendige Folgemaßnahmen an anderen Anlagen (§ 75 Abs. 1 Satz 1 VwVfG)[2] sowie auf naturschutzrechtliche Ausgleichs- und Ersatzmaßnahmen (§ 19 Abs. 3 Satz 1 BNatSchG in Verbindung mit den entsprechenden landesrechtlichen Regelungen).[3] Damit korrespondieren auch die enteignungsrechtlichen Vorschriften des § 22 AEG. § 22 Abs. 1 Satz 1 AEG erklärt die Enteignung für Zwecke des Baus und des Aus-

---

[2] Vgl. Nr. 6 Abs. 1 und 2 der Planfeststellungsrichtlinien (PF-RL) des Eisenbahn-Bundesamts, Ausgabe 01/2002. Ebenso Nr. 2 der Richtlinien für die Planfeststellung nach dem Bundesfernstraßengesetz (Planfeststellungsrichtlinien 1999 – PlafeR 99 –) des Bundesministeriums für Verkehr, Bau und Wohnungswesen (VkBl. 1999, 511).

[3] Vgl. Nr. 6 Abs. 1 PF-RL sowie Nr. 2 PlafeR 99.

baus von Betriebsanlagen der Eisenbahn für zulässig, soweit sie zur Ausführung eines nach § 18 AEG festgestellten oder genehmigten *Bauvorhabens* notwendig ist.

Nach inzwischen gefestigter Rechtsprechung erstreckt sich diese Enteignungsermächtigung bzw. die enteignungsrechtliche Vorwirkung eines eisenbahnrechtlichen Planfeststellungsbeschlusses allerdings auch auf die Flächen, die für notwendige Folgemaßnahmen an anderen Anlagen (z.B. Verlegung von Straßen und Wegen) erforderlich sind[4] oder die für naturschutzrechtliche Ausgleichs- und Ersatzmaßnahmen benötigt werden.[5]

In diesem Sinne haben wir das Thema schon im Jahre 1985 auf einem von mir geleiteten Forschungsseminar über „Aktuelle Probleme des Straßenrechts" in Speyer auf der Grundlage eines Referats von *Kuschnerus* erörtert.[6]

Es spielt also keine Rolle, ob die Eingriffe in Natur und Landschaft durch die bahnseitigen Baumaßnahmen oder wie im Falle der BÜ-Maßnahmen entlang der ICE-Strecke Hamburg-Berlin fast ausschließlich durch die Straßenbaumaßnahmen als notwendige Folgemaßnahmen erfolgen. Auch im letzteren Falle bleibt

---

[4] Vgl. dazu etwa *Bonk/Neumann*, in: Stelkens/Bonk/Sachs, Verwaltungsverfahrensgesetz, Kommentar, 6. Aufl. 2001, § 75 Rdnr. 32 f. (S. 2347); OVG Koblenz vom 5.4.2000, NVwZ 2001, 104; ferner Nr. 36 Abs. 1, 3 PF-RL sowie Nr. 39 Abs. 1 PlafeR 99.

[5] Vgl. dazu etwa *Bonk/Neumann*, in: Stelkens/Bonk/Sachs, aaO, § 75 Rdnr. 32 f. (S. 2347); *Busch*, in: Knack, Verwaltungsverfahrensgesetz, Kommentar, 6. Aufl. 1998, § 75 Rdnr. 4.2.2 (S. 1207 f.); *Steinberg/Berg/Wickel*, Fachplanung, 3. Aufl. 2000, S. 299 f. (Rdnr. 97 m. Fn. 355), 300 f. (Rdnr. 99 m. Fn. 361 f.).

Aus der Rechtsprechung zu § 22 AEG vgl. etwa BVerwG vom 21.12.1995, NVwZ 1996, 896 = DVBl. 1996, 676; OVG Koblenz vom 5.4.2000, NVwZ 2001, 104. Zu § 19 FStrG vgl. BVerwG vom 23.8.1996, NVwZ 1997, 486 = DVBl. 1997, 68; BVerwG vom 1.9.1997, BVerwGE 105, 178 = NVwZ 1998, 504; BVerwG vom 10.9.1998, NVwZ 1999, 532. Zu § 44 WaStrG vgl. BVerwG vom 13.3.1995, UPR 1995, 308.

Vgl. auch Nr. 36 Abs. 3 PF-RL sowie Nr. 39 Abs. 1 PlafeR 99.

[6] Vgl. dazu *Kuschnerus*, Der landschaftspflegerische Begleitplan nach § 8 Abs. 4 Bundesnaturschutzgesetz (Zur Anwendung der naturschutzrechtlichen Ausgleichsregelungen in der straßenrechtlichen Planfeststellung), DVBl. 1986, 75 ff. (76, 80 f., 82); *Blümel* (Hrsg.), Aktu-

für die Enteignung § 22 AEG die maßgebliche Rechtsgrundlage. Das Landesstraßenrecht und damit auch dessen Vorschriften über die Enteignung (§ 42 Abs. 1 BbgStrG) scheiden dagegen aus. Auch das Enteignungsgesetz des Landes Brandenburg (EntGBbg) vom 19. Oktober 1992 (GVBl. I S. 430) kommt nur über § 22 Abs. 4 AEG ins Spiel (§ 2 Abs. 1 Nr. 2 EntGBbg).

Vorhabenträger, d.h. Träger des nach § 18 AEG festgestellten Bauvorhabens (§ 21 Abs. 1 Satz 1 AEG) – Bau oder die Änderung bzw. den Ausbau von Betriebsanlagen der Eisenbahn –, und Antragsteller im Enteignungsverfahren (§ 19 EntGBbg) sowie Enteignungsbegünstigter (§ 22 Abs. 1 AEG, § 30 Abs. 1 Nr. 1 EntGBbg; früher: § 37 Satz 1 BbG) ist im Regelfall die DB Netz AG. Bei den hier in Rede stehenden BÜ-Maßnahmen entlang der ICE-Strecke Hamburg-Berlin stellt sich jedoch die Frage, ob die DB Netz AG auch insoweit alleiniger Enteignungsbegünstigter ist. Diese Auffassung vertritt das Eisenbahn-Bundesamt in Ansehung der Flächen, die für die notwendigen Folgemaßnahmen bzw. für die naturschutzrechtlichen Ausgleichs- und Ersatzmaßnahmen erforderlich sind.

Der Rechtsmeinung des Eisenbahn-Bundesamts kann jedoch nicht gefolgt werden. Seine Begründung, dass es in Planfeststellungsbeschlüssen keine Regelung zu Lasten eines Dritten, sondern nur zu Lasten des Antragstellers treffen könne, ist falsch. Das Gegenteil ergibt sich z.B. schon aus der enteignungsrechtlichen Vorwirkung von Planfeststellungsbeschlüssen.

Bei Grundstücken, die zum Bau notwendiger Folgemaßnahmen an anderen Anlagen benötigt werden, ist entgegen der Meinung des Eisenbahn-Bundesamts insoweit Enteignungsbegünstigter (auch) der Träger, dessen Anlage durch eine notwendige Folgemaßnahme betroffen wird. Dies gilt insbesondere dann, wenn

---

elle Probleme des Planfeststellungsrechts, März 1986, 2. Aufl. 1989. Dazu die Berichte von *Stüer*, DÖV 1986, 65 ff., und *Michler*, DVBl. 1986, 278 ff.

andere Aufgabenträger bei Kreuzungsmaßnahmen beteiligt sind. Hierzu kann vor allem auf das Schrifttum und die Praxis zur bundesfernstraßenrechtlichen Planfeststellung und Enteignung (§§ 17, 19 FStrG) verwiesen werden.[7]

Bestätigt wird die hier vertretene Auffassung durch eine vergleichbare, in den §§ 17a, 19 Abs. 2b FStrG geregelte Fallkonstellation. Nach § 17a FStrG können die der Sicherheit dienenden Anlagen an Bundesfernstraßen, wie Polizeistationen, Einrichtungen der Unfallhilfe, Hubschrauberlandeplätze, zur Festsetzung der Flächen in die Planfeststellung einbezogen werden. Das gleiche gilt für Zollanlagen an Bundesfernstraßen.[8]

Die Enteignung (§ 19 Abs. 2b FStrG) erfolgt in solchen Fällen – trotz § 19 Abs. 1 Satz 1 FStrG (Träger der Straßenbaulast der Bundesfernstraßen als Enteignungsbegünstigter) – zugunsten des jeweiligen Aufgabenträgers. Dieser ist auch zur Leistung der Entschädigung verpflichtet.[9]

Die vorstehenden Überlegungen führen zu dem Schluss, dass auch hinsichtlich der Flächen, die für die gebotenen naturschutzrechtlichen Ausgleichs- und Ersatzmaßnahmen erforderlich sind, nicht die DB Netz AG, sondern der jeweilige Straßenbaulastträger Enteignungsbegünstigter ist. Denn nur ihm sind die durch die Folgemaßnahmen an seinen Anlagen ausgelösten, nach Naturschutzrecht notwendigen Ausgleichs- und Ersatzmaßnahmen zuzurechnen. Dem kann nicht – wie vom Eisenbahn-Bundesamt – entgegen gehalten werden, dass die Grundstückszuordnung zur DB Netz AG als Vorhabenträger deshalb sachgerecht sei,

---

[7] Vgl. etwa *Kastner*, in: Marschall/Schroeter/Kastner, Bundesfernstraßengesetz, Kommentar, 5. Aufl. 1998, § 19 Rdnr. 10 (S. 703 f.). Zur Eigentumszuordnung und Unterhaltungspflicht in solchen Fällen vgl. auch das Muster 4 zu Nr. 12 PlafeR 99: Bauwerksverzeichnis (VkBl. 1999, 531-533).

[8] Vgl. dazu näher etwa *Ronellenfitsch*, in: Marschall/Schroeter/Kastner, aaO, § 17a Rdnrn. 1 ff. (S. 680 f.); Nr. 7 Abs. 2 PlafeR 99.

[9] So *Kastner*, in: Marschall/Schroeter/Kastner, aaO, § 19 Rdnrn. 21 f. Ebenso *Aust*, in: Kodal/Krämer, Straßenrecht, 6. Aufl. 1999, Kap. 37 Rdnr. 16.4 (S. 1231 f.).

weil dieser alleiniger Verursacher der vorhabenbedingten Eingriffe in Natur und Landschaft sei. Dass diese abstrakte Betrachtungsweise unzutreffend ist, zeigt allein schon die Bahnübergänge betreffende Regelung des § 13 Abs. 1 EKrG, die eben nicht allein dem Veranlasser der Kreuzungsmaßnahme – wie etwa im Falle des § 11 Abs. 1 EKrG – die vollen Kosten aufbürdet.[10]

III. Fazit

Da die von mir angeschnittene Rechtsfrage bisher weder in Literatur und Rechtsprechung noch in den einschlägigen Planfeststellungsrichtlinien ausdrücklich behandelt worden ist, erschiene es mir ratsam, einmal die Grunderwerbsverzeichnisse und die Bauwerksverzeichnisse neuerer eisenbahnrechtlicher und straßenrechtlicher Planfeststellungsbeschlüsse hinsichtlich der – auf Folgemaßnahmen bezogenen – Eigentumszuordnung von Flächen für naturschutzrechtliche Ausgleichs- und Ersatzmaßnahmen bzw. zur Unterhaltungspflicht in solchen Fällen zu überprüfen. Mir selbst fehlt einschlägiges Material. Ich werde mir deshalb erlauben, auf dem nächsten Forschungsseminar des Arbeitsausschusses „Straßenrecht" am 22./23.9.2003 in Saarbrücken die dort anwesenden Straßenbaujuristen nach ihren Erfahrungen zu befragen. Aber auch beim Eisenbahn-Bundesamt sollten einmal in Betracht kommende Planfeststellungsbeschlüsse kontrolliert werden. Im übrigen erhoffe ich mir von der anschließenden Diskussion mit den anwesenden Eisenbahnjuristen neue Erkenntnisse.
Ich danke Ihnen für Ihre Aufmerksamkeit.

---

[10] Zu § 13 Abs. 1 EKrG vgl. zuletzt BVerwG vom 12.6.2002, NVwZ 2003, 481 = DVBl. 2002, 1500 (nur LS).

Prof. Dr.-Ing. Ekkehard Wendler, RWTH Aachen.

Betriebliche Grundlagen des Trassenmanagements

I. Einleitung

Der Begriff der „Trasse" ist im Eisenbahnwesen doppelt belegt. Die erste (ältere) Bedeutung bezieht sich auf die Eisenbahnstrecke, die durch das Gelände geführt ist. In dieser Bedeutung finden wir den Begriff z. B. in § 1 Ziff. 9 ROV. Neuerdings, namentlich seit der Bahnreform im Jahr 1994, tritt der Begriff auch in seiner zweiten Bedeutung auf. So ist die „Zugtrasse" definiert als „der Teil einer Eisenbahninfrastruktur, der benötigt wird, um eine Zugfahrt auf einer bestimmten Strecke innerhalb eines bestimmten Zeitraums durchzuführen."[1] Aus diesem Begriff leitet sich nun auch der Begriff des „Trassenmanagements" ab. Obwohl der Begriff der „Zugtrasse" per Gesetz definiert ist, wird in der praktischen Arbeit eher von der „Fahrplantrasse" bzw. eben einfach von einer „Trasse" gesprochen. Klar ist, dass sich der Begriff der „Zugtrasse" nur auf Zugfahrten und nicht auf Rangierfahrten oder Sperrfahrten[2] bezieht.

1. Die Sperrzeit im Trassenmanagement

Mit Hilfe des im folgenden skizzierten Modells soll deutlich gemacht werden, was aus betrieblicher Sicht unter einer „Fahrplantrasse" zu verstehen ist.

---

[1] § 2 Abs. 1 EIBV
[2] Zur Abgrenzung der Begriffe siehe Konzernrichtlinie der Deutschen Bahn AG, Modul 408.0801 vom 15.06.2003 Ziff. 1 Abs. (1) a) und Modul 408.0201 Ziff. 9

Die o. g. Definition der Zugtrasse eignet sich gut, um sich den betrieblichen Grundlagen des Trassenmanagements zu nähern. Wie viel Eisenbahninfrastruktur wird benötigt, um eine Zugfahrt durchführen zu können? Wie viel Eisenbahninfrastruktur wird durch die Zugfahrt beansprucht? In Abb. 1 ist ein Weg-Zeit-Diagramm in der im deutschen Fahrplanwesen üblichen Form dargestellt: Die Weg-Achse, also ein Gleis einer Eisenbahnstrecke ggf. mit Weichen und Kreuzungen, stellt die Abszisse dar. Die Zeitachse als Ordinate verläuft von oben nach unten. In das Diagramm als schräge Linie eingetragen ist der Fahrtverlauf eines Zuges durch Weg und Zeit, die sog. Zeit-Weg-Linie (ZWL). Die ZWL wird durch eine Fahrzeitrechnung bestimmt. In die Fahrzeitrechnung gehen dabei zugspezifische Daten, z. B. Last und Lokomotivbaureihe des Zuges, aber natürlich auch der geplante Laufweg durch das Eisenbahnnetz ein. Außerdem haben eine Reihe von infrastrukturspezifischen Daten Einfluss auf die Fahrzeitrechnung, z. B. die zulässigen Geschwindigkeiten, die Längsneigung des Fahrwegs und die Lage, Länge und der Querschnitt von Tunneln.

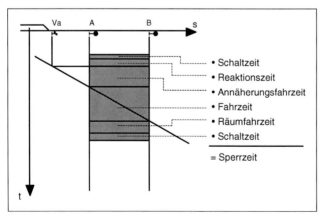

Abb. 1: Elemente der Sperrzeit

Die zugspezifischen Daten sind im Rahmen des Trassenmanagements vom Eisenbahnverkehrsunternehmen (EVU) in Form einer Trassenbestellung beim Eisenbahninfrastrukturunternehmen (EIU) einzureichen. Das EIU führt dann die Fahrzeitrechnung unter Berücksichtigung von zug- und infrastrukturspezifischen Daten aus. Je flacher eine ZWL verläuft, um so höher ist die geplante Geschwindigkeit. Beim Halt eines Zuges verläuft die ZWL parallel zur Zeitachse. Auf die berechnete Fahrzeit werden durch das EIU Zeitzuschläge aufgeschlagen, die sog. Regel- und Sonderzuschläge, welche bewirken, dass die ZWL etwas steiler, also langsamer verläuft, als technisch möglich. Diese Reserve kann später in der Betriebsführung zum Ausgleich von kleineren Fahrzeitschwankungen bzw. zum Abbau von kleineren Verspätungen genutzt werden.

Bei Zugfahrten kommt in Deutschland als Abstandshaltungsverfahren in der Regel das Fahren im Raumabstand, auch Fahren im Blockabstand genannt, zur Anwendung[3]. Zu diesem Zweck ist eine Eisenbahnstrecke in mehrere Blockabschnitte untergliedert, die durch Hauptsignale begrenzt („gedeckt") werden. In der Abb. 1 sind exemplarisch die Hauptsignale A und B dargestellt. Innerhalb eines solchen Blockabschnitts darf sich stets höchstens ein Zug aufhalten. Mit Hilfe der Signal-, Stellwerks- und Zugbeeinflussungstechnik wird diese Anforderung technisch sichergestellt.

Wie lange wird nun der in Abb. 1 dargestellt Blockabschnitt durch die Zugfahrt in Anspruch genommen? Hinsichtlich dieser Inanspruchnahme müssen mehrere Zeitanteile berücksichtigt werden. Der Zeitanteil der Fahrzeit erstreckt sich von der Vorbeifahrt der Lokomotive am Signal A bis zur Vorbeifahrt der Lokomoti-

---

[3] § 4 Abs. (3) EBO

ve am Signal B. Da auch der gesamte Zug die Blockstrecke geräumt haben muss, schließt sich eine sog. Räumfahrzeit an.

Der Block darf betrieblich aber erst dann für eine nächste Fahrt freigegeben werden, wenn der aktuelle Zug auch eine gewisse Schutzstrecke (Durchrutschweg) hinter dem Signal B geräumt hat, in der Regel 50 ... 200 m. Die Zeit, die der gesamte Zug benötigt, um diese Schutzstrecke zu durchfahren, ist ebenfalls Bestandteil der Räumfahrzeit.

Grob gesprochen, ist der Blockabschnitt im durch Fahr- und Räumfahrzeit beschriebenen Zeitraum tatsächlich physikalisch belegt. Um die Belegung des Abschnitts aus betrieblicher Sicht zu beschreiben, reichen diese Zeitanteile jedoch noch nicht aus. Einen weiteren, sehr wichtigen Zeitanteil stellt die Annäherungsfahrzeit dar: In der Regel ist bei Zugfahrten der Bremsweg länger als der Sichtweg. Daher muss dem Lokomotivführer der Signalbegriff eines Hauptsignals vorangekündigt werden. Zu diesem Zweck wird dem Hauptsignal ein Vorsignal zugeordnet, welches im Bremswegabstand vor dem Hauptsignal angeordnet werden muss[4]. Zeigt das Hauptsignal „Halt" und das entsprechende Vorsignal „Halt erwarten", kann der Lokomotivführer den Zug sicher vor dem Hauptsignal zum Halten bringen. In Abb. 1 ist das Vorsignal Va eingezeichnet, welches die Vorsignalfunktion für das Hauptsignal A übernimmt. Auch das Hauptsignal B besitzt ein Vorsignal, dieses ist jedoch für die weiteren Betrachtungen ohne Belang und deshalb in Abb. 1 nicht eingezeichnet.

Die Annäherungszeit beschreibt nun jenen Zeitanteil, den der Zug für eine unbehinderte Fahrt vom Vorsignal Va bis zum Hauptsignal A benötigt. Es wird

---

[4] § 14 Abs. (12) EBO

also die These aufgestellt, dass der Blockabschnitt A–B auch bereits während der Annäherungsfahrzeit vom Zug in Anspruch genommen, also belegt wird und sich auch während der Annäherungsfahrt kein anderer Zug in den Blockabschnitt A–B aufhalten darf. Aus Sicht des Lokomotivführers, aber auch aus Sicht des Sicherungstechnikers ist diese These falsch! Sowohl der Lokomotivführer, als auch der Sicherungstechniker werden nämlich argumentieren, dass für den Fall, dass der Blockabschnitt durch den vorausfahrenden Zug noch nicht geräumt wäre, der nachfahrende Zug eine Bremsung einleiten würde und so sicher vor dem Hauptsignal A zum Halten käme.

Was bedeutet nun aber das „Einleiten einer Bremsung" aus betrieblicher Sicht? Durch das Einleiten der Bremsung wird der Zug aus seiner ursprünglich vom EVU bestellten ZWL abgedrängt („gestutzt"). Im Umkehrschluss kann man also sagen, dass zur Vermeidung des Stutzens oder zur Gewährleistung der vom EVU bestellten ZWL die Annäherungsfahrzeit als Teil der betrieblichen Belegung des Blockabschnitts betrachtet werden muss.

Das Vorsignal muss also vor der Vorbeifahrt des Zuges von „Halt erwarten" in den Signalbegriff „Fahrt erwarten"[5] umschalten. Um sicherzustellen, dass der Lokomotivführer dieses Umschalten noch aufnehmen kann, wird weiterhin eine Reaktionszeit zuzuschlagen sein. Schließlich ergänzen gewisse Schaltzeiten die Belegung, die die Stellwerkstechnik für das Einstellen, Sichern und Auflösen von Fahrstraßen und für die Signalfahrt- bzw. -haltstellung benötigt. Bei moderner Stellwerkstechnik sind diese Schaltzeiten insbesondere im Bereich der freien Strecke allerdings sehr klein.

---

[5] Abschnitt B II. Eisenbahnsignalordnung (ESO)

Die Summe all dieser Zeitelemente (Schaltzeiten, Reaktionszeit, Annäherungsfahrzeit, Fahrzeit im Block, Räumfahrzeit) wird als Sperrzeit bezeichnet. Besteht nun eine Eisenbahnstrecke aus mehreren Blockabschnitten, formen sich die jeweiligen Sperrzeitenkästchen zu einer Sperrzeitentreppe (Abb. 2).

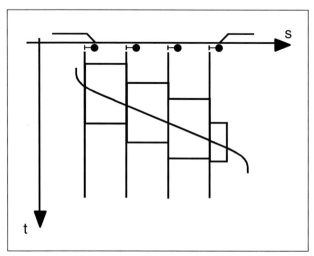

Abb. 2:   Sperrzeitentreppe

Der Sperrzeitbegriff ist in der o. g. Form erstmals 1959 von Happel[6] beschrieben und als Grundlage für die Fahrplankonstruktion vorgeschlagen worden. Die Sperrzeitentreppe hat sich jedoch seinerzeit als Modellierungsgrundlage im Fahrplanwesen nicht durchsetzen können.

---

[6] *Happel, O.*: „Sperrzeiten als Grundlage der Fahrplankonstruktion." – In: Eisenbahntechnische Rundschau 8 (1959) 2, S. 79 – 90.

Das Modell von Happel ist allerdings 1974 durch Schwanhäußer wieder aufgegriffen worden[7] und in der EDV-Familie SLS und deren bekanntester Komponente STRELE in der betrieblichen Infrastrukturplanung der Deutschen Bundesbahn zum Einsatz gekommen[8]. Mit Hilfe dieser Werkzeuge konnte die Frage beantwortet werden, wie viel Infrastruktur vorgehalten werden muss, um ein vorgegebenes Betriebsprogramm abwickeln zu können. Die Sperrzeitentreppe erfüllte also auch hier die Aufgabe, den Kapazitätsbedarf einer Zugfahrt zu beschreiben.

Den Durchbruch in der betrieblichen Planung der Bahn hat das Modell der Sperrzeitentreppe mit der Entwicklung des Tools RUT (Rechnerunterstütztes Trassenmanagement) gefunden, welches auf der an der RWTH Aachen entstandenen Dissertation von Brünger basiert[9]. Der Prototyp des Tools RUT ist ebenfalls an der RWTH Aachen entwickelt und inzwischen durch die DB Systems GmbH, dem Systemhaus der Deutschen Bahn, zur kommerziellen Einsatzreife weiterentwickelt worden[10] (Abb. 3).

Mit Hilfe des Tools RUT führt das EIU – hier die DB Netz AG – die Fahr- und Sperrzeitrechnung wie oben dargestellt für jede Zugfahrt aus. Die Sperrzeiten-

---

[7] *Schwanhäußer, W.*: „Bemessung der Pufferzeiten im Fahrplangefüge der Eisenbahn". – Dissertation, Veröffentlichungen des Verkehrswissenschaftlichen Instituts der RWTH Aachen, Heft 20 (1974).
[8] *Sitzmann, E.; Eilers, W.*: „Betriebliche Untersuchung von Eisenbahnknoten." – In: Eisenbahntechnische Rundschau 39 (1990), Heft 11, S. 691 – 689.
[9] *Brünger, O.*: „Konzeption einer Rechnerunterstützung für die Feinkonstruktion von Eisenbahnfahrplänen." – Veröffentlichungen des Verkehrswissenschaftlichen Instituts der RWTH Aachen, Heft 51 (1995).
[10] *Brünger, O.*: „Fahrplanfeinkonstruktion mit Rechnerunterstützung. – Grundlagen, Meilensteine, Visionen." – In: Informationstechnik bei Bahnen, Edition ETR, Hestra-Verlag Darmstadt (2000), S. 148 – 154.

treppe ist damit zur betrieblichen Ausdrucksform der „Zugtrasse" im Sinne von § 2 Abs. 1 EIBV geworden.

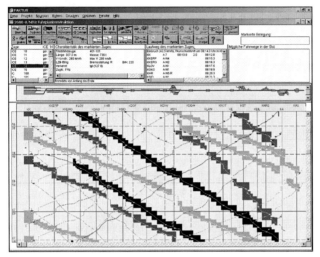

Abb. 3:   RUT-Screenshot

Die Hauptgleise des Netzes sind dabei in einem Infrastruktur-Graphen, dem Spurplan-Graphen, hinterlegt. Der Spurplan-Graph enthält alle Informationen über die Infrastruktur, die für die Fahr- und Sperrzeitberechnung erforderlich sind (z. B. zulässige Geschwindigkeiten, Streckenneigung, Haupt- und Vorsignalstandorte, Lage und Eigenschaften von Weichen, siehe Abb. 4).

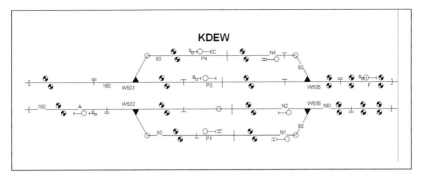

Abb. 4:   Ausschnitt aus dem Spurplan-Graphen

Der Sperrzeitenbegriff lässt sich auf beliebige Signal-, Stellwerks-, Abstandshaltungs- und Zugbeeinflussungstechniken anwenden[11]. Beim Fahren im absoluten Bremswegabstand (moving block) entartet die Sperrzeitentreppe dabei zu einem Sperrzeitenband. Auch die Modellierung des Fahrens im relativen Bremswegabstand (Bremsweg ist länger als der Abstand zum vorausfahrenden Zug) wäre mit Hilfe eines Sperrzeitenbandes möglich.

2. Konfliktlösung und Prioritäten

Neben der Fahr- und Sperrzeitenberechnung führt das Tool RUT auch eine Konfliktberechnung durch. Von einem Belegungskonflikt wird gesprochen, wenn zwei Trassen, die um die Infrastrukturnutzung konkurrieren, bestimmte Infrastrukturelemente zur gleichen Zeit beanspruchen wollen. In der Regel wird es sich dabei um Trassen verschiedener EVU handeln. Mit Hilfe des Modells der Sperrzeitentreppe kann ein solcher Belegungskonflikt im Zeit-Weg-Diagramm visualisiert werden, da sich in diesem Fall die Sperrzeitentreppen (teilweise) überschneiden (siehe Abb. 5). Im Tool RUT werden derartige Sperrzeitenüber-

---

[11] *Wendler, E.*: „Weiterentwicklung der Sperrzeitentreppe für moderne Signalsysteme." – In: Signal und Draht 87 (1995), Heft 7-8, S. 268 – 272

schneidungen rot markiert, um den Trassenmanager optisch auf den vorhandenen Konflikt aufmerksam zu machen.

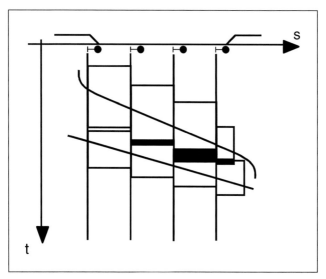

Abb. 5: Belegungskonflikt

Der erkannte Konflikt muss durch den Trassenmanager des EIU gelöst werden, da ein konfliktbehafteter Fahrplan im Betrieb nicht fahrbar wäre, sondern systematisch Verspätungen verursachen würde. Prinzipiell existieren nur vier verschiedene Möglichkeiten, einen Trassenkonflikt zu lösen:

Das Verschieben mindestens einer der beiden konfliktbehafteten Trassen.
Das Biegen mindestens einer der beiden Trassen[12].
Die Wahl eines alternativen Fahrwegs für eine der beiden Trassen.
Das Abweisen einer der beiden bestellten Trassen (Verlust).

---

[12] In der Regel kann nur ein sog. „positives Biegen", d. h. die künstliche Verlangsamung der Trasse, zur Konfliktlösung zur Anwendung kommen, da das „negative Biegen", also die Beschleunigung der Trasse, rasch an physikalisch-technische Grenzen stößt.

Die Konfliktlösung kann sich dabei auf den gesamten Laufweg der Trasse, aber auch nur auf einen Teil des Laufweges beziehen. Häufig kommen auch Kombinationen dieser Konfliktlösungsmöglichkeiten zur Anwendung. So stellt das Einlegen eines planmäßigen Überholungshaltes sowohl die Nutzung eines alternativen Fahrweges (nämlich des Überholungsgleises anstelle des durchgehenden Gleises), als auch ein Biegen der Trasse (in diesem Fall die Bremsung auf Halt und das Anfahren nach erfolgter Überholung), als auch ein Verschieben (die Verschiebung entspricht dabei der eingeplanten Überholungs-haltezeit) dar. Im Zuge der Konfliktlösung soll ein sog. „wahrer Fahrplan" entstehen. Der wahre Fahrplan ist frei von Konflikten und enthält darüber hinaus Pufferzeiten zwischen den Trassen. Die Pufferzeit stellt den kürzesten zeitlichen Abstand zwischen zwei Sperrzeitentreppen dar (siehe Abb. 6). Pufferzeiten dienen in der Betriebsführung der Reduzierung der Verspätungsübertragung zwischen den Trassen. Pufferzeiten dienen allerdings nicht dem Verspätungsabbau.

Eine sehr wichtige Frage bei der Konfliktlösung ist, welche der beiden im Konflikt stehenden Trassen verschoben, gebogen, alternativ geroutet oder ggf. sogar abgewiesen werden soll. In einigen Fällen stehen dem Trassenmanager sog. Konstruktionsspielräume zur Verfügung. Dies ist insbesondere dann der Fall, wenn die vom EVU gewünschte Fahrzeit zwischen zwei Bahnhöfen nicht der physikalisch möglichen kürzesten Fahrzeit entspricht, sondern größer ist, als die kürzeste Fahrzeit. Dadurch entstehen für den Trassenmanager kleine zeitliche Spielräume, die für die Konfliktlösung genutzt werden können[13]. Sind diese Konstruktionsspielräume ausgenutzt bzw. von vornherein nicht vorhanden, muss

---

[13] Faktisch werden derartige Konstruktionsspielräume auch bei der Suche nach einer einvernehmlichen Lösung gemeinsam mit den beteiligten EVU ausgenutzt, wie dies in § 4 Abs. 5 Satz 1 EIBV gefordert ist.

die Konfliktlösung anhand von Prioritäten entschieden werden. Im folgenden sollen einige denkbare sog. Prioritäten-Disziplinen aus betrieblicher Sicht dargestellt werden. Eine rechtliche Würdigung erfolgt an dieser Stelle jedoch nicht[14].

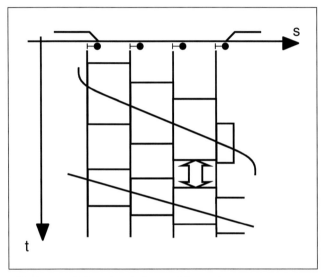

Abb. 6: Pufferzeit zwischen zwei Sperrzeitentreppen

Eine sog. triviale Prioritäten-Disziplin stellt die FIFO-Disziplin (First-in-first-out) dar. Die jeweils im ZWL-Bild zeitlich „oben" liegende Trasse erhält den Vorrang. Diese Disziplin ist nur äußerst begrenzt anwendbar, zumal in bestimm-

---

[14] Verwiesen sei hier auf: *Heinrichs, P.*: „Aktuelle gesetzliche Vorgaben bei Trassenkonflikten – Prioritäten und Höchstpreisverfahren" – In: Schriften zum Planungs-, Verkehrs- und Technikrecht, Band ... „Aktuelle Problem des Eisenbahnrechts IX", S. ...-..., Tübingen (2004).

ten Fällen selbst unter Hinzuziehung von Hilfskriterien nicht eindeutig entscheidbar ist, welche der beiden Trassen die „oben liegende" Trasse ist[15].

Eine weitere Möglichkeit besteht darin, die Priorität aus fahrplantechnischen Überlegungen abzuleiten. So kann die Umsetzung von Taktverkehren grundsätzlich nur dann gewährleistet werden, wenn vertakteten Trassen gegenüber den nicht vertakteten Trassen („freie Trassen") Vorrang eingeräumt wird. Gibt man einzelnen freien Trassen Vorrang vor einem Takt, kann im Zuge der Konfliktlösung ein sog. „Rütteltakt" entstehen, d. h. einzelne Trassen aus dem Takt-Bündel erfahren eine mehr oder weniger starke Abweichung von der Taktlage. Damit würde im Zuge der Konfliktlösung der Takt zerstört.

Die Aussage, dass sich Taktverkehre grundsätzlich nur über einer vorrangige Behandlung im Rahmen des Trassenmanagements realisieren lassen, beantwortet allerdings nicht die Frage, ob dieser Vorrang in jedem Fall betriebs- bzw. volkswirtschaftlich gerechtfertigt ist[16].

Denkbar ist auch, die Priorität an bestimmte verkehrliche Eigenschaften der Trasse zu binden. In der Richtlinie 2001/14/EG wird diese Möglichkeit auf sog. besonderen Fahrwegen („specialised infrastructure") unter gewissen Bedingungen eingeräumt.[17]

---

[15] Man spricht vom sog. Drei-Zug-Paradoxon, dessen modelltheoretischer Hintergrund beschrieben ist bei *Wendler, E.*: „Analytische Berechung der planmäßigen Wartezeit bei asynchroner Fahrplankonstruktion." – Veröffentlichungen des Verkehrswissenschaftlichen Instituts der RWTH Aachen, Heft 55 (1999), S. 36 ff.
[16] Der Gesetzgeber war sich wohl dieser Problematik bewusst und hat daher in § 14 (2) AEG die Formulierung „Bei der Vergabe der Eisenbahninfrastrukturkapazitäten haben die Eisenbahninfrastrukturunternehmen vertakteten (...) Verkehr angemessen zu berücksichtigen" niedergelegt.
[17] ebenda Art. 24

Je stärker die Nachfrage nach Trassenkapazität auf einer Eisenbahnstrecke ausfällt, desto häufiger wird der Trassenmanager mit Konflikten konfrontiert werden, deren Lösung sich bei zunehmender Auslastung immer komplizierter gestaltet. Bei hoher Nachfrage kann daher eine Prioritäten-Disziplin sinnvoll sein, die eine kapazitätsoptimale Auslastung der betreffenden Strecke ermöglicht. Als Zielfunktion für diese Optimierung könnte z. B. die Maximierung der Anzahl der zu vergebenen Trassen, aber auch die Maximierung der Trassenerlöse des EIU verwendet werden. Sollen bei hoher Nachfrage möglichst viele Trassen vergeben werden, müssen möglichst „triviale" Prioritäten Anwendung finden (z. B. FIFO mit Harmonisierung, d. h. Zwangs-Biegung von schnellen Trassen). Sollen hingegen die Trassenerlöse maximiert werden, müssen u. U. sehr feingliedrige Prioritäten-Disziplinen Anwendung finden.

Die Diskussion, wann ein Fahrweg als überlastet anzusehen ist, ist bei den europäischen Eisenbahnen gerade erst angelaufen. Aus systemtheoretischer Sicht können die folgenden Anmerkungen in dieser Diskussion hilfreich sein: Nahezu jede Konfliktlösung führt für eine der beiden betroffenen Trassen zu einer Reisezeitverlängerung. Aus bedienungstheoretischer Sicht handelt es sich dabei um die in einem Bedienungskanal entstehende Wartezeit t_W [18]. Die Summe der auf einer Eisenbahnstrecke entstehenden Wartezeiten Σt_W ist u. a. abhängig von der Anzahl der eingeplanten Trassen n. Abb. 7 zeigt den entsprechenden Funktionsverlauf. Die Funktion besitzt eine Polstelle, d. h. es existiert eine bestimmte Trassenzahl n_{max}, die nicht überschritten werden kann („Sperrzeitentreppe an Sperrzeitentreppe"). n_{max} kann daher als theoretische Leistungsfähigkeit bezeichnet werden. Für das praktische Trassenmanagement ist die Kenntnis über

---

[18] Für eine detaillierte Beschreibung der Theorie sei auf *Wendler, E.* (1999) a. a. O., S. 28 ff. verwiesen.

n_{max} jedoch wertlos, da eine Bahnstrecke an diesem Punkt nicht mehr betrieben werden kann.

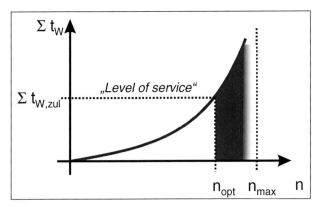

Abb. 7: Wartezeitfunktion und überlasteter Fahrweg

Würde man nun allerdings eine zulässige Wartezeitsumme $\Sigma t_{W,zul}$ kennen, also eine Reisezeitverlängerung, die die EVU auf der betreffenden Eisenbahnstrecke noch zu akzeptieren bereit wären, könnte man daraus einen Betriebspunkt n_{opt} ableiten, die praktische Leistungsfähigkeit, neuerdings als Nennleistung bezeichnet[19]. In Anlehnung an Straßenverkehrsmodelle könnte man $\Sigma t_{W,zul}$ auch als Level-of-service bezeichnen. Sobald Trassenanzahlen (Trassenbestellungen) größer als n_{opt} beobachtet werden, müsste die Strecke dann als überlastet bezeichnet werden. Leider sind die verkehrswirtschaftlichen Betrachtungen zur Ermittlung von $\Sigma t_{W,zul}$ nicht trivial. Die Berechnung von $\Sigma t_{W,zul}$ ist bislang noch nicht zufriedenstellend gelöst.

---

[19] DB Netz AG, RL 405 Modul 0103 vom 10.05.2001, S. 9

Als Alternative wäre auch eine Bepreisung der Prioritäten denkbar. Das EVU kauft sich also seinen Vorrang ein. Die Verbindung zwischen Preis und Priorität kann explizit, aber auch implizit erfolgen. Die explizite Bepreisung kommt beim in § 4 Abs. 5 Sätze 2 und 3 EIBV vorgegebenen Höchstpreisverfahren, einer Art Versteigerung der Trassenpriorität, zur Anwendung.

Eine implizite Verknüpfung zwischen Priorität und Trassenpreis war bereits im Trassenpreissystem von 1994 (TPS 94) vorgesehen, ist jedoch in den nachfolgenden TPS 98 und TPS 01 nicht weiterverfolgt worden. Im TPS 94 war als eine abhängige Variable eine sog. Planungsqualität (PQ) vorgesehen. Die Planungsqualität berechnete sich „als Verhältnis der [für das EVU] akzeptablen fahrplanmäßigen Fahrzeit und der kürzesten betriebstechnisch erreichbaren Fahrzeit". Die „akzeptable fahrplanmäßige Fahrzeit" setzt sich letztendlich aus der betriebstechnisch erreichbaren Fahrzeit t_{techn} und einer „akzeptablen" Reisezeitverlängerung, als Wartezeit $t_{W,zul}$, zusammen. Formelmäßig kann man daher PQ wie folgt darstellen:

$$PQ = \frac{t_{techn} + t_{W,zul}}{t_{techn}}$$

Ein EVU, welches dem EIU für die Konfliktlösung im Trassenmanagement eine hohe Reisezeitverlängerung (also systemtheoretisch eine hohe zulässige Wartezeit) zubilligte, erzielte dadurch eine hohe Planungsqualität und entrichtete dafür einen niedrigen relativen Trassenpreis (siehe Tab. 1).

Zugpreiskategorie		Planungsqualität in %	Trassenpreis in DM
P1	Hochgeschwindigkeitsverkehr	105	1017

P2	Schneller Personenfernverkehr	108	933
P3	Schneller Personenfernverkehr mit regionalem Bezug	110	848
P4	Langsamer Personenfernverkehr	120	733
P5	Regionaler Personennahverkehr	120	710
P6	Lokaler Personennahverkehr	120	694

Tab. 1: Planungsqualität und Trassenpreis nach TPS 94, Stand 01.01.97, dargestellt am Beispiel für den Laufweg Aachen Hbf – Köln Hbf (70,2 km)

Je höher die eingekaufte Planungsqualität einer Trasse ausfiel, um so stärker konnte das EIU der betroffenen Trasse einen niedrigen Rang bei der Konfliktlösung zuweisen. Niedrige Planungsqualitäten bei hochpreisigen Trassen implizierten dagegen die vorrangige Behandlung im Zuge von Konfliktlösungen[20].

Schließlich soll abschließend auf das sog. Grandfathering (Nutzung von Großvaterrechten) als Prioritäten-Disziplin eingegangen werden. Das Grandfathering findet im Luftverkehr bei der Slot-Allokation Anwendung und ist in der VO (EWG) 95/93 geregelt. Der Prozess der Slot-Allokation weist eine Reihe von interessanten Parallelen zur Trassenvergabe, aber auch eine Reihe von wichtigen Unterschieden auf. Insbesondere ist der Begriff des Slots nicht mit dem der Trasse identisch. Während die Trasse eine Zeitdauer für die Beanspruchung der Infrastruktur darstellt (nämlich gerade die Sperrzeit), ist der Slot ein Zeit-Intervall, in dem eine gewisse Anzahl von Flugbewegungen (Starts oder Lan-

---

[20] Der Trassenpreis wird allerdings nicht allein durch Planungsqualität bestimmt. Dies wird im Schienengüterverkehr besonders deutlich, wo das TPS 94 fünf unterschiedliche Trassenkategorien (PQ = 125 ... 170 %) angeboten hat, allerdings werden hier die Auswirkungen auf die Trassenpreisbildung durch andere Attribute insbes. die zulässige Last überlagert.

dungen) durchgeführt werden. Man kann jedoch relativ leicht die beiden Modellierungsprinzipien (Zeitdauer vs. Zeit-Intervall) ineinander überführen[21].

Grandfathering bedeutet, dass ein für den Zeitraum x-1 (Flugplanperiode, Fahrplanperiode) erworbenes Nutzungsrecht (Slotnutzung, Trasse) hinsichtlich der zeitlichen Lage in den Folgezeitraum x übernommen wird. Gegenüber anderen „Großvätern" ist dieses Nutzungsrecht bereits konfliktfrei. Im Zeitraum x können nur noch Konflikte mit neuen Slot- bzw. Trassenwünschen, den sog. Newcomern, entstehen. Beim Grandfathering werden diese Newcomer jedoch nachrangig behandelt, so dass der Slot bzw. die Trassenlage der „Großväter" nicht verändert werden muss[22].

Systemtheoretisch vergleichbar mit dem Grandfathering ist beim Trassenmanagement in Deutschland die Behandlung von sog. EIBV-Trassen gegenüber sog. unterjährigen Trassen[23]. Als EIBV-Trassen werden Trassen verstanden, die vor dem Stichtag acht Monate vor Fahrplanwechsel beim EIU bestellt worden sind[24]. Als unterjährige Trassen bezeichnet man Trassen, deren Bestellung erst nach diesem Stichtag, ggf. sogar erst während der bereits laufenden Fahrplanperiode bestellt werden. Das EIU hat nun zunächst die Aufgabe, einen konfliktfreien Fahrplan für alle bis zum Stichtag bestellten EIBV-Trassen zu konstruieren. Sobald ein solcher konfliktfreier Fahrplan der EIBV-Trassen vorliegt, verhalten sich diese EIBV-Trassen gegenüber den unterjährigen Trassen wie

---

[21] Für Details sei auf *Wendler, E.* (1999) a. a. O., S. 62 f. verwiesen.
[22] Verordnung (EWG) 95/93 schreibt allerdings einen Slot-Pool vor. Auf 50 % der Slots des Pools wird *Newcomern* ein garantierter Zugriff gewährt, um die totale Blockade von Start-/Landerechten durch „Großväter" zu verhindern.
[23] Inwieweit dieser Vergleich aus rechtlicher Sicht angebracht ist, kann an dieser Stelle nicht erörtert werden.
[24] § 4 Abs. 2 Satz 1 EIBV

„Großväter" gegenüber Newcomern. Die Trassenlage der EIBV-Trassen wird grundsätzlich durch die unterjährigen Trassen nicht mehr beeinflusst.

II. Ausblick

Die Betrachtung bisheriger Netzzugangsstreitigkeiten zeigt, dass sich der Streit häufig auf die Anwendung und Auslegung von Prioriätenregeln bezieht. Es steht zu erwarten, dass sich derartige Probleme zukünftig auch im Zusammenhang mit der Infrastrukturplanung (Was ist ein überlasteter Fahrweg?) aber auch auf Fragen der Betriebsführung erstrecken werden. Weder in der Infrastrukturplanung, noch in der Betriebsführung hat sich bis heute der Begriff der Trasse (Sperrzeitentreppe oder -band) als Modell vollständig durchgesetzt, wenngleich auch in diesen beiden Bereichen die eingangs aufgeworfene Frage, wie viel Kapazität eine Zugfahrt beansprucht, beantwortet werden muss[25]. Die Eisenbahnbetriebswissenschaft stellt bereits heute entsprechende Modelle und Verfahren zur Verfügung, die nun schrittweise in die praktische Anwendung überführt werden müssen.

Wie eingangs bereits erwähnt, kann der Begriff der „Zugtrasse" nur auf Zugfahrten, dagegen jedoch nicht auf Rangierfahrten, und strenggenommen nur auf Strecken, nicht aber auf Bahnknoten übertragen werden. An vielen Stellen im Eisenbahnnetz stellt heute aber gerade der Knoten mit Zug- und kapazitätsrelevanten Rangierfahrten den Engpass dar, nicht etwa die Strecke[26]. Aus einem be-

---

[25] *Wendler, E.*: "Quality management in the operation planning process by means of harmonized modelling." – In: Proc. of the World Congress on Railway Research, Köln (2001) Session 3.4.2.
[26] *Wendler, E.*: „Bemessungsmethoden für große Eisenbahnknoten." – In: Eisenbahntechnische Rundschau 51 (2002) Heft 7/8, S. 418 – 424.

trieblichen Blickwinkel wäre im übrigen das Modell der Sperrzeitentreppe ohne weiteres auch auf Rangier- und Sperrfahrten übertragbar. Es bleibt nun abzuwarten, welche juristische Würdigung die im Knoten vorhandenen Kapazitätsprobleme gerade im Zusammenspiel mit den Rangierfahrten in Zukunft erfahren werden.

Regierungsdirektor Horst-Peter Heinrichs, Eisenbahn-Bundesamt.

Netzzugang:
aktuelle gesetzliche Vorgaben bei Trassenkonflikten, Vorrangregelungen und Höchstpreisverfahren

Meine sehr geehrten Damen und Herren,

gerne habe ich den Auftrag übernommen, heute zum Bereich des Netzzugangs zu sprechen. Im Rahmen dieses Themenfeldes werden sich meine Ausführungen schwerpunktmäßig den aktuellen gesetzlichen Vorgaben bei Trassenkonflikten, den gesetzlichen Vorrangregelungen – alltagssprachlich auch als Prioritäten behandelt – und dem Höchstpreisverfahren widmen.

I. Allgemeine Anmerkungen zum Bereich des Netzzugangs

Einleitend nehme ich Bezug auf eine Anmerkung von Herrn Prof. Dr. Ronellenfitsch am gestrigen Tage, Ziel der Sicherstellung und Überwachung des diskriminierungsfreien Netzzugangs sei die Stärkung des Wettbewerbs. Dieser Anmerkung stimme ich zu.

Sowohl der europäische als auch der inländische Gesetzgeber hat in seinen Willensäußerungen deutlich gemacht, dass es beim Netzzugang darum geht, dauerhaft mehr Verkehr auf die Schiene zu bringen, insbesondere durch Änderungen des sogenannten „modal split" (Anteilssteigerung des Schienenverkehrs am Transportaufkommen), sowohl in der Form des Zugewinns von neuen Verkehren, als auch in der Form des Abgewinns von vorhandenen Verkehren aus anderen Bereichen.

Ziel ist es letztendlich, die gesamtgesellschaftlichen Kosten für den Verkehrsträger Schiene zu reduzieren. Insbesondere in Erwägung Nr. 7 der Richtlinie 2001/14/EG vom 15. März 2001 ist dieses Ziel ausdrücklich aufgenommen: „Anreize zur optimalen Nutzung der Eisenbahnfahrwege werden zu einer Verringerung der gesamtgesellschaftlich zu tragenden Kosten des Verkehrs beitragen."

Um diese Ziele zu erreichen, hat der innerstaatliche Gesetzgeber weitere Unterziele definiert. Diese finden sich in der amtlichen Begründung, insbesondere zum Allgemeinen Eisenbahngesetz (AEG) und zur Eisenbahninfrastruktur-Benutzungsverordnung (EIBV). Dort legt der Gesetzgeber fest, dass die bestehenden öffentlichen Schienennetze der Eisenbahnen für alle Eisenbahnverkehrsunternehmen grundsätzlich zu öffnen sind. Der Wettbewerb unter mehreren Eisenbahnverkehrsunternehmen auf einem Netz oder auf einzelnen Strecken sei zu ermöglichen. Voraussetzung hierfür sei Chancengleichheit für Eisenbahnverkehrsunternehmen, die es zu schaffen gelte.

Allein aus der Bemerkung des Gesetzgebers, dass Chancengleichheit „zu schaffen" sei, kann man ablesen, dass der Gesetzgeber unausgesprochen davon ausgeht, dass Chancengleichheit zur Zeit noch nicht besteht. Der Gesetzgeber ist also mit dem Zustand im Bereich des Netzzugangsrechts, so wie er ihn angetroffen hat, nicht zufrieden und hat deswegen dem Eisenbahn-Bundesamt als zuständiger Aufsichtsbehörde einen Veränderungsauftrag mit auf den Weg gegeben.

Der gesetzliche Auftrag an das Eisenbahn-Bundesamt lautet „für Eisenbahnverkehrsunternehmen den Zugang zum öffentlichen Schienennetz sicherzustellen und dabei Diskriminierung beim Zugang zu unterbinden". Dieser hoheitlichen Aufgabe hat das Eisenbahn-Bundesamt von Amts wegen oder auf Antrag eines an einer Netzzugangsstreitigkeit beteiligten Unternehmens nachzukommen.

Das Eisenbahn-Bundesamt hat auf diesen gesetzgeberischen Auftrag reagiert, indem es u.a. in der zentralen Abteilung 1 ein neues Referat, das Referat 15 (Netzzugang), gegründet hat.

II. Rechtlicher Rahmen für den Bereich des Netzzugangs : Gemeinschaftsrecht und innerstaatliches Recht

1. Das Netzzugangsrecht in der Bundesrepublik Deutschland ist in Umsetzung der Richtlinie 91/440/EWG (Entwicklung der Eisenbahnunternehmen der Gemeinschaft) im Wesentlichen in zwei Schüben entstanden.
Mit dem Eisenbahnneuordnungsgesetz vom 27.12.1993 wurde der grundsätzliche Netzzugangsanspruch für öffentliche Eisenbahnverkehrsunternehmen geschaffen.
Dieser Anspruch wurde dann im Wesentlichen im Zweiten Eisenbahnrechtsänderungsgesetz vom 21.06.2002 beibehalten, jedoch wurden die Verfahrensvorschriften zur Geltendmachung des Netzzugangsanspruchs aufgrund der Erfahrungen der vorangegangenen Jahre in großem Umfang geändert.
Die Kompetenzen des Eisenbahn-Bundesamtes als allein zuständiger Netzzugangsbehörde im Bereich der Bundesrepublik Deutschland wurden erheblich erweitert und gestärkt.

2. Bei den innerstaatlichen Rechtsvorschriften sind vornehmlich die §§ 13 und 14 AEG zu nennen.

§ 13 AEG regelt den Anschluss einer öffentlichen Eisenbahninfrastruktur an eine andere benachbarte öffentliche Eisenbahninfrastruktur. Sie alle kennen die entsprechenden Cartoons, bei denen sich zwei Gleise treffen, jedoch jeweils nur in einem Gleisstrang. Dieses Ergebnis möchte der Gesetzgeber vermeiden, auch unter Berücksichtigung der Kosten, die dabei für die Volkswirtschaft entstehen würden. Aus diesem Grunde wurde in § 13 AEG der Anschluss insoweit grundlegend geregelt, als dass ein Eisenbahninfrastrukturunternehmen verlangen kann, an die Infrastruktur des benachbarten Unternehmens Anschluss zu erhalten und damit mit dem regelspurigen Schienennetz verbunden zu werden. Allerdings muss das angeschlossene Eisenbahninfrastrukturunternehmen die dafür anfallenden Kosten übernehmen. In der Praxis gibt es bislang nur in geringem Umfang Anwendungsfälle für § 13 AEG.

In erheblichem Umfang einschlägig für die Entscheidungspraxis des Eisenbahn-Bundesamtes sind § 14 AEG und die darunter stehende Eisenbahninfrastruktur-Benutzungsverordnung (EIBV), die am 17.12.1997 aufgrund des § 26 Abs. 1 Nr. 6 und 7 und Abs. 4 Nr. 1 des AEG erlassen wurde. Die EIBV enthält Bestimmungen über die diskriminierungsfreie Benutzung der Eisenbahninfrastruktur und über die Grundsätze zur Erhebung von Entgeld für die Benutzung der Eisenbahninfrastruktur.

Maßgeblich für die derzeitige Rechtslage der Bundesrepublik Deutschland ist darüber hinaus, dass die Umsetzungsfrist für die Richtlinie 2001/14/EG am 15.03.2003 verstrichen ist. Dies ist allerdings kein speziell deutsches Versäumnis, auch andere Mitgliedstaaten haben die Richtlinie noch nicht in das jeweilige innerstaatliche Recht umgesetzt.

Nach den Merkmalen, die die Rechtsprechung des Europäischen Gerichtshofs im Falle der Pauschalreisevertragsrichtlinienentscheidung entwickelt hat, ist die unmittelbare Anwendung der Richtlinie 2001/14/EG im Einzelfall jeweils zu prüfen. Im übrigen ist seit der Entscheidung des OVG Nordrhein-Westfalen vom 05.07.2003 (Az. 20 B 113/03) klargestellt, dass das innerstaatliche Recht seit dem 05.07.2003 unter größtmöglicher Berücksichtigung der EG-Richtlinie auszulegen ist.

Im Folgenden möchte ich den Inhalt des derzeit gültigen Netzzugangsrechts speziell im Bereich der Vorrangregelungen und des Höchstpreisverfahrens darstellen.

Als kurzen Einschub möchte ich noch voranstellen, dass es im Bereich des Netzzugangs insbesondere um die Frage geht, welcher Verkehr Vorrang bei der Nutzung knapper Infrastruktur genießt. Ein sogennanter „Trassenkonflikt" besteht bei Anmeldungen, die auf die zeitgleiche, miteinander nicht zu vereinbarende Benutzung derselben Eisenbahninfrastruktur gerichtet sind (vgl. § 4 Abs. 5 S.1 EIBV). Im übrigen sind natürlich auch die Situationen erfasst, in denen ein Eisenbahnverkehrsunternehmen Zugang zu Infrastrukturanlagen begehrt, bei denen noch freie Kapazitäten bestehen, die der Infrastrukturbetreiber aber aus vielleicht kaufmännischen oder konzerninternen Gründen nicht zur Verfügung stellen möchte.

Die Inhalte unseres Netzzugangsrechts lassen sich im Wesentlichen wie folgt zusammenfassen: die Regelungen des Netzzugangsrechts in der Bundesrepublik Deutschland umfassen Regelungen, die den Anspruch auf Zugang zur Eisenbahninfrastruktur, sowie die Voraussetzungen für die Geltendmachung dieses Anspruchs für den Zugangsberechtigten festsetzen. Darüberhinaus regelt das

Netzzugangsrecht Entgeldfragen für die Benutzung von Eisenbahninfrastruktur: welche Berechnungsgrundlagen zulässig sind, welche Bemessungskriterien zu nehmen sind, und unter welchen Voraussetzungen Nachlässe im Preis unter Rechtmäßigkeitsgesichtspunkten eingeräumt werden können. Schließlich enthält das Netzzugangsrecht Regeln für die Nutzung sogenannter „knapper" Infrastruktur. Diese formieren in den englischsprachigen Texten unter den Worten „priority rules".

Bei den Vorrangregelungen geht es um die Frage, wer im Falle von aufeinandertreffenden Verkehrswünschen/Nutzungsansprüchen von Eisenbahnverkehrsunternehmen für einen angemeldeten Verkehr Vorrang beanspruchen kann: eine Vorrang-oder Prioritätenregelung ist per Definition eine Regel, durch die in einem Trassenkonflikt einem bestimmten Verkehr oder einer bestimmten Verkehrsart in rechtlich zulässiger Weise Vorrang eingeräumt wird.

Man darf wohl sagen, dass das Netzzugangsrecht in der Bundesrepublik Deutschland im Wesentlichen zweistufig ist.

Auf der ersten Stufe herrscht nach der Willensäußerung des Gesetzgebers das Konsensprinzip vor, das insbesondere in § 4 EIBV zum Ausdruck kommt. Die Eisenbahnverkehrsunternehmen sollen verpflichtet werden, sich zu einigen und so eine möglichst effiziente Nutzung der Eisenbahninfrastruktur zu ermöglichen (vgl. Art. 21 Abs. 3 der RL 2001/14/EG). In § 4 Abs. 5 EIBV hat der Gesetzgeber eine Pflicht zur Führung von Koordinierungsgesprächen des Eisenbahninfrastrukturbetreibers mit den beteiligten Eisenbahnverkehrsunternehmen aufgenommen, die mit dem Ziel einer einvernehmlichen Lösung durchgeführt werden sollen.

Kommt in diesem Koordinierungsgespräch keine Einigung zustande, stellt der Mangel an Einigung ein sogenanntes rechtsfolgeauslösendes Ereignis dar: § 4 Abs. 5 S. 2 EIBV bestimmt, dass im Falle der Nichteinigung im Koordinierungsverfahren auf die zweite Stufe der Konfliktlösung umzusteigen ist: zwischen dem Eisenbahninfrastrukturunternehmen auf der einen Seite und den noch am Verkehr interessierten Eisenbahnverkehrsunternehmen auf der anderen Seite ist ein sogenanntes „Höchstpreisverfahren" durchzuführen.

Gemeinsames Prinzip beider Stufen (Koordinierungsgespräch und Höchstpreisverfahren) ist eine zeitnahe Lösung des Trassenkonflikts, die aus meiner Sicht für die Wettbewerbsfähigkeit des Eisenbahnverkehrs fast wichtiger ist als die materielle Lösung des Einzelfalls.

Aktuell finden sich im innerstaatlichen Recht gesetzliche Vorrangregelungen in den §§ 14 Abs. 1 S. 3 AEG und 4 Abs. 4 S. 2 EIBV.
Nach § 4 Abs. 4 S. 2 EIBV haben fristgerechte Anmeldungen für Jahrestrassen (§ 4 Abs. 2 EIBV) Vorrang vor nachfristigen Anmeldungen.
In § 14 Abs.1 S.3 AEG hat der Gesetzgeber festgelegt, dass bei der Vergabe von knapper Infrastruktur der vertaktete oder ins Netz eingebundene Verkehr angemessen zu berücksichtigen ist.

Das Eisenbahn-Bundesamt hat auf der Grundlage seiner Auslegung des unbestimmten Begriffes "vertaktet" im letzten Jahr eine Entscheidung getroffen, zu der Sie vielleicht auch in der Presse Kommentierungen vorgefunden haben. Die Behörde hätte es bevorzugt, wenn die Kommentare von Verfahrensbeteiligten im Verfahren selbst eingebracht worden wären und nicht über einen Artikel in der Presse zugeliefert worden wären.

Das Eisenbahn-Bundesamt ist der Auffassung, dass vertaktete Verkehre die abstrakten Merkmale „Regelmäßigkeit" und „zeitliche Dauer", nämlich Taktperiode und vom Adressaten auch als solche wahrgenommen, aufweisen. Regelmäßigkeit ergibt sich bereits aus dem Begriff selbst, wenn man ihn mit seinem Vorkommen in anderen Bereichen vergleicht. Selbst ein Takt in der Musik besteht immer aus zwei Ereignissen. Sie definieren Anfang und Ende einer Taktperiode und sind - um wieder auf den Eisenbahnverkehr überzuleiten - für denselben sicherlich von ganz wichtiger Bedeutung. Zudem muss der Takt vom Endkunden auch als solcher wahrgenommen werden. Dafür sprechen auch die praktischen Beispiele, die der Gesetzgeber bei der Verwendung des Begriffes kannte und die er sicherlich unausgesprochen zugrundegelegt hat, als er den Begriff der Vertaktung in den Gesetzeswortlaut aufgenommen hat.

Da waren zum einen der Schwaben-Takt, zum anderen der Rheinland-Pfalz-Takt. Dazu lautete die Faustformel „jede Stunde, jede Klasse, jede Richtung". Der Stundentakt ist sicherlich ein Taktverkehr, wie ihn der Gesetzgeber gemeint hat. Ein weiterer vertakteter Verkehr, wie er in der Verwaltungsentscheidungspraxis des Eisenbahn-Bundesamtes anerkannt wird, ist der zweistündige Takt. Danach betreten wir ein Feld, in dem es noch keine gesicherten Erkenntnisse aufgrund von Verwaltungsentscheidungen oder Rechtsprechung gibt. Das EBA geht davon aus, dass nach einer zweistündigen Taktperiode ein Takt von einem Nutzer kaum noch als solcher wahrzunehmen ist und hat das Merkmal der "Vertaktung" im Entscheidungsfall an diesem dritten Merkmal scheitern lassen. Auch in unserer konkreten Verwaltungsentscheidung wurde so entschieden: dort wurde ein Verkehr mit einer dreieinhalbstündigen Zeitfolge beantragt. Das Eisenbahn-Bundesamt ist davon ausgegangen, dass eine solche Taktperiode zwar rechnerisch eine Taktperiode darstellt, vom Nutzer selbst aber nicht mehr als solche wahrgenommen werden kann. Dieser beantragte Verkehr wurde vom Eisenbahn-Bundesamt als nichtvertaktet eingestuft. Dies hatte die Folge, dass der andere Verkehr, den der Infrastrukturbetreiber im konkreten Fall bevorzugt hatte, vom Eisenbahn-Bundesamt gleichermaßen bevorzugt wurde.

Bei dem Begriff des „ins Netz eingebundenen Verkehrs" geht das Eisenbahn-Bundesamt davon aus, dass ein solcher Verkehr eine Beförderungsbedeutung entwickelt, die über seine eigenständige Beförderungsleistung hinausgeht. Klassischer Anwendungsfall für diesen Begriff der Eingebundenheit ins Netz mögen die sogenannten Vorortzüge sein, die aus peripheren Standorten Fahrgäste oder Güter zu einem Knotenpunkt bringen. Von diesem Knotenpunkt aus findet dann die weitere Beförderung statt, z.B. im Bereich der Personenbeförderung mit schnelleren Zügen (ICE-Züge). Hier lautet die althergebrachte Faustformel: viele Quellen speisen den Strom.

Der Gesetzgeber hat in § 14 Abs. 1 S.3 AEG entschieden, dass vertaktete oder ins Netz eingebundene Verkehre bei der Vergabe von Eisenbahninfrastrukturkapazitäten angemessen zu berücksichtigen sind. Allein mit deren ausdrücklicher Benennung hat er einen gewissen Vorrang dieser Verkehre festgelegt. Der Vorrang bedeutet nicht, dass bei Vorliegen einer Vertaktung oder einer Eingebundenheit ins Netz dieser Verkehr automatisch in allen Fallkonstellationen obsiegen muss. Im Einzelfall sind dem Eisenbahninfrastrukturbetreiber sicherlich auch Möglichkeiten an die Hand gegeben, durch Begründungen auch anderen Verkehren einen Vorrang einzuräumen, z.B. bei Vorliegen eines Gefahrguttransportes. Hier gibt es gesetzliche Regelungen, wie z.B. das Gebot, den Fahrweg auf das unumgängliche Maß und die Fahrzeiten auf die unumgänglich notwendige Dauer zu verkürzen. Dies wären z.B. Aspekte, die der Gesetzgeber dem Infrastrukturbetreiber mit auf den Weg gegeben hat und die dieser dazu nutzen kann, im Einzelfall abweichend von den gesetzlichen Vorrangregelungen einem anderen Verkehr Vorrang einzuräumen.

3. Nun möchte ich auf die gemeinschaftsrechtlichen Vorgaben im Bereich des Netzzugangs eingehen.

Seit dem 15.03.2003 ist bei behördlichen Entscheidungen im Netzzugangsbereich die Anwendbarkeit der Richtlinie 2001/14/EG im Einzelfall zu prüfen, insbesondere, wenn die dort enthaltenen Vorrangregelungen für ein begünstigtes Unternehmen einen rechtlichen Vorteil bedeuten.
So legt Artikel 21 Abs. 4 der Richtlinie den Vorrang grenzüberschreitender Zugtrassen fest, Artikel 22 Abs. 4 und 5 (sowie Erwägung Nr.8) der Richtlinie behandeln die vorrangige Berücksichtigung des Güterverkehrs, insbesondere, wenn der Güterverkehr grenzüberschreitend ist. Art. 24 Abs. 2 der Richtlinie ermöglicht es weiterhin, auf bestimmten Verkehrswegen eine bestimmte Verkehrsart mit einem Vorrang zu versehen, soweit ein sogenannter alternativer Fahrweg vorhanden ist. Schließlich ist in der Erwägung Nr. 24 der Richtlinie noch ein Vorrang für Verkehrsdienste öffentlicher Auftraggeber enthalten.

Durch die Nennung einer Vielzahl von Vorrangregelungen, ohne diese in eine bestimmte Reihenfolge zu setzen, hat der Gesetzgeber sicherlich einer umfangreichen Einzelfallgerechtigkeit Rechnung tragen wollen. Problematisch daran könnte sein, dass eine Annäherung der Entscheidung im Netzzugangsrecht an Entscheidungen im Planfeststellungsrecht auch nahezu zwangsläufig zu einer zeitlichen Ausdehnung der Netzzugangsverfahren führen könnte. Dies wiederum würde dem zentralen Belang des Netzzugangsrechts, nämlich zügiger Entscheidungen, widersprechen.

Eine aktuelle Streitfrage vor allem in der Bundesrepublik Deutschland ist, ob neben den rechtlich verankerten Vorrangregelungen infrastrukturbetreibereigene Vorgaben für die Vergabe bei Trassenkonflikten zulässig sein können.
Bereits aus einem zentralen Gedanken der Richtlinie 91/440/EWG heraus, die davon ausgeht, dass Eisenbahnverkehr nur dann eine Wettbewerbschance hat, wenn er nicht an innerstaatlichen Grenzen anhält und nicht nur innerstaatlich organisiert wird, dürfen an der Sinnhaftigkeit von infrastrukturbetreibereigenen Vorrangregelungen berechtigte Zweifel entstehen.
Ein über das Schienennetz mehrerer Staaten hinweg laufender Güterzug hat nur dann Aussicht auf Erfolg, wenn über die Trassenplanung und -vergabe nach einheitlichen Vorrangregelungen innerhalb der Gemeinschaft entschieden wird. Diesem Ziel würde eine infrastrukturbetreibereigene Vorrangregelung offensichtlich zuwiderlaufen, wenn sich einzelne Infrastrukturbetreiber für unterschiedliche Vorrangregelungen entscheiden wollten und auch könnten.
Die Meinung, die solche infrastrukturbetreibereigenen Vorrangregelungen für zulässig hält, beruft sich auf den Wortlaut des § 3 Abs. 1 Nr.1 EIBV. Dort ist gesagt, dass der Infrastrukturbetreiber aus „sachlich gerechtfertigtem Grund" bei gleichen Sachverhalten eine unterschiedliche Entscheidung treffen darf. Am Begriff des sachlich gerechtfertigten Grundes, den wir übrigens auch im Wettbewerbsrecht an verschiedenen Stellen wiederfinden, hält sich diese Meinung fest und ist der Auffassung, dass aufgrund der Möglichkeit, überhaupt sachlich gerechtfertigte Gründe in Erwägung ziehen zu dürfen, dem Infrastrukturbetreiber die Möglichkeit eingeräumt sei, solche Gründe auch durch Aufstellen von Vorrangregelungen umzusetzen. Allerdings darf diese Auslegung des Gesetzeswortlautes bezweifelt werden angesichts des entgegenstehenden Wortlauts des Art. 20 Abs. 2 der Richtlinie 2001/14/EG. Dort bestimmt der Gemeinschaftsgesetzgeber, dass der Betreiber einer Infrastruktur lediglich in den in den Artikeln 22

(Überlastete Fahrwege) und 24 (Besondere Fahrwege) geregelten Fällen speziellen Verkehrsarten im Netzfahrplanerstellungs-und Koordinierungsverfahren Vorrang einräumen darf.
Sollte noch jemand Zweifel an der Eindeutigkeit des Wortlauts der EG-Richtlinie und der daraus folgenden Unzulässigkeit von betreiberspezifischen Vorrangregelungen haben, so ist auf das Schreiben der Europäischen Kommission von 07.08.2003 (Az.:Unit E.02/JAV/SC D (2003) 13686) zu verweisen. Dort stellt die Kommission klar, dass bei der Vergabe von Infrastruktur betreiberspezifische Vorrangregelungen nur bei derjenigen Infrastruktur angewandt werden dürfen, die für überlastet erklärt wurde (..."Priority rules may only be applied in case of infrastructure which has been declared congested.")
Im Ergebnis muss man mit der Kommission davon ausgehen, dass spätestens seit dem Verstreichen der Umsetzungsfrist am 15.03.2003 betreibereigene Vorrangregelungen grundsätzlich rechtlich unzulässig sind. Diese Unzulässigkeit ist natürlich unabhängig von der jeweiligen Bezeichnung, entweder als „Vorrangregelung", „Prioritätenregelung" oder „Konstruktionsprinzip für eine Trasse". Allein abhängig ist dieses Verbot von der tatsächlichen Wirkung einer Regelung bei einem auftretretenden Trassenkonflikt. Ausnahmen stellen lediglich die durch die EG-Richtlinie selbst geregelten Fälle dar sowie natürlich die bloße Wiederholung von gesetzlichen Maßgaben, etwa aus Gründen der Verständlichkeit und Nutzerfreundlichkeit von Betreiberregelungen, z.B. innerhalb von Allgemeinen Nutzungsbedingungen.

Die Kernfrage beim Trassenkonflikt: Wer hat „Vorfahrt"? wird man also so beantworten können, dass durch konsequente Anwendung der gesetzlichen Vorrangregelungen (Vorrang der fristgerechten Anmeldung vor nachfristiger Anmeldung, Vorrang des vertakteten oder ins Netz eingebundenen Verkehrs, Vorrang für Güterverkehr, insbesondere Vorrang für grenzüberschreitenden Güterverkehr, Vorrang für grenzüberschreitenden Verkehr im allgemeinen) regelmäßig dem gesetzlich mehr privilegierten Verkehr die Trasse einzuräumen sein wird.

Sollte in einem Trassenkonflikt eine Entscheidung durch Anwendung der gesetzlichen Vorrangregelungen nicht möglich sein, hat der Gesetzgeber für diesen Fall bereits ein weiteres Verfahren vorgesehen. In § 4 Abs.5 EIBV wurde das sogenannte Höchstpreisverfahren geregelt. Diese innerstaatliche Regelung stützt sich im übrigen auf Art. 7 Abs. 4 der Richtlinie 2001/14/EG. Danach sind für den Fall, dass bei einem Trassenkonflikt eine Einigung zwischen den interessierten Eisenbahnverkehrsunternehmen und dem Infrastrukturbetreiber nicht zustande kommt, die interessierten Eisenbahnverkehrsunternehmen aufzufordern, ein über dem Regelentgeld liegendes Entgeld anzubieten (§ 4 Abs.5 S.2 EIBV). Unmissverständlich legt der Gesetzgeber die Voraussetzungen für das Höchstpreisverfahren fest. Es heißt: „Kann eine Einigung nicht erzielt werden,..." Das bedeutet, dass es zur Lösung in diesem Konfliktfall mindestens drei übereinstimmender Willenserklärungen bedarf, nämlich die der beiden konkurrierenden Eisenbahnverkehrsunternehmen und die des Netzbetreibers. Fehlt eine der drei übereinstimmenden Willenserklärungen, ist die zwingende gesetzliche Folge der Eintritt ins sogenannte Höchstpreisverfahren. Dabei handelt es sich um eine gebundene Entscheidung des Infrastrukturbetreibers, da der Gesetzgeber in § 4 Abs. 5 S. 2 EIBV Tatbestand einschließlich Rechtsfolge beschrieben hat.

Eine Besonderheit innerhalb des Höchstpreisverfahrens ergibt sich für den vertakteten Schienenpersonennahverkehr. In diesem Bereich hat der Gesetzgeber die sonst strikte Bindung der Vergabeentscheidung an das Höchstpreisgebot gelockert (§ 4 Abs.5 S.5 EIBV), allerdings muss der Infrastrukturbetreiber eine abweichende Entscheidung ausführlich begründen.

In der Praxis begegnet das Höchstpreisverfahren einigen Vorbehalten. Nach Auffassung des Eisenbahn-Bundesamtes sind diese Vorbehalte allerdings ausräumbar oder durch rechtliche Regelungen bereits ausgeräumt.

Eine Auffassung trägt vor, das Höchstpreisverfahren würde die Kundenzufriedenheit beeinträchtigen und Destruktionspotential schaffen. An diesem Punkt bin ich, und das ist meine ganz persönliche Auffassung, ein wenig erstaunt. Denn Inhalt meiner Ausbildung war auch, dass in einer Marktwirtschaft Angebot und Nachfrage den Preis bestimmen. Gibt es ein knappes Angebot und eine erhöhte Nachfrage, so erhöht sich durch die Nachfrage der Preis. Warum dies bei Eisenbahnressourcen ausgerechnet nicht so funktionieren soll, wie es im übrigen Teil unserer Marktwirtschaft anschaulich funktioniert, erscheint mir bislang nicht ausreichend dargelegt.

Vorgetragen wird auch, dass das Höchstpreisverfahren Preissteigerungen fördere, die geeignet seien, den Verkehrsträger Schiene zu ruinieren. In diesem Bereich verfügt keiner der Beteiligten - weder die Eisenbahninfrastrukturbetreiber, noch die Eisenbahnverkehrsunternehmer, noch das Eisenbahn-Bundesamt - über entsprechende Erfahrungen. Bislang ist ein einziges Netzzugangsverfahren durch ein Höchstpreisverfahren entschieden worden. Allerdings lässt genau dieses Höchstpreisverfahren keine Rückschlüsse darauf zu, dass durch Höchstpreisverfahren für den Eisenbahnverkehr ruinierende Preissteigerungen eintreten könnten. Die dort handelnden Unternehmen haben ihre Preissteigerung ausgesprochen maßvoll gestaltet, so dass ein gewissenhafter Kaufmann nicht einmal nachkalkulieren müsste.

Ein Vorbehalt markteintrittswilliger Eisenbahnverkehrsunternehmen lautet: „Rechte Tasche, linke Tasche". Mit diesem Bild wird der Befürchtung Ausdruck verliehen, dass, wenn in einem Bieterverfahren konzernzugehörige Unternehmen und nicht konzernzugehörige Unternehmen beteiligt sind, die konzernzugehörigen Unternehmen nahezu jeden Preis bieten können, da der Höchstpreis dem Konzern über den Netzbetreiber wieder zur Verfügung stehe (Transfer via Konzernumlage). Dazu ist zu sagen, dass es sich möglicherweise um eine Subventionierung handeln könnte, deren eventuelle Unzulässigkeit nach § 9 AEG und nach Gemeinschaftsrecht zu prüfen wäre.

Weiterhin wird gegen das Höchstpreisverfahren eingewandt, dass es sehr nachteilig für nichtkonzernzugehörige Wettbewerber sei, sie sozusagen gläsern würden, wenn sie ein Angebot gegenüber einem konzernzugehörigen Infrastrukturbetreiber abgeben, da die Gefahr bestehe, dass alle konzernzugehörigen Unternehmen vom Inhalt des Angbots Kenntnis nehmen könnten. An diesem Punkt ist deutlich auf die Richtlinie 2001/14/EG hinzuweisen. Diese beinhaltet ein striktes Verbot, unternehmensbezogene Angaben an Dritte weiterzugeben. Insbesondere legt Art.14 Abs. 3 der EG-Richtlinie fest, dass Betreiber der Infrastruktur das Geschäftsgeheimnis hinsichtlich der ihnen gemachten Angaben zu wahren haben. Diese Pflicht, Geschäftsgeheimnisse nicht preiszugeben, gilt selbstverständlich auch innerhalb eines vertikal integrierten Konzerns, dem sowohl Eisenbahnverkehrs- als auch Eisenbahninfrastrukturunternehmen angehören. Zudem besteht für den Gesetzgeber die Möglichkeit, durch Übertragung der Verfahrensdurchführung auf das EBA diesem Vorbehalt Rechnung zu tragen.

Diesen Vorbehalten, die ich Ihnen gerade vorgetragen habe, stehen aus meiner Sicht etliche Vorteile des Höchstpreisverfahrens gegenüber, die in einer Gesamtabwägung die möglichen Nachteile deutlich überwiegen dürften.

Zunächst wird dem gesetzgeberischen Ziel einer zügigen Entscheidung Rechnung getragen. Die Verfahren nach der Höchstpreisregelung beanspruchen nur eine kurze Zeit und nutzen allein schon deswegen dem Verkehrsträger Schiene. Höchstpreisverfahren führen weiterhin zu eindeutigen Entscheidungen und schaffen so zügig Rechts- und Planungssicherheit für Unternehmen. Dies trifft auch für die im konkreten Höchstpreisverfahren unterlegenen Eisenbahnverkehrsunternehmen zu, da sie in die Lage versetzt werden, ihre Ressourcen auf ein neues Geschäft zu konzentrieren.

Darüberhinaus erfordert die Durchführung eines Höchstpreisverfahrens sowohl bei den Unternehmen als auch bei den Behörden nur einen überschaubaren, vergleichsweise geringen administrativen Aufwand. Auch dies entlastet insbesondere mittelständische Eisenbahnunternehmen beim Markteintritt und im Wettbewerb.

Nicht zu unterschätzen ist schließlich die „Waffengleichheit", die durch das Höchstpreisverfahren erreicht wird. Sie wirkt maßgeblich zugungsten mittelständischer Unternehmen, die nach den Erfahrungswerten des Eisenbahn-Bundesamtes kaum über juristisches kow how und Kapazitäten verfügen, die in der Lage wären, kopfstarken und hochmotivierten Rechtsabteilungen ernsthaft Paroli zu bieten.

Im Ablauf eines Höchstpreisverfahrens reicht ein einfacher Sachvortrag des an der Trasse interessierten Eisenbahnverkehrsunternehmens (gemäß § 4 Abs. 5 S. 2 EIBV) aus, um ein Entgeld anzubieten, das über dem im Verzeichnis der Entgelte enthaltenen liegt.

Zusammenfassend ist aus der Sicht des Eisenbahn-Bundesamtes zu sagen, dass das Höchstpreisverfahren ein Verfahren ist, dass die Eisenbahnunternehmen bei der Findung eines Konsenses unterstützt. Es ist offenkundig prädestiniert, für einen Trassenkonflikt eine zügige Entscheidung herbeizuführen. Damit wird die intermodale Wettbewerbsfähigkeit des Verkehrsträgers Schiene gegenüber anderen Verkehrsträgern gestärkt, was wiederum die angestrebte Änderung des „modal split" unterstützt.

III. Anmerkungen aus der behördlichen Praxis des Eisenbahn-Bundesamtes

Der Netzzugang auf dem innerstaatlichen Schienennetz hat sich entwickelt. Von 1997 bis 2002 sind ca. 150 Verfahren eingeleitet worden, wobei der Schwerpunkt der Anzahl der Verfahren im letzten Jahr lag. Allein im Jahre 2003 sind 70 Verfahren eingeleitet worden. Als Grund für die augenfällige Steigerung der eingeleiteten Verfahren sieht die Behörde weniger ein Ansteigen von diskriminierenden Verhaltensweisen. Für den Anstieg sind eher zwei andere Tatsachen kausal:
Es gibt immer mehr EVU. Diese suchen ihren Platz auf dem Schienennetz und auf der übrigen Infrastruktur. Dies bedeutet Konfliktpotential.
Es gibt immer mehr selbstbewusste Unternehmen, die angesichts eines geschäftlichen Erfolges auch den Mut aufbringen, einem vertikal integrierten Eisenbahnkonzern mit Forderungen gegenüber zu treten.

Thematisch betroffen werden von den Netzzugangsstreitigkeiten die Bereiche Betrieb, Technik und Vertragswesen.

Besonders kritisch sieht das Eisenbahn-Bundesamt insbesondere die Anwendung von konzerninternen Regelwerken auf externe Eisenbahnverkehrsunternehmen. Als Maßstab für eine Entscheidung wird man hier anführen können, dass, wenn der Gesetzgeber selbst einen bestimmten Sachverhalt geregelt hat, es einem Infrastrukturbetreiber in rechtlicher Weise nicht gestattet werden kann, eine andere, von der gesetzlichen Regelung abweichende, zudem für Eisenbahnverkehrsunternehmen meist belastende, Regelung zu treffen.

Abschließend möchte ich wie Herr Prof. Dr. Wendler, der zum Abschluss des Vortrages ein bisschen Eigenwerbung für seine Hochschule und sein Institut vorgetragen hat, auch für den eigenen Bereich werben.

Zur Umsetzung des gesetzgeberischen Auftrags zu zeitnahen Entscheidungen haben wir eigene, moderne und zeitsparende Kommunikationswege eingerichtet. Der e-mail-Zugang Netzzugang@eba.bund.de wurde geschaffen, damit wir leicht und schnell ansprechbar sind. Auf diese e-mail-Posteingänge haben nur wenige, mit der Sache betraute Personen, Zugriff. Damit haben wir auch der Bitte von Eisenbahnverkehrsunternehmen Rechnung getragen, das Maß an Verschwiegenheit zu erhöhen. Behördliche Schreiben versenden wir im PDF-Format mit Signatur. In der Praxis führte das bislang zu keinerlei Schwierigkeiten, im Gegenteil, insbesondere dem verfahrensrechtlichen Anspruch auf kurze Verfahren mit höchstens 6 Wochen Verfahrensdauer ab Antragseingang (§ 14 Abs.5 AEG) tragen wir damit sehr effizient Rechnung.

Meine Damen und Herren, an dieser Stelle darf ich Ihnen für Ihre Aufmerksamkeit für das Thema „Netzzugang – Chance für den Wettbewerb" recht herzlich danken und stehe für Ihre Nachfragen natürlich gerne zur Verfügung.

Dr. Heike Delbanco, Universität Tübingen.

Der Diskriminierungsdurchgriff auf Nutzer – der Infrastrukturnutzer als „Betreiber"

I. Sachverhalt

Vor fünf Jahren habe ich auf der Eisenbahntagung in Speyer zu dem Thema „Der Zugang zum Netz der Eisenbahnen des Bundes" referiert. Mein diesjähriges Thema betrifft einen kleinen Teilausschnitt aus der Zugangsproblematik, der sich allerdings gut eignet, einige grundlegende Fragen zur Netznutzung zu beleuchten.

Worum geht es bei meinem heutigen Thema? Es geht um die Benutzung von Eisenbahninfrastruktur, die von einem Eisenbahnverkehrsunternehmen betrieben wird, das für diesen Betrieb über keine gesonderte Lizenz als Eisenbahninfrastrukturunternehmen verfügt. Ich möchte diese Unternehmen als „faktische Betreiber" bezeichnen. Zwei Beispiele: Die Firma DUSS mbH, das ist die Deutsche Umschlaggesellschaft Schiene Straße mbH, betreibt - wie der Name sagt – Umschlageinrichtungen, die sie auf ihrer homepage ausdrücklich als „nichtöffentliche" bezeichnet. Damit will sie zum Ausdruck bringen, dass sie allein zur Nutzung der Infrastruktur berechtigt ist. Ein anderes Beispiel ist die DB Auto-Zug, die als Eisenbahnverkehrsunternehmen eigene Zugrampen und Zugbildungsanlagen betreibt, die sie ebenfalls exklusiv nutzen möchte.

Die nun interessierende Frage lautet: Müssen die faktischen Infrastrukturbetreiber ihre Infrastruktur für andere Eisenbahnverkehrsunternehmen öffnen? Haben

Eisenbahnverkehrsunternehmen ein Recht auf diskriminierungsfreie Benutzung der Infrastruktur der faktischen Betreiber?

II. Rechtsgrundlage und Problemstellung

Als Rechtsgrundlage kommt § 14 Abs. 1 AEG in Betracht. Danach haben Eisenbahnverkehrsunternehmen das Recht auf diskrimierungsfreie Benutzung der Eisenbahninfrastruktur von Eisenbahninfrastrukturunternehmen, die dem öffentlichen Verkehr dienen. Ein Eisenbahninfrastrukturunternehmendient dem öffentlichen Verkehr, wenn es gewerbs- oder geschäftsmäßig betrieben wird und seine Eisenbahninfrastruktur nach ihrer Zweckbestimmung von jedem Eisenbahnverkehrsunternehmen genutzt werden kann (sog. *öffentliche Eisenbahninfrastrukturunternehmen*). Die faktischen Betreiber stehen nun auf dem Standpunkt, ihre Infrastruktur sei nur zur Eigennutzung, nicht aber zur Nutzung durch andere Eisenbahnverkehrsunternehmen bestimmt. Es ist jedoch fraglich, ob die subjektive Einschätzung des Infrastrukturbetreibers maßgeblich ist. Dies setzte voraus, dass der private Infrastrukturbetreiber überhaupt autonom über die Nutzung seiner Anlagen sowie über den Kreis der Nutzungsberechtigten entscheiden kann. Diese Autonomie besteht nur dann, wenn die Nutzung nicht zulässigerweise anderweitig rechtlich bestimmt ist. Nach meiner Auffassung – und damit schließe ich an meinen Speyerer Vortrag vor fünf Jahren an - folgt die konkrete Zweckbestimmung einer Eisenbahninfrastruktur aus der Widmung, die in der Planfeststellung enthalten ist. Die Zweckbestimmung des § 3 Nr. 2 AEG hat sich folglich an dem objektiven Kriterium der Widmung zu orientieren. Die Dispositionsbefugnis des Privaten Betreibers besteht nur im Rahmen der widmungsgemäßen Zwecksbestimmung.

III. Verfassungsrechtlicher Hintergrund

Damit habe ich mein Ergebnis bereits teilweise vorweggenommen. Um es zu begründen, sind einige verfassungsrechtliche, aber auch planungsrechtliche Erwägungen notwendig. Professor Ronellenfitsch hat in seinem gestrigen Vortrag die verfassungsrechtlichen Hintergründe der Daseinsvorsorge erläutert, so dass ich mich kurz fassen kann. Gleichwohl gestatten Sie auch mir ein paar Vorüberlegungen, denn die eben skizzierte Interpretation der §§ 14, 3 Nr. 2 AEG wird nur vor dem verfassungsrechtlichen und planungsrechtlichen Hintergrund verständlich.

1. Staatliche Verantwortung für die Verkehrswege

Fortbewegung ist ein menschliches Grundbedürfnis und als solches grundrechtlich geschützt. Auch der Transport von Waren genießt als Teil der wirtschaftlichen Betätigungsfreiheit verfassungsrechtlichen Schutz. Dem Staat als Rechtsstaat kommt die Aufgabe zu, die Freiheit des einzelnen zu schützen. Dies umfasst auch die Pflicht, im Rahmen der Verfassung dem Einzelnen die Freiheitsbetätigung zu ermöglichen, wenn Freiheitspositionen ohne staatliche Intervention an entgegenstehenden Rechten Dritter scheitern müssten. Der Ausgleich kollidierender Freiheitspositionen im Sinne der praktischen Konkordanz ist eine originäre staatliche Aufgabe.

Was bedeutet das für die Verkehrswege? In einem auf Privateigentum gründenden Gesellschaftssystem ist die Ausübung der Fortbewegungsfreiheit auf staatliche „Hilfe" angewiesen, da Fortbewegung jenseits des eigenen Grundstücks wegen des exklusiven Charakters des Eigentums unmöglich wäre. Der Konflikt Fortbewegungsfreiheit contra Eigentum muss also gelöst werden, die Lösung heißt: Kanalisierung der Fortbewegung auf Verkehrswege. Auch hier existiert dieser Konflikt (Eigentum contra Fortbewegungsfreiheit), er ist lediglich in die Errichtungsphase vorverlagert. Da allein der Staat in der Lage ist, der Fortbewegungsfreiheit des Einzelnen gegenüber den kollidierenden Eigentumspositionen Geltung zu verschaffen, besteht eine staatliche Verantwortung für die Existenz und in der Folge auch für die Nutzung der Verkehrswege.

2. Realisierung der Verantwortung durch Privilegierung des privaten Infrastrukturbetreibers

Die staatliche Verantwortung für die Verkehrswege bedeutet nun nicht, dass der Staat die Verkehrswege selbst errichten und betreiben muss. Er kann diese Aufgabe privaten Unternehmen überlassen. Allerdings sind private Unternehmen aus ihrer eigenen Grundrechtsposition heraus nicht in der Lage, ein auf Integration beruhendes Verkehrswegenetz zu errichten. Denn Bahnanlagen können nicht einfach dort errichtet werden, wo ein Unternehmen das notwendige Eigentum freihändig erwerben kann. Der Unternehmer muss vielmehr an den Stellen auf Grundstücke zugreifen können, an denen die Bahnanlagen im Hinblick auf das Verkehrsbedürfnis und den Netzzusammenhang notwendig errichtet werden müssen. Die grundrechtlich geschützte wirtschaftliche Betätigungsfreiheit gibt dem Unternehmen aber nicht das Recht, in fremde Eigentumspositionen einzugreifen. Sein Recht, sich wirtschaftlich zu betätigen, wird vielmehr begrenzt durch gegenläufige Rechtspositionen Dritter. Damit die Verkehrswege realisiert werden können, muss der Staat das notwendige rechtliche Instrumentarium bereithalten. Insbesondere muss er den privaten Infrastrukturunternehmen seine Hoheitsrechte in Form des Enteignungsrechts zur Verfügung stellen, ohne die ein Verkehrswegenetz als integriertes System nicht denkbar ist. Für das Infrastrukturunternehmen bedeutet das Recht, bei der Errichtung seiner Anlagen fremde Rechtspositionen überwinden zu können, eine Privilegierung, die allerdings in der nachfolgenden Betriebsphase mit Bindungen einhergeht.

IV. Planungsrechtlicher Hintergrund

1. Zweckbestimmung als Bestandteil der planerischen Abwägung

Beide Aspekte – die Privilegierung, aber auch die notwendigen Bindungen - finden in der Planfeststellung ihren Niederschlag. Der Bau und die Änderung von Betriebsanlagen der Eisenbahn sind planfeststellungspflichtig (§ 18 Abs. 1 AEG). Die Planfeststellung ist eine Baugenehmigung mit besonderen Rechtswirkungen, vor allem der enteignungsrechtlichen Vorwirkung (§ 22 AEG). Da sich der Planfeststellungsbeschluss aufgrund dieser Rechtswirkung an Art. 14 GG messen lassen muss, muss das planfestzustellende Vorhaben im Interesse der Allgemeinheit liegen. Dies ist dann der Fall, wenn öffentliche Interessen für das Vorhaben streiten. Öffentliche Interessen sind in erster Linie öffentliche Verkehrsinteressen. Weder die legitimen kommerziellen Interessen des Infrastrukturbetreibers noch das Interesse der Eisenbahnverkehrsunternehmen an der Nutzung der Infrastruktur zu kommerziellen Zwecken rechtfertigen für sich genommen die Eingriffe in private (und öffentliche) Belange bei der Errichtung einer Eisenbahninfrastruktur. Legitimation ist allein das Interesse der Endnutzer an der Fortbewegung von Personen oder Gütern. Diese Interessen sind grundrechtlich geschützt, entweder als persönliche Mobilität oder als Teil der wirtschaftlichen Betätigungsfreiheit, die den Erwerb und Vertrieb von Waren mit erfasst (im übrigen ist das Ganze aber mehr als die Summe seiner Teile).

Die so umrissene Zweckbestimmung ist Grundlage und Bestandteil der in der Planfeststellung vorzunehmenden Abwägung. Denn erst durch die öffentlichen

Verkehrsinteressen, die für eine geplante Eisenbahninfrastruktur streiten, gewinnt das Vorhaben ein solches Gewicht, dass private Rechte überwunden werden können. Dies schließt nicht aus, dass auch privat zu nutzende Schienenwege planfestgestellt werden. Dient ein Vorhaben jedoch nur privaten Interessen eines Unternehmers, so können bei der notwendigen Abwägung gegenläufige Interessen nur dann überwunden werden, wenn das Vorhaben nicht zur Beeinträchtigung grundrechtlicher Positionen führt[1].

2. Bindungswirkung

Bislang habe ich allgemein von der Zweckbestimmung der planfestzustellenden Infrastruktur gesprochen. Besteht die konkrete Zweckbestimmung in der Nutzung durch die Öffentlichkeit zum Personenverkehr, zum Güterverkehr oder zu beidem, dann liegt eine Widmung zum öffentlichen Verkehr vor. Die Widmung ist folglich Bestandteil der Abwägung. Der Planfeststellungsbeschluss dokumentiert die Zweckbestimmung bzw. die Widmung des Vorhabens u.a. im Erläuterungsbericht[2], der zusammen mit anderen Unterlagen planfestgestellt wird[3]. Die spezifische Nutzung der planfestzustellenden Eisenbahninfrastruktur ist also nicht nur eine (zu prüfende) Voraussetzung der Planfeststellung, sondern sie nimmt an der Feststellungswirkung des Beschlusses teil[4]. Auf diese Weise wird die konkrete Widmung Bestandteil der Regelung, die Bindungswirkung für jedermann entfaltet[5]. Sie bindet den Infrastrukturbetreiber, indem sie sein Eigentum ausgestaltet. Sie bindet aber auch alle Behörden, die die öffentliche Zweckbestimmung bei ihren Entscheidungen zu beachten haben.

---

[1] BVerfG v. 11.11.2002, DVBl. 2003, 192 (193 – Sonderlandeplatz Hamburg-Finkenwerder).
[2] Vgl. Anlage 1 Hinweise zu § 16 FStrG, VKBl. 1996, S. 223.
[3] Ronellenfitsch, in: Marschall/Schroeter/Kastner, FStrG, Kommentar, § 17 Rdnr. 59.
[4] Zu den unterschiedlichen Rechtswirkungen eines Verwaltungsaktes siehe Delbanco, Die Änderung von Verkehrsflughäfen, S. 154 ff.

3. Vermutung für die öffentliche Zweckbestimmung

Für planfestgestellte Eisenbahninfrastruktur gilt die – allerdings widerlegbare – Vermutung der öffentlichen Zweckbestimmung. Diese Vermutung erhärtet sich dann, wenn die fragliche Infrastruktur in das ansonsten öffentliche Verkehrswegenetz eingebunden ist. Denn ein Verkehrswegenetz besteht nicht aus singulär zu betrachtenden Anlagen, die zufällig aneinander gereit wurden. Verkehrswege bilden vielmehr ein integriertes System, das nicht durch einzelne private „Verkehrswegeinseln" durchlöchert werden kann.

4. Rechtsfolgen der Widmung
a) Endnutzer

Die öffentlichen Verkehrsinteressen legitimieren die Grundrechtseingriffe bei der Errichtung der Verkehrswege. Da Verkehrswege jedoch errichtet werden, um genutzt zu werden, müssen die öffentlichen Verkehrsinteressen in der Betriebsphase zur Geltung gebracht werden. Oder in der Diktion des Bundesverfassungsgerichts: Eine Enteignung ist nur zulässig, wenn eine dauerhafte Sicherung des im Allgemeininteresse liegenden Zwecks der Maßnahme gesichert ist[6]. Für die Eisenbahninfrastruktur bedeutet dies zunächst: Alle Fortbewegungswilligen müssen im Rahmen der Zweckbestimmung Zugang zur Infrastruktur erhalten. Da der Endnutzer aber die Eisenbahninfrastruktur nicht autonom nutzen kann, sondern auf Eisenbahnverkehrsunternehmen angewiesen ist, wirkt die Widmung auf die Eisenbahnverkehrsunternehmen über.

---

[5] Forsthoff, Allgemeines Verwaltungsrecht, 10. Auflage 1973, S. 251.
[6] BVerfGE 74, 264 (285 f.).

b) Eisenbahnverkehrsunternehmen

Die Widmung trifft allerdings keine Aussage darüber, auf welche Weise den Fortbewegungsinteressen der Endnutzer Rechnung getragen wird. Aus Sicht der Widmung macht es keinen Unterschied, ob die öffentlichen Verkehrsinteressen von einem kann monopolisierten Eisenbahnverkehrsunternehmen oder durch den Wettbewerb mehrerer Verkehrsunternehmen befriedigt werden. Entscheidet sich der Gesetzgeber aber für den Wettbewerb der Eisenbahnverkehrsunternehmen zur Sicherung der öffentlichen Verkehrsinteressen, so partizipieren die Verkehrsunternehmen von der vergleichsweise starken Rechtsstellung der Endnutzer. Auch ihnen ist Zugang zu gewähren, sofern die Infrastruktur von ihrer Zweckbestimmung her jedem Endnutzer zur Verfügung zu stehen hat.

c) Privilegierung und Wettbewerb

Entscheidet sich der Gesetzgeber dafür, die öffentlichen Verkehrsinteressen durch Wettbewerb unter den Eisenbahnverkehrsunternehmen zu befriedigen, so müssen alle interessierten Eisenbahnverkehrsunternehmen in der Lage sein, Verkehrsleistungen zu erbringen. Hierfür benötigen sie eine Eisenbahninfrastruktur. Die weitreichenden Rechtswirkungen der Planfeststellung hindern ein Eisenbahnverkehrsunternehmen in aller Regel daran, sich seine eigene Infrastruktur zu schaffen. Denn der Aufbau einer eigenen Infrastruktur ist nur möglich, wenn für das neue Vorhaben ein Bedarf besteht. Ein solcher Bedarf ist jedoch zu verneinen, solange das öffentliche Verkehrsinteresse mit der bereits vorhandenen Infrastruktur befriedigt werden kann[7]. Die vom Gesetzgeber favorisierte, für den Wettbewerb notwendige Anbietervielfalt umfasst also notwendigerweise den Zugang der Eisenbahnverkehrsunternehmen zur vorhandenen

Infrastruktur, solange diese Kapazitäten frei hat. Hält der der Gesetzgeber den Wettbewerb der Eisenbahnverkehrsunternehmen für das geeignete Modell, um die öffentlichen Verkehrsinteressen zu befriedigen, so rezipiert die Widmung diese Entscheidung und verschafft den Verkehrsunternehmen im Rahmen der Kapazität Zugang zur vorhandenen Infrastruktur.

V. Schlussfolgerung

Was bedeutet dies nun für die Auslegung des § 14 AEG iVm § 3 Nr. 2 AEG? Die Interpretation kann nicht beim Wortlaut stehen bleiben, sondern muss die verfassungsrechtlichen Hintergründe, vor allem aber den planungsrechtlichen Kontext aufgreifen. Denn Planfeststellung und Zweckbestimmung der Infrastruktur – sei es öffentliche oder private Zweckbestimmung – sind untrennbar miteinander verknüpft. Daraus folgt:

- Eisenbahnverkehrsunternehmen haben ein Recht auf diskriminierungsfreie Benutzung der Eisenbahninfrastruktur von Eisenbahninfrastrukturunternehmen, die dem öffentlichen Verkehr dienen (§ 14 Abs. 1 AEG).

- Eisenbahninfrastrukturunternehmen dienen dem öffentlichen Verkehr, wenn ihre Eisenbahninfrastruktur von jedem Eisenbahnverkehrsunternehmen benutzt werden kann.

---

[7] Der Bedarf besteht auch dann nicht, wenn ein Eisenbahnverkehrsunternehmen Zugang zu einer vorhandenen Infrastruktur beanspruchen kann, vgl. für den Bereich der Energieversorgung BVerwG v. 11.7.2002, NuR 2003, 161 (164).

- Die Eisenbahninfrastruktur kann von jedem Eisenbahnverkehrsunternehmen benutzt werden, wenn sie für den öffentlich Verkehr gewidmet ist.

- Sie ist für den öffentlichen Verkehr gewidmet, wenn in der Planfeststellung zum Ausdruck kommt, dass die Eisenbahninfrastruktur der Allgemeinheit zur Fortbewegung von Personen und/oder Gütern zu dienen bestimmt ist.

Kurz gesagt ist § 14 AEG i.V.m. § 3 Nr. 2 AEG folgendermaßen auszulegen: Eisenbahnverkehrsunternehmen haben das Recht auf diskriminierungsfreie Benutzung der dem öffentlichen Verkehr gewidmeten Eisenbahninfrastruktur.

RA Christian Mäßen.

Aktuelle Rechtsprechung im Bereich des Netzzugangs

I. Überblick

Die Anzahl der Entscheidungen ist übersichtlich: Insgesamt liegen zehn Beschlüsse vor, die sich im Grunde auf drei verschiedene Netzzugangs-Streitverfahren reduzieren lassen. Dabei handelt es sich um fünf verwaltungsgerichtliche Beschlüsse in Eilverfahren nach § 80 Abs. 5 VwGO und die jeweils dazu gehörenden Entscheidungen des Beschwerdegerichts. Von diesen fünf obergerichtlichen Entscheidungen wiederum ergingen vier über die Kosten des Verfahrens gemäß § 161 Abs. 2 VwGO nach Erledigungserklärung in der Hauptsache, so dass auf der Ebene der Oberverwaltungsgerichte nur eine ausführlich begründete Beschwerdeentscheidung vorliegt, und zwar der Beschluss des OVG Münster vom 5. Juni 2003 mit dem Az.: 20 B 113/03, der allerdings zahlreiche grundlegende Ausführungen zu Verständnis und Inhalt von § 14 AEG enthält. Wenn ich einen Blick auf die Teilnehmer-Liste werfe, habe ich allerdings Zweifel, ob ich diese Entscheidung überhaupt näher vorstellen muss, waren doch viele der hier Anwesenden an diesem Verfahren beteiligt oder sind von ihm betroffen.

II. Zugang zur Strecke Langenlonsheim – Moorbach

Kommen wir zum ersten Komplex, den Entscheidungen des VG Koblenz und des OVG Rheinland-Pfalz, denen folgender Sachverhalt zu Grunde lag:

Christian Mäßen

1. Konflikt: Sommer/Herbst 2002

Ein EIU betreibt im Hunsrück die öffentliche Eisenbahnstrecke Langenlonsheim – Moorbach. Bereits im Juli 2000 hatte es mit einem EVU einen Rahmenvertrag über Trassen für Personensonderfahrten auf der Strecke geschlossen, der jedoch keine einzelnen Fahrten regelte. Von Februar bis Mai 2002 gewährte das EIU dem EVU die bestellten Sonderverkehre an Sonntagen. Ende Mai 2002 teilte es dann aber mit, dass ab Juni 2002 bis auf Weiteres keine der bestellten Fahrten auf der vorbezeichneten Strecke außerhalb der von ihm festgelegten Regelbetriebszeiten (Montags bis Freitags von 7 Uhr bis 15.30 Uhr, Samstags von 11 Uhr bis 13 Uhr) mehr stattfinden könne: Außerhalb der Regelbetriebszeiten sei ein Stellwerk auf Grund Personalmangels nicht besetzt. Zusätzliches Personal sei nicht erhältlich, da der Pachtvertrag des EIU, der ihn zum Betrieb der Strecke berechtige, auf den 31. Dezember 2002 befristet sei. Auf Antrag des EVU hat das Eisenbahn-Bundesamt mit für sofort vollziehbar erklärtem Bescheid entschieden, dass das EIU die beantragten Sonderfahrten an jedem ersten Sonntag im Monat bis zum 6. Oktober 2002 zulassen müsse.

Dem Antrag auf Wiederherstellung der aufschiebenden Wirkung des Widerspruchs gab das VG Koblenz mit Beschluss vom 24. Juli 2002 (Az.: 3 L 1900/02.KO) und der Begründung statt, die Entscheidung des EIU, dem EVU den Netzzugang zu den in Rede stehenden Terminen nicht zu gestatten, verstoße nicht gegen das Diskriminierungsverbot des § 14 Abs. 1 AEG. Der im Juli 2000 geschlossene Vertrag sei als sachlicher Grund zu werten, der die vom EIU gestellten Anforderungen an die Benutzung seiner Strecke und das Erfordernis einer einzelfallbezogenen, gesonderten Vereinbarung zur Nutzung außerhalb der Regelbetriebszeiten rechtfertige. Die grundsätzliche Aufteilung der Betriebszeiten falle in den Bereich der unternehmerischen Gestaltungsfreiheit des EIU und unterliege keinen öffentlich-rechtlichen Bindungen. Die zwischen den Vertragsparteien vereinbarte Aufteilung der Betriebszeiten müsse bei der öffentlich-rechtlichen Prüfung gemäß § 14 Abs. 5 AEG respektiert werden. Es sei ferner zweifelhaft, die ohne sachlichen Grund gerechtfertigte Stellung genereller Anforderungen an die Benutzung der Eisenbahninfrastruktur, die für sich betrachtet einen Nachteil für alle netzzugangsbegehrenden Unternehmen darstellten, als Diskriminierung im Sinne des § 14 Abs. 1 AEG zu werten. Selbst auf der Grundlage dieser Argumentation sei keine Diskriminierung zu erkennen, da das EVU weder gegenüber solchen Unternehmen, die außerhalb der Regelbetriebszeiten Netzzugang begehrten noch gegenüber solchen, die dies während der Regelbetriebszeiten begehrten, schlechter gestellt würde.

Gegen diesen Beschluss hat das Eisenbahn-Bundesamt Beschwerde erhoben, u. a. mit der Begründung, aus § 14 Abs. 1 AEG ergäben sich dem Grunde nach zwei verschiedene, wenn auch miteinander verbundene Ansprüche: Der Anspruch auf Netzzugang (Grundanspruch) im Sinne des „Ob" der Benutzung und der Anspruch, beim Netzzugang nicht schlechter gestellt zu werden als andere EVU (erweiterter Anspruch im Rahmen der Netzbenutzung). Beide Ansprüche seien getrennt zu prüfen und unterlägen unterschiedlichen rechtlichen Voraussetzungen. Bei der Überprüfung des Tatbestandsmerkmals „diskriminierungsfrei" könne nicht allein, wie vom VG Koblenz in der angefochtenen Entscheidung praktiziert, auf eine eventuelle Ungleichbehandlung abgestellt werden; wegen des Umfangs und der Reichweite des Netzzugangsanspruchs sowie Sinn und Zweck des Diskriminierungsverbots müssten alle Tatbestände berücksichtigt werden, die das subjektiv-öffentliche Recht des Unternehmens beeinträchtigten, das den Netzzugang begehrt. Unter Beachtung dieser Grundsätze habe das EIU den Zugang diskriminierend verwehrt. Diesen Tenor hatte auch, vielleicht erinnern Sie sich, ein Beitrag von Frau Schmitz vom Eisenbahn-Bundesamt auf der letztjährigen Fachtagung.

Da das EVU im Laufe des Beschwerdeverfahrens die noch offenen Bestellungen stornierte, entfiel das Rechtsschutzinteresse für das Beschwerdeverfahren. Im Rahmen seiner Entscheidung vom 19. September 2002 (Az.: 7 B 11247/02.OVG) führte das OVG Koblenz aus, es spreche „einiges" für die Rechtsansicht, dass die Entscheidung über das „Ob" der Nutzung öffentlicher Eisenbahninfrastruktur im Sinne des § 14 Abs. 1 AEG als erste Prüfungsstufe - neben der Frage der diskriminierungsfreien Benutzung und gegebenenfalls der Ersetzung einer Vereinbarung - der Regelung durch die zuständige Behörde unterliege. Gleichwohl wollte sich der Senat offenbar nicht weiter mit der Angelegenheit beschäftigen und sah wegen der Beendigung des Pachtverhältnisses über die Strecke zum Ende des Jahres 2002 „ausnahmsweise keinen Bedarf für eine weiterführende Klärung".

2. Konflikt: Winter 2002

Darin hatte sich der Senat aber getäuscht: Das streitbare EVU beantragte für den Dezember 2002 drei weitere Fahrten auf der Strecke Langenlonsheim – Moorbach, die das EIU mit identischer Begründung ablehnte. Das Eisenbahn-Bundesamt verpflichtete auf Antrag des EVU daraufhin unter Anordnung der sofortigen Vollziehung das EIU, beginnend ab dem 6. Dezember Zugang zu der Strecke Langenlonsheim – Moorbach für die bestellten Personensonderfahrten zu gewähren.

Dem erneuten Antrag des EIU auf Wiederherstellung der aufschiebenden Wirkung seines Widerspruchs gab das VG Koblenz mit Beschluss vom 6. Dezember

2002 (Az.: 3 L 3379/02.KO) und ähnlicher Begründung statt wie im Beschluss vom 24. Juli 2002. Ergänzend führte das Gericht aus, dass § 14 Abs. 1 AEG keinen uneingeschränkten, freien Zugang zu Eisenbahninfrastruktur gewähre, sondern es bei einem Anspruch auf „diskriminierungsfreie Benutzung" belasse. Einer differenzierten Prüfung des Zugangs- („Ob") und des Benutzungsrechts („Wie") stehe bereits der gesetzliche Wortlaut entgegen. Eine uneingeschränkte Gewährung des Zugangs ergäbe sich auch nicht aus der Systematik des § 14 AEG und vor allem nicht aus dem neu eingefügten § 14 Abs. 3 a AEG. Auch aus der Ausgestaltung der durch das AEG bewirkten Öffnung des Eisenbahnmarktes ergäbe sich, dass § 14 Abs. 1 AEG nur einen Anspruch auf diskriminierungsfreien und nicht auf schrankenlosen Zugang vermittele. Dies komme in § 25 Satz 1 AEG zum Ausdruck. Die öffentlich-rechtliche Überlagerung der durch diese Norm eingeräumten unternehmerischen Gestaltungsfreiheit führe allenfalls unter den Vorgaben des GWB zu einer kartellbehördlichen Überprüfungs- und Einschreitenspflicht.

Selbst wenn von einem zweistufigen Prüfungsverfahren innerhalb des § 14 Abs. 1 AEG ausgegangen werde, wären im vorliegenden Fall nur Fragen der Ausgestaltung der Nutzung betroffen, die dem Diskriminierungsverbot unterlägen. Von einer Diskriminierung könne jedoch nur ausgegangen werden, wenn gleichgelagerte Sachverhalte ohne sachliche Grund ungleich oder verschieden gelagerte Sachverhalte ohne sachlichen Grund gleich behandelt würden. Hier sei jedoch keine Ungleichbehandlung gleichgelagerter Sachverhalte gegeben. Jedenfalls aber bilde der zwischen den Beteiligten frei ausgehandelte Vertrag vom 23. Juli 2000 einen sachlichen Grund, der die vom EIU gestellten Anforderungen an die Benutzung ihrer Strecke außerhalb der Regelbetriebszeiten rechtfertige. Das Gericht wiederholte seine Kernaussage, dass die Aufstellung genereller

Anforderungen an die Benutzung der Infrastruktur, die für sich betrachtet einen Nachteil für alle netzzugangsbegehrenden Unternehmen darstellen, nicht gegen § 14 Abs. 1 AEG verstoße.

Auch gegen diese Entscheidung erhob das Eisenbahn-Bundesamt Beschwerde mit im Wesentlichen gleicher Begründung wie im Ausgangsverfahren. Aber auch in diesem Beschwerdeverfahren kam es wegen einer Erledigung durch Zeitablauf nicht zu einer oberverwaltungsgerichtlichen Hauptsache-Entscheidung. Im Rahmen seiner Kostenentscheidung nach § 161 Abs. 2 VwGO hob das OVG Koblenz mit Beschluss vom 16. Januar 2003 (Az.: 7 B 11943/02.OVG) die Kosten des Verfahrens gegeneinander auf mit der Begründung, es könne nicht Aufgabe im Rahmen der Kostenentscheidung sein, über die aufgeworfenen schwierigen Rechtsfragen um Netzzugang nach § 14 Abs. 3 a AEG zu erkennen. Insoweit müsse der Ausgang des Verfahrens als offen angesehen werden.

III. Zugang zur Strecke Osnabrück – Hannover

Dieser subtile Hinweis auf § 14 Abs. 3 a AEG leitet uns perfekt hin zu den Entscheidungen des VG Köln und des OVG Münster, denen im zweiten Kollisions-Komplex folgender Sachverhalt zu Grunde lag:

Ein konzessioniertes EVU, ein Gemeinschaftsunternehmen zweier Stadtwerke in der Weser-Ems-Region und eines französischen Misch-Konzerns, nennen wir es im Folgenden EVU 1, betreibt seit einigen Jahren Personenverkehr im Raum Oldenburg und meldete im April 2002 für die Relation Osnabrück - Hannover täglich 12 Fahrten im vertakteten zweistündigen Rhythmus bei dem größten deutschen EIU an. Das EIU wies im Mai 2002 darauf hin, dass diese Trassen nicht frei, sondern bereits von einem konzernangehörigen Unternehmen belegt seien. Dieses EVU, nennen wir es Schwester-EVU, hatte im April 2002 statt einer früheren InterRegio-Verbindung für die Relation Osnabrück – Hannover 16 Trassen im vertakteten Personenfernverkehr mittels InterCity zwischen 6 und 20 Uhr angemeldet. Außerdem hatte für die gleiche Relation ein ebenfalls konzernangehöriges EVU, das vertakteten Personennahverkehr an sieben Wochentagen betreibt, Trassen angemeldet. Insbesondere wegen des „Flaschenhalses" zwischen Seelze und Löhne konnten nur zwei der drei Trassenbestellungen konfliktfrei durchgeführt werden. Der Infrastrukturmanager vergab die Trasse einerseits an den vertakteten Schienenpersonennahverkehr. Darüber hinaus nahm er das Angebot des konzernangehörigen EVU mit der Begründung an, bei Fernverkehrstrassen betrachte er nicht einen einzelnen Zug oder das einzelne Produkt, sondern die physikalische Trasse. Sofern diese – wie durch die vorangegangene InterRegio-Nutzung – gleich bleibe, liege keine vertragliche Veränderung vor. Im Übrigen habe er sich nach den Konstruktionsprioritäten Ziff. 2. (3) 2. lit. b) und d) seiner ABN gerichtet, nach denen vertraglich gebundene Trassen Vorrang vor Neuanmeldungen hätten, und Anmeldungen für Verkehrsleistungen, die auf Grund ihrer Regelmäßigkeit oder Intensität eine höhere Infrastrukturauslastung innerhalb einer Fahrplanperiode ermöglichen, hätten Vorrang vor Anmeldungen für unregelmäßig oder bedarfsweise verkehrende Verkehrsleistungen, also: Das größere Maß an Laufkilometern gewähre eine intensivere Ausnutzung des Schienennetzes.

Nachdem verschiedene Vermittlungsgespräche und Lösungsversuche scheiterten, rief das EVU 1 das Eisenbahn-Bundesamt an und beantragte eine Entscheidung nach § 14 Abs. 5 AEG. Mit für sofort vollziehbar erklärtem Teilbescheid vom 29. November 2002 verpflichtete das Eisenbahn-Bundesamt den Infrastrukturmanager, das Höchstpreisverfahren gemäß § 4 Abs. 5 Sätze 2 und 3 EIBV für die Vergabe der streitbefangenen Trassen auf der Relation Osnabrück – Hannover durchzuführen. Zur Begründung führte das Eisenbahn-Bundesamt aus, beide Trassenbestellungen seien als Neuanmeldungen anzusehen und als vertaktete, ins Netz eingebundene Verkehre gleichrangig. Die Prioritätenregelungen in den ABN seien nicht anwendbar. Gegen diesen Bescheid legten sowohl das EIU als auch das Schwester-EVU Widerspruch ein und beantragten beim VG Köln die Wiederherstellung der aufschiebenden Wirkung. Gleichwohl wurde zunächst das Höchstpreisverfahren durchgeführt. Das EVU 1 gab das höchste Angebot ab. Zu einem (Zwangs-) Vertragsschluss mit dem Meistbietenden kam es aber nicht mehr, weil das VG Köln mit zwei Beschlüssen vom 16. Dezember 2002 (Az.: 11 L 2990/02 und 11 L 2914/02) die aufschiebende Wirkung der Widersprüche gegen den Bescheid des Eisenbahn-Bundesamtes vom 29. November 2002 wiederherstellte. Für das VG Köln waren zunächst formale Aspekte maßgebend:

Der Bescheid des Eisenbahn-Bundesamtes sei nicht hinreichend bestimmt und enthalte kein unmittelbar an das EIU gerichtetes Gebot oder Verbot, sondern nur die Aufforderung, für die Vergabe der streitbefangenen Trassen das Höchstpreisverfahren durchzuführen. Außerdem lasse der Bescheid nicht erkennen, für welche Strecke genau das Höchstpreisverfahren angeordnet worden sei, zumal nicht die gesamte Relation Hannover – Osnabrück, sondern nur der Abschnitt Löhne – Hannover von den EVU gemeinsam benutzt werden müsse. Ferner äußerte das Gericht Zweifel, ob das im Einzelfall praktizierte Verfahren beanstandungsfrei geführt wurde. Diese Zweifel bezieht das Gericht u.a. darauf, ob das EVU 1 überhaupt einen ordnungsgemäßen Antrag für das unzweifelhaft antragsgebundene Verfahren nach § 14 Abs. 5 AEG gestellt habe. Auch inhaltlich sei die Entscheidung des Eisenbahn-Bundesamtes ermessensfehlerhaft. Die Entscheidung des EIU, die streitgegenständlichen Trassen an ihr Schwesterunternehmen zu vergeben, sei nicht grob sachwidrig und auf der Grundlage der ABN erfolgt. Diese seien möglicherweise überprüfungsbedürftig, aber nicht gesetzeswidrig. Das EIU habe durchaus längerfristige vertragliche Bindungen in gewissem Umfang berücksichtigen dürfen. Das Eisenbahn-Bundesamt habe die unternehmerischen Festsetzungen des Infrastrukturunternehmens als Grundlage seiner Entscheidung zu nehmen. Das AEG und die EIBV ließen keinen Schluss darauf zu, dass nur die Taktgebundenheit oder die Vernetzung als Entscheidungskriterien bei der Vergabe kollidierender Trassenbestellungen heranzuziehen seien. Außerdem beanstandete das VG Köln den Zeitpunkt der behördlichen Entscheidung: Eine Umstellung des an sich seit fünf Monaten feststehenden Fahrplans sei mit erheblichen technischen Schwierigkeiten und Einschränkungen sowie Informationsdefiziten für Reisende verbunden und könne durch Informationsfehler zu schweren Unfällen führen. Die Sicherheit und Funktionsfähigkeit des Netzes könnten vom EIU nicht mehr gewährleistet werden. Zudem werde zu Lasten des Schwester-EVU in einen bestehenden Vertrag eingegriffen, auf dessen Bestand dieses, aber auch Dritte (wie Fahrgäste) vertraut hätten. Demgegenüber sei das Interesse des EVU 1 auf Erweiterung des bisherigen Verkehrs weniger schwerwiegend. Das Eisenbahn-Bundesamt hat gegen beide Beschlüsse Beschwerde erhoben.

IV. Zugang zur Strecke Osnabrück – Wilhelmshaven

Bevor ich, meine Damen und Herren, auf den Verlauf des Beschwerdeverfahrens eingehe, möchte ich – wegen der teilweisen Identität der Beteiligten und der verfahrenstechnischen Verknüpfung – den dritten gerichtsnotorisch gewordenen Konkurrentenstreit erläutern:

Ebenfalls im April 2002 meldete das gleiche EVU 1 für die Relation Osnabrück – Wilhelmshaven Personenfernverkehr im Stundentakt mit zusätzlichen Taktverstärkern zu Hauptverkehrszeiten an. Das EVU 1 führt auf dieser Strecke im Besonderen Schülerverkehr durch. Das EIU wies Mitte Mai darauf hin, dass auch diese Strecke von einem konzernangehörigen Schwesterunternehmen belegt sei, das dort Güterverkehr betreibe. Das Güterverkehrsunternehmen hatte im April 2002 auf der Strecke Bedarfstrassen für zwei Güterzüge auf der Relation Osnabrück – Großenkneten angemeldet, die teilweise identische Trassen benötigten. Im Juni 2002 lehnte das EIU die Trassenbestellungen des EVU 1 ab und machte ihrem Schwesterunternehmen ein Trassenangebot, das dieses auch annahm. Zur Begründung führte das EIU an, beim Güterverkehrsunternehmen liege ein Altvertrag bzw. ein Vorgängervertrag vor. Insofern habe dieser Vorrang vor einem Neukunden.

Auf Antrag des EVU 1 führte das Eisenbahn-Bundesamt auch insoweit ein Netzzugangsstreitverfahren durch und gab dem EIU mit Bescheid vom 29. November 2002 auf, dem EVU 1 die von ihr bestellten Trassen zu gewähren und mit ihm eine Vereinbarung über die Nutzungsbedingungen abzuschließen. Die sofortige Vollziehung wurde angeordnet. In der Begründung stellte das Eisenbahn-Bundesamt fest, dass die Anmeldung des EVU 1 als vertakteter Verkehr Vorrang genieße. Der Bestand einer langfristigen Vertragsbeziehung für die betroffenen Trassen mit dem Güter-EVU sei nicht nachgewiesen. Dessen Anmeldung sei daher als Neuanmeldung anzusehen, der keine Priorität einzuräumen sei.

Sowohl der Infrastrukturmanager als auch das betroffene Güterverkehrsunternehmen legten Widerspruch ein, zudem beantragte das Cargo-EVU beim VG Köln die Wiederherstellung der aufschiebenden Wirkung seines Widerspruchs. Mit weiterem Beschluss vom 16. Dezember 2002 (Az.: 11 L 2950/02) gab das VG Köln dem Antrag statt. Die Begründung entspricht im Wesentlichen den beiden zuvor dargestellten Beschlüssen des Gerichts vom gleichen Tage. Auch gegen diese Entscheidung erhob das Eisenbahn-Bundesamt Beschwerde.

V. Fortgang der Beschwerdeverfahren

Wegen des zum 15. Dezember 2002 eingetretenen Fahrplanwechsels und der langen Verfahrensdauer hatte das EVU 1 das wirtschaftliche Interesse an der Neuaufnahme des Verkehrs auf der Relation Osnabrück – Hannover – dem zweiten der vorgestellten Konfliktfälle - verloren und dies auf entsprechenden Auskunftsbescheid dem Eisenbahn-Bundesamt mitgeteilt. Das Amt hob daraufhin den den Konflikt 2 betreffenden Bescheid vom 29. November 2002 auf und erklärte die Beschwerdeverfahren für erledigt. Mit Beschlüssen vom 16. Juni 2003 (Az.: 20 B 111/03 und 20 B 112/03) stellte das OVG Münster die Verfahren ein, erklärte die Beschlüsse des VG Köln für wirkungslos und legte dem Eisenbahn-Bundesamt die Kosten des Verfahrens auf. Zur Begründung bezieht sich der Senat auf seine nachfolgend darzustellende Entscheidung in dem Konfliktfall 3 vom 5. Juni 2003 (Az.: 20 B 113/03).

In diesem Beschluss – wohl dem Kernstück meines heutigen Vortrags - macht das OVG Münster umfangreiche und grundlegende Ausführungen zu den Regelungs- und Eingriffsbefugnissen des Eisenbahn-Bundesamtes einerseits und zum Gestaltungsspielraum der EIU andererseits. Auch wenn das Gericht einschränkt, es ergäben sich in rechtlicher und – davon zum Teil abhängig – auch in tatsächlicher Hinsicht Fragen von solchem Gewicht, deren abschließende Klärung einem Hauptsache-Verfahren – ggfls. im Wege der Fortsetzungsfeststellungsklage – überlassen bleiben müsse, so ist, verehrte Damen und Herren, doch davon auszugehen, dass mit dieser Entscheidung die Linie künftiger Rechtsprechung des für das Eisenbahn-Bundesamt maßgeblichen Obergerichts vorgezeichnet, wenn nicht gar festgesteckt sein dürfte. Wir erinnern uns:

Das Eisenbahn-Bundesamt hat dem EIU aufgegeben, dem EVU 1 die von ihm bestellten Trassen auf der Strecke Osnabrück – Oldenburg zu gewähren und mit ihm eine Vereinbarung über die Nutzungsbedingungen abzuschließen. Die Bewältigung der Folgen für den mit dem Cargo-EVU bereits geschlossenen Vertrag war dem Infrastrukturmanager überlassen worden. Gestützt hat das Eisenbahn-Bundesamt sein Vorgehen auf § 14 Abs. 5 AEG. Diese Vorschrift will jedoch das OVG Münster als Ermächtigungsgrundlage nicht gelten lassen: § 14 Abs. 5 AEG betreffe seinem Wortlaut nach nur Vereinbarungen gemäß dem vorangegangenen Absatz 4, die sich ihrerseits auf Einzelheiten des Zugangs beschränkten und damit den Zugang als solchen, also auch die Beteiligten der Vereinbarung, als geklärt voraussetzten. Voraussetzung für ein Tätigwerden der Behörde seien insoweit das bloße Nichtzustandekommen einer Vereinbarung und ein entsprechender Antrag. Als Rechtsfolge gestatte § 14 Abs. 5 AEG dem Eisenbahn-Bundesamt einen gestaltenden Ausspruch zum Inhalt einer Vereinbarung. Die Festsetzung der Behörde sei dann der Vertrag. Trassenkollisionen und -konkurrenzen könnten also nicht in einem Verfahren nach § 14 Abs. 5 AEG gelöst werden. Vielmehr gehe es in dieser Norm allein um die Lösung eines Konfliktes im zweipoligen Verhältnis der potentiellen Vertragspartner, die sich über die Gewährung des Zugangs prinzipiell einig seien, die tatsächliche Nutzung aber an der fehlenden Einigung über Einzelheiten zu scheitern und damit eine gewollte und mögliche Nutzung sowie eine korrespondierende Befriedigung des Bedarfs an Verkehrsleistungen zu unterbleiben drohe.

Als Ermächtigungsgrundlage für das konkrete Vorgehen des Eisenbahn-Bundesamtes in diesem Fall hat das OVG Münster § 14 Abs. 3 a AEG, eingefügt durch das 2. Gesetz zur Änderung eisenbahnrechtlicher Vorschriften vom 21. Juni 2002, geprüft, es also unter dem Gesichtspunkt einer aufsichtsrechtlichen Maßnahme untersucht. Voraussetzung ist eine Beeinträchtigung des Rechts auf diskriminierungsfreie Benutzung, Rechtsfolge grundsätzlich die Verpflichtung des EIU, die Beeinträchtigung zu unterlassen. Die Entscheidungsbefugnis über das „Wie" verbleibt insoweit beim EIU. Die Kompetenz des Eisenbahn-Bundesamtes beschränkt das OVG Münster also auf den Verpflichtungsausspruch an den Infrastrukturmanager, eine festgestellte Beeinträchtigung des diskriminierungsfreien Zugangs zu unterlassen. Im konkreten Fall ging das OVG Münster nicht so sehr auf die Rechtsfolgenseite dieser Norm ein, erkannte aber und wies vor allem in der mündlichen Verhandlung darauf hin, dass seine Auffassung möglicherweise mit der Richtlinie 2001/14/EG vom 26. Februar 2001, die bis zum 15. März 2003 in nationales Recht hätte umgesetzt werden müssen, kollidiert, da es dort zur Voraussetzungsseite für die Anrufung der Regulierungsstelle heißt, dass sich der Infrastrukturbenutzer „ungerecht behandelt, diskriminiert oder auf andere Weise in seinen Rechten verletzt" fühlen müsse und zur Rechtsfolgenseite bei der Verweigerung der Zuweisung von Fahrwegkapazität ausgeführt wird, dass „eine Änderung dieser Entscheidung gemäß den Vorgaben der Regulierungsstelle vorgeschrieben" werden könne. In der Beschlussfassung weist der Senat in einem obiter dictum darauf hin, es könne erwogen werden, dass auch ein positives Tun statt eines Unterlassens aufgegeben werden könne, wenn dies die einzig als rechtlich zulässig denkbare Reaktion des EIU zur Vermeidung einer Beeinträchtigung des Rechts der Trassenanmelder auf diskriminierungsfreie Benutzung der Infrastruktur darstelle.

Umfassender setzte sich das Gericht aber mit den tatbestandlichen Voraussetzungen von § 14 Abs. 3 a AEG auseinander, wann also von einer Beeinträchtigung des Rechts auf diskriminierungsfreie Benutzung einer Eisenbahninfrastruktur ausgegangen werden könne. Das Eisenbahn-Bundesamt hat die Auffassung vertreten, der Maßstab für die Entscheidung über die Trassenvergabe in nicht anders behebbaren Kollisionsfällen sei § 14 Abs. 1 Satz 3 AEG zu entnehmen, also die Taktgebundenheit und die Vernetzung. Liegen beide Kriterien vor, sei die Trassenvergabe im Wege des Höchstpreisverfahrens nach § 4 Abs. 5 EIBV zu regeln. Das OVG Münster vermochte ein ausschließliches und abschließendes normatives Programm der Konfliktlösung weder im AEG und noch in der EIBV zu erkennen. Der rechtliche Rahmen für die Trassenvergabe sei auch im Falle kollidierender Anmeldungen die Diskriminierungsfreiheit, § 14 Abs. 1 Satz 1 AEG, die in § 3 Abs. 1 Nr. 1 EIBV zutreffend dahingehend konkretisiert sei, dass ohne sachlich gerechtfertigten Grund nicht unterschiedlich entschieden werden dürfe. Dieser Grundsatz gelte auch dann, wenn es nicht darum geht, Leistungen, die mehreren gegenüber erbracht werden können und sollen, diskriminierungsfreien Bedingungen zu unterstellen, sondern darum, zu entscheiden, welchem von mehreren Bewerbern eine nur einmal mögliche Leistung angeboten werden soll. Das OVG Münster hat demnach Bedenken gegen einen zu früh einsetzenden Ausschluss anderer Kriterien als dem des höchsten Angebots, also Bedenken an einer zu frühen Anwendung des Höchstpreisverfahrens. Ganz nebenbei beantwortet übrigens das OVG Münster die vom OVG Koblenz noch offen gelassene Frage, ob im Rahmen des § 14 AEG zwischen dem „Ob" der Benutzung und dem „Wie" unterschieden werden müsse, im Sinne der Auffassung des Eisenbahn-Bundesamtes.

Wenden wir uns wieder dem Gesetz zu: Im Folgendem untersuchte das Gericht dann, was als sachlich gerechtfertigter Grund grundsätzlich, also abstrakt, und im vorliegenden Fall, also konkret, vorgebracht werden könne:

Die Vertaktung und die Netzeinbindung sind Kriterien, die auch das OVG Münster grundsätzlich akzeptiert; es hatte jedoch im konkreten Fall Zweifel, ob die Vorrausetzungen gegeben waren. Das EVU 1 wollte bekanntlich Taktverdichter einsetzen. Das OVG Münster gab zu bedenken, ob diese Züge nicht als außerhalb des Taktes verkehrend und den Taktverkehr entlastend betrachtet werden müssen. Der Güterfernverkehr des Cargo-EVU war unstreitig nicht im Netz eingebunden. Zur Netzeingebundenheit des vom EVU 1 bestellten Verkehrs sind nach Ansicht des Gerichts weitere tatsächliche Ermittlungen erforderlich. Aber – und dies hebt das Gericht hervor – diese beiden Parameter, die nach dem Gesetz nur „angemessen berücksichtigt" werden müssen, könnten sich nicht zu einem ausschließlichen Entscheidungskriterium verstärken und andere denkbare sachliche Gründe ausschließen. Als weitere derartige „denkbare sachliche Gründe" führte das Gericht an: (1) ein Entgegenkommen des Infrastrukturenmanagers in Bezug auf andere Trassen, also die Erbringung spürbarer Beiträge zur Lösung entstandener Probleme, (2) die Beachtung der unterschiedlichen Verkehrszwekke und Verkehrsarten und schließlich (3) die ABN, soweit diese selbst diskriminierungsfrei gestaltet sind. Im vorliegenden Fall hatte das Gericht in tatsächlicher Hinsicht nachhaltige Zweifel, ob die Konstruktionspriorität b) – also der Vorrang vertraglich gebundener Trassen vor Neuanmeldungen – zu Gunsten des Cargo-EVU in Ansatz gebracht werden durfte, so dass eigentlich nach der Konstruktionspriorität d) – Vorrang der regelmäßigen Verkehrsleistungen vor bedarfsweise verkehrenden Verkehrsleistungen - der Zuschlag dem EVU 1 hätte erteilt werden müssen; insoweit dürfe, so der Senat, eine eventuell typische Bedarfsabhängigkeit im Güterverkehr aber nicht unberücksichtigt bleiben, was indes weitere tatsächliche Ermittlungen erfordere.

Da das Gericht also einerseits Zweifel an der Rechtmäßigkeit des Ausgangsbescheides hatte, andererseits die Interessen beider EVU prinzipiell als gleichgewichtig betrachtete, beließ es das Gericht beim Regelfall der aufschiebenden Wirkung des Widerspruchs.

VI. Ausblick

Lassen Sie mich, meine sehr verehrten Damen und Herren, zum Schluss meines Berichts kommen. Es fällt auf, dass die vorgestellten Entscheidungen allesamt in verwaltungsgerichtlichen Eilverfahren ergangen sind. Dies kann kaum überraschen, liegt es doch gleichsam in der Natur der Sache, dass – schon wegen der zeitlichen Begrenzung der Trassenvergabe – Rechtsschutz im Wege gerichtlicher Entscheidungen im Hauptsacheverfahren, gegebenenfalls unter Ausschöpfung des Instanzenzuges, kaum zu erreichen ist. Überdies besteht die Gefahr, dass selbst verwaltungsgerichtliche Eilverfahren zu spät kommen und sich der Zugangsstreit vor einer abschließenden obergerichtlichen Entscheidung erledigt. Ob einer der an einem Netzzugangsverfahren Beteiligten im Wege der Fortsetzungsfeststellungsklage auch höchstrichterlichen Rechtsschutz in Anspruch nehmen kann und will, erscheint mir fraglich, so dass dem erstinstanzlichen Beschluss de facto häufig streitentscheidende Bedeutung zukommen dürfte und Klärung einzelner Zweifelsfragen durch das Bundesverwaltungsgericht kaum zu erwarten ist. Dies bedeutet einerseits eine besondere Herausforderung für die am Prozess Beteiligten, kann und sollte andererseits aber Anlass geben zu einer dogmatischen Diskussion einschließlich einer literarischen Darstellung und Aufarbeitung der Materie. Mit diesem Appell möchte ich enden – haben Sie vielen Dank für Ihre Aufmerksamkeit.

Regierungsrat z.A. Wilko Wilmsen.

Reichweite eisenbahnrechtlicher Genehmigungen[1]
- Bestandsschutz im Eisenbahnrecht -

I. Problemstellung

Aus Sicht einer Aufsichtsbehörde wie dem Eisenbahn-Bundesamt verbindet sich mit der Frage nach der Reichweite einer Genehmigung nicht nur die Fragestellung, was der Genehmigungsinhaber heute im Zeitpunkt der Genehmigungserteilung positiv darf und wie er die erteilte Genehmigung nutzen mag: Die technischen Sicherheitsanforderungen und sonstigen Genehmigungsvoraussetzungen, so wie sie sich heute darstellen, sind – Fehlerfreiheit unterstellt – eingehalten, sonst wäre die Genehmigung nicht erteilt worden. Kritisch ist vielmehr der Fall früherer Genehmigungen, die nach den heute gültigen Kriterien nicht mehr erteilt werden könnten. Kann oder muss eine Aufsichtsbehörde trotz bestehender eisenbahnrechtlicher Genehmigung einschreiten? Aufgeworfen ist damit die Frage nach dem Bestandsschutz, den eine solche Genehmigung vermittelt, der aber auch aus anderen Rechtspositionen folgen könnte.

Untersucht werden soll, ob und in welchem Umfang ein eventueller Bestandsschutz bei Planungs- und Aufsichtsmaßnahmen in Bezug auf Bahnanlagen, Fahrzeuge und Betriebsverfahren von Bedeutung ist, insbesondere ob er die zu stellenden Anforderungen unter den aktuellen Stand der anerkannten Regeln der Technik verschiebt. Dabei sollen zunächst Begriff und Ableitung des Bestands-

---

[1] Der Vortrag – mündlich wie schriftlich – gibt ausschließlich die persönliche Meinung des Verfassers wieder.

schutzes (I.) unter Würdigung der verfassungsrechtlichen Implikationen (I.1) geklärt und ein einfach-rechtlicher Überblick über einzelne instruktive Rechtsgebiete gegeben werden (I.2), das Bau- (a) und das Immissionsrecht (b). Dann werden Voraussetzungen und Grenzen des Bestandsschutzes im Eisenbahnrecht (II.) entwickelt: Dazu werden die Grundlagen eines formellen (II.1) und materiellen (II.2) Bestandsschutzes aufgezeigt sowie Grenzen (II.3) und Umfang (II.4) beleuchtet. Schließlich folgen Kriterien für die praktische Entscheidungsfindung (III.). Die Ausführungen sollen sich zur Komplexitätsreduktion bewusst auf die Eisenbahnen des Bundes als Hauptzuständigkeitsbereich des Eisenbahn-Bundesamtes beschränken.

II. Begriff und Ableitung des Bestandsschutzes

Unter dem Topos „Bestandsschutz" wird im Grundsatz verstanden, dass eine Position, die in der Zeit ihres Bestehens jemals für gewisse Dauer formell oder materiell rechtmäßig bestanden hat, vor nachteiligen Veränderungen rechtlich geschützt ist.[2]

1. Verfassungsrechtliche Kriterien

Verfassungsrechtliche Grundlage des Bestandsschutzes ist die Eigentumsgewährleistung (Art. 14 GG). Sein tragender Gedanke ist der Vertrauensschutz, der verfassungsrechtlich grundsätzlich im Rechtsstaatsprinzip verankert ist, aber im Hinblick auf vermögenswerte Rechte in Art. 14 GG eine besondere Ausprä-

---

[2] Zur Entwicklung der Argumentationslinie in der Rechtsprechung vgl.: Stühler, Zur Reichweite des Bestandsschutzes bei Änderungen und Erweiterungen von gewerblichen Anlagen, BauR 2002, 1488 ff.

gung erfahren hat.³ Der Begriff des Bestandsschutzes wurde anhand des Baurechts entwickelt, jedoch unmittelbar aus der Verfassung (Art. 14 GG) abgeleitet. Diesen Wurzeln wird zum tieferen Verständnis nachgespürt.

Diese anzustellenden Überlegungen bilden allerdings stets nur einen vom Gesetzgeber (Wesentlichkeitstheorie) auszugestaltenden Rahmen und sind bei konkreten Maßnahmen in die Überlegungen einzubeziehen. Aus Sicht der Verwaltung ist das einfache Recht anzuwenden und vor vorschneller verfassungsrechtlicher Argumentation zu warnen.

a) Verfassungsprinzipien: Spannungsverhältnis zwischen Rechtsstaatlichkeit und Demokratie

Grundproblem jedes Schutzes des Hergekommenen ist die Bindung des aktuell Handelnden oder Entscheidenden. Die Demokratie findet ihre Legitimationsgrundlage in der Repräsentanz des aktuellen Willens des Volkes als Souverän. Der auf diese Legitimation zurückgehenden aktuellen Rechtsfolgensetzung durch den Gesetzgeber wie auch – etwa in Form von Verwaltungsakten – durch die Verwaltung stellt sich der zu Recht geronnene, seinerseits demokratisch gebildete und eventuell in subjektiven Rechten verfestigte Wille früherer Generationen in den Weg.

---

³ Steiling, Bestandsschutz immissionsschutzrechtlich genehmigter Anlagen – Eingriffsmöglichkeiten und deren Folgen, in: Ipsen/Schmidt-Jorzig [Hrsg.], Recht – Staat – Gemeinwohl, Festschrift für Dieter Rauschning, S. 691, 698; vgl. auch Schmchl, Die verfassungsrechtlichen Rahmenbedingungen des Bestands- und Vertrauensschutzes bei Genehmigungen unter Änderungsvorbehalt, DVBl 1999, 19 f.; Millgramm, Bestandsschutz, Vertrauensschutz und Duldung im Bereich des BImSchG, NuR 1999, 608, 610; Dolde, Bestandsschutz von Altanlagen im Immissionsschutzrecht, NVwZ 1986, 873, 876.

Einerseits geböte es das Demokratieprinzip, der Repräsentanz des aktuellen Willens Vorrang einzuräumen. Dagegen steht allerdings das gleichrangige Gebot der Rechtsstaatlichkeit, das Rechtsstaatsprinzip, das im Grundsatz auch das zeitliche Kontinuum, die Fortdauer des Rechts, einschließt. Dem Rechtsanwender muss es möglich sein, zukunftsbeständige Regelungen zu treffen. Das setzt zumindest eine Berücksichtigung berechtigten Vertrauens und damit Vertrauensschutz voraus.

Beide Gesichtspunkte stehen in dem Augenblick diametral gegeneinander, in dem für bestehende Anlagen und Fahrzeuge neue Standards gesetzt werden; sei es, dass sich das allgemeine Sicherheitsniveau erhöht hat und sich Normen und Regeln der Technik entsprechend geändert haben, sei es, dass konkrete Gefahren abzuwehren sind. Einerseits muss neuen Sicherheitsanforderungen im Grundsatz Rechnung getragen werden können, andererseits dürfen frühere geschützte Positionen nicht entwertet werden. Nach dem vom Bundesverfassungsgericht entwickelten Konzept der praktischen Konkordanz, des gerechten Ausgleichs zwischen Verfassungsgütern, ist ein gangbarer Mittelweg zu suchen, in dem beiden Verfassungspositionen so weit wie möglich Rechnung getragen werden kann.[4]

b) Einfluss der Grundrechte

Die Grundrechte – insbesondere die Eigentumsfreiheit (Art. 14 GG) – verstärken zugunsten der Grundrechtsträger das verfassungsrechtliche Gewicht der Beharrungskräfte. Sie führen zu einer geschützten Rechtsposition, in die nicht ohne gewichtige Gründe eingegriffen werden darf.

---

[4] Vgl. Maunz/Dürig – Herzog, GG-Kommentar, Art. 20 GG Rdn. VII 64, der von einem „Abwägen" spricht.

Aus verfassungsrechtlicher Sicht ergeben sich allerdings auch dem geschützten Rechtsgut gleichwertige oder sogar höherrangige Argumentationspunkte, die die Gewichte zu Lasten des Bestandsschutzes verschieben, beispielsweise schlichte Vorbehalte der Grundrechte selbst (vgl. beispielsweise Art. 14 I 2, III GG), Staatsziele (insbesondere Art. 20 a GG) und Grundrechte Dritter. So besteht beispielsweise eine Schutzpflicht des Staates für Leben (und Gesundheit) Dritter aus Art. 2 II GG.[5]

Grundrechte stehen jedoch nur Grundrechtsträgern gegen Grundrechtsverpflichtete zu. Grundrechtsverpflichteter ist der Staat mit seinen Untergliederungen. Dabei sind bestimmte Ausnahmen, bei denen es um den Individualschutz der dahinter stehenden natürlichen Personen als gewissermaßen mittelbare Grundrechtsträger geht, also eine grundrechtstypische Gefährdungslage gegeben ist, anerkannt: Universität, Rundfunk, Kirchen, u.U. bestimmte Berufsverbände. Weitergehender Grundrechtsschutz für den Staat selbst pervertierte die Primärfunktion der Grundrechte als Abwehrrecht gegen den Staat und ist daher nicht geboten.[6]

Die Eisenbahnen des Bundes stehen (jedenfalls derzeit) im Alleineigentum des Bundes. Hinter ihnen steht keine natürliche Person sondern ausschließlich der Staat selbst. Es fehlt – in der Terminologie des Bundesverfassungsgerichts – das personale Substrat und damit eine grundrechtstypische Gefährdungslage.[7] Sie

---

[5] BVerfGE 39, 1, 42; Sachs – Murswiek, Grundgesetz-Kommentar, Art. 2 GG, Rdn. 24 ff. m.w.N.
[6] Nicht unumstritten: Vgl. Maunz/Dürig, Art. 19 Abs. III, Rdn. 33 ff.; Sachs – Krüger/Sachs, Art. 19 GG, Rdn. 90 ff. m.w.N. auch zu Rechtsprechung und Gegenansicht in Fußn. 256.
[7] Vgl. BVerfGE 45, 63, 80; E 61, 81, 102 und 105; BK – v. Mutius, Bonner Kommentar zum Grundgesetz, Art. 19 III GG (1975), Rdn. 114 m.w.N.; Dreier, Grundgesetz-Kommentar, Art. 19 III GG, Rdn. 21, 38 m.w.N.

sind damit aus verfassungsrechtlicher Sicht eine Untergliederung des Staates und damit gerade nicht Grundrechtsträger.[8]

Eisenbahnen des Bundes können sich deshalb nicht auf Grundrechte und damit auf einen durch die Grundrechte vertieften bzw. verfestigten Bestandsschutz berufen. Das schließt selbstverständlich einen Bestandsschutz aus dem einfachen Recht nicht aus.

c) **Vertrauensschutz**

Dem Bestandsschutz liegt der Gedanke des Vertrauensschutzes zu Grunde, der seinerseits – im Rechtsstaatsprinzip – verfassungsrechtlich verbürgt ist. Aus dem Rechtsstaatsprinzip entspringt das Gebot, berechtigtes Vertrauen in die Bestän-

---

[8] Vgl. zum Ganzen: BVerfGE 45, 63, 80; E 68, 193, 212 f.; Isensee/Kirchhof – Rüfner, Handbuch des Staatsrechts, Bd. V (1992), § 116 Rdn. 32 ff.; Dreier, GG, Art. 19 III GG Rdn. 47 f.; Sachs – Krüger/Sachs, GG, Art. 19 Rdn. 92; speziell zum Bahn-Konzern: Sachs – Windthorst, Art. 87 e GG, Rdn 52 m.w.N. in Fußn. 88; Hoppe u.a., Sicherheitsverantwortung im Eisenbahnwesen [...], Köln (2002), S. 74.; auch: v. Mangolt/Klein/Starck – Gersdorf, GG-Kommentar, Bd. 3, 2001, Art. 87 e Rdn. 52; Kramer, Das Recht der Eisenbahninfrastruktur, 2002, S. 69; Grupp, Eisenbahnaufsicht nach der Bahnreform, DVBl. 1996, 591, 594; Studenroth, Aufgaben und Befugnisse des Eisenbahn-Bundesamtes, VerwArch Bd. 87 [1996], 97, 107.
Grundrechtsfähigkeit bejahend dagegen: v. Münch/Kunig – Uerpmann, GG-Kommentar, Bd. 3, 3. Aufl. (1996), Art. 87 e Rdn. 10; Buchner, Eisenbahnrechtliche Planfeststellung und kommunale Planungshoheit, 2001, S. 44 ff.; auch: Fehling, Der finanzielle Ausgleich für die Mitbenutzung fremder Infrastruktur bei Schienenwegen, Energieversorgungs- und Telekommunikationsleitungen, VerwArch Bd. 86 [1995], 600, 607; im europarechtlichen Schrifttum nimmt eine im Vordringen begriffene Meinung erweiterte Grundrechtsfähigkeit für das Gemeinschaftsrecht an: Tettinger, Zur Grundrechtsberechtigung von Energieversorgungsunternehmen im Europäischen Gemeinschaftsrecht, in: Baur/Müller-Graff/Zulegg [Hrsg.], Festschrift Bodo Börner, Europarecht, Energierecht, Wirtschaftsrecht, 1992, S. 625, 629 ff.; zustimmend Schröder, Kompetenz- und eigentumsrechtliche Fragen bei der Verwirklichung des Elektrizitätsmarktes, 1993, S. 46 ff.; vgl. auch Scholz/Langer, Europäischer Binnenmarkt und Energiepolitik, 1992, S. 244 ff.; Schnelle, Die Öffnung leistungsnotwendiger Einrichtungen für Dritte und der Schutz des Eigentums, EuR (Europarecht) 1994, 556, 559; Notthoff,

digkeit einer erlangten Rechtsposition zu schützen.[9] Diesem Gebot wohnt nicht nur eine subjektivrechtliche sondern auch eine objektivrechtliche Komponente inne, die sich in der gesamten Rechtsordnung niederschlägt. Ein Berufen auf Vertrauensschutz als Teil des objektiven Verfassungsprinzips Rechtsstaat ist auch jenseits der Grundrechtsfähigkeit möglich.[10]

Dieser Vertrauensschutz erscheint jedoch tendenziell weniger weitgehend als der aus Grundrechten hervorgehende und damit absolutere Bestandsschutz. Mit Blick auf den Gesetzgeber gelten die zur echten und unechten Rückwirkung entwickelten Grundsätze, nach denen sogar eine echte Rückwirkung, also das Eingreifen in in der Vergangenheit abgeschlossene Sachverhalte, unter bestimmten Bedingungen bzw. aus schwerwiegenden Gründen zulässig ist.[11] Entsprechend schützen beispielsweise die §§ 48 / 49 VwVfG berechtigtes Vertauen differenziert, ohne einerseits Vertrauen absolut zu schützen, ohne jedoch andererseits der Verwaltung große Spielräume (ohne Nachteilsausgleich) zu eröffnen.

Im Einzelnen setzt Vertauensschutz ein berechtigtes Vertrauen (1) in die Beständigkeit (3) einer erlangten Rechtsposition (2) voraus:

(1) Im Grundsatz muss der Betroffene bzw. ein objektiver Dritter in die Rechtmäßigkeit und Rechtsbeständigkeit der erlangten Position tatsächlich vertraut haben. Es dürfen also insbesondere keine Anhaltspunkte vorhanden gewesen sein, dass mit baldiger Änderung der Sach- und Rechtslage zu rechnen war. Das

---

Grundrechtsberechtigung juristischer Personen nach deutschem und europäischem Recht, WPrax (Wirtschaftsrecht und Praxis) 1995, 64 f.
[9] Sachs – Sachs, Art. 20 GG Rdn. 131 m.w.N. in Fußn. 462.
[10] Vgl. Maunz/Dürig, Art. 19 III GG, Rdn. 55.
[11] Vgl. statt aller Sachs – Sachs, Art. 20 Rdn. 132 ff.

Vertrauen muss schutzwürdig sein, insbesondere muss die erlangte Rechtsposition rechtmäßig erlangt sein und sich auf die erlangte Rechtsposition beziehen.

(2) Der Vertrauensschutz beschränkt sich auf die bisherige, tatsächlich bereits erlangte Rechtsposition nach Inhalt, Reichweite und Umfang. Geschützt ist damit etwa bei einer genehmigten Anlage nur das tatsächlich genehmigte Maß, nicht jedoch zusätzliche Anlagenteile, mithin keine Erweiterungen. Geschützt ist auch nur das quantitative Ausmaß einer genehmigten Tätigkeit: Bei einer wesentlichen Kapazitätssteigerung entfällt mithin der Vertrauensschutz.[12] Die geschützte Position kann verloren werden. Das ist bei einer Stillegung oder bei einer Betriebseinstellung der Fall, wenn nach der Verkehrsauffassung zu schließen war, dass mit der Wiederaufnahme nicht mehr zu rechen war.[13] Dabei handelt es sich jeweils um eine Würdigung des Einzelfalls. Als „Daumenregel" mag gelten, dass einjährige Stillegung noch nicht schadet, mehr als zweijährige in der Regel schon.

(3) Schließlich muss auch das Vertrauen auf die Beständigkeit der rechtmäßig erlangten Rechtsposition berechtigt sein. Dies entfällt, wenn eine Gefährdung der erlangten Rechtsposition tatenlos hingenommen wird, etwa das Heranrücken von Wohnbebauung an eine genehmigte Anlage.[14] Darüber hinaus stehen manche Rechtsbereiche, namentlich das Umweltrecht und im weiteren Sinne jedes an die Entwicklung der Technik geknüpfte Recht, gleichsam unter einem Vorbehalt gleichbleibender Verhältnisse (clausula rebus sic stantibus). Exemplarisch genannt sei das Immissionsschutzrecht, das dem Vorsorgeprinzip verpflichtet ist und dynamische Betreiberpflichten kennt (§§ 5 Abs. 1 bzw. 22 Abs. 1 BImSchG

---

[12] Vgl. beispielsweise BVerwGE 98, 235.
[13] Ebenda.

knüpfen an den – aktuellen – Stand der Technik an). Besonders deutlich wird dies bei der Gefahrenabwehr: Wenn von einer Anlage vorher nicht erkannte Gefahren ausgehen, muss diesen begegnet werden. Eine etwaige Genehmigung kann kein Hindernis zur Abwehr der vorher nicht bekannten Gefahren sein (Vgl. § 17 BImSchG – nachträgliche Anordnung – und § 21 BImSchG – Widerruf der Anlagengenehmigung).

d) Folgerungen für das einfache Recht

Wie bereits festgestellt können sich Eisenbahnen des Bundes nicht auf Grundrechte und damit auf einen durch die Grundrechte vertieften bzw. verfestigten Bestandsschutz berufen. Das schmälert einen Bestandsschutz aus dem einfachen Recht allerdings in keiner Weise, erzwingt aber auch keine aus dem einfachen Recht nicht zu folgernde Ausdehnung des Bestandsschutzes. Das damit allein maßgebende einfache Recht ist im Folgenden zu untersuchen. Ebenfalls möglich ist auch ein Berufen auf Verfassungsprinzipien, insbesondere auf den aus dem Rechtsstaatsprinzip folgenden Vertrauensschutz, der jedoch prinzipiell – andere einfachrechtliche Ausgestaltung vorbehalten – gerade im gefahrenabwehrenden Bereich durchaus Grenzen unterliegt.

2. Ist-Situation im einfachen Recht

Anhand der wesentlichsten Rechtsgebiete, in denen die Problematik virulent wird, Bau- und Immissionsrecht, soll der bisherige Diskussionsstand gespiegelt werden.

---

[14] VGH Mannheim, ZUR 1996, 81.

a) Baurecht

Ursprünglich entwickelt hat die Bestandsschutzargumentation für das Baurecht die Rechtsprechung, die sich unmittelbar auf Art. 14 GG stützte.[15] Terminologisch haben sich folgende Unterscheidungen eingebürgert: Zunächst wird zwischen „passivem" und „aktivem" Bestandsschutz unterschieden. Mit „passivem" Bestandsschutz ist die Schutzfunktion des Bestandsschutzes zur Abwehr von Eingriffen angesprochen, während im „aktivem" Bestandsschutz eine letztlich anspruchsbegründende Position gesehen wurde. Letzterer untergliederte sich weiter in einfach(-aktiven), erweiterten und überwirkenden Bestandsschutz, ferner in die Figur der „eigentumskräftig verfestigten Anspruchsposition".

aa) Passiv genießen bauliche Anlagen Substanz- und Nutzungsschutz, wenn sie entweder genehmigt (= formell legal) oder genehmigungsfähig (= materiell legal) errichtet wurden oder während ihres Bestehens für gewisse Zeit (Faustregel: 3 Monate[16]) genehmigungsfähig gewesen wären.[17] Der Bestandsschutz endet mit dem Wegfall des geschützten Objekts oder mit der (entgültigen) Nutzungsaufgabe, nicht jedoch durch Verringerung der Nutzungsintensität. Als den Bestandsschutz beendende Nutzungsaufgabe ist auch die Änderung der konkreten Nutzungsart zu sehen, da hierdurch die bisher ausgeübte Nutzung aufgegeben wird. Der Bestandsschutz wird durch die Möglichkeit nachträglicher Anordnungen nach den Landesbauordnungen durchbrochen, wenn eine konkrete Gefahr für Sicherheit und Gesundheit besteht.[18]

---

[15] Vgl. näher Stühler, BauR 2002, 1488 f.
[16] Vgl. Finkelnburg-Ortloff, Öffentliches Baurecht, Band II, 5. Auflage (2002), S. 175.
[17] Siehe nur Hoppenberg – Kasten, Handbuch des öffentlichen Baurechts, Rdn. A I 172 ff.
[18] Beispielhaft sei § 87 Abs. 1 BauO NRW genannt. Vgl. dazu OVG NRW BauR 2002, 1841.

bb) Unter den Oberbegriff des aktiven Bestandsschutzes wurden Erhaltungs-, Ausbau- oder Erweiterungsmaßnahmen gefasst.

Erhaltungsmaßnahmen (Instandsetzungs-, Instandhaltungs-, Reparatur- und Unterhaltungsarbeiten, bei denen die Identität des bestandsgeschützten Bauwerks erhalten bleibt) sind als sogenannter einfacher Bestandsschutz immer zulässig, da sie nachgeradezu zwingende Konsequenz des passiven Bestandsschutzes sind: Substanz- und Nutzungsmöglichkeit würden entwertet, wenn sie mit dem „natürlichen" Wegfall der Nutzbarkeit des Bestandes endeten.[19]

Die weiteren von der Rechtsprechung geschaffenen Kategorien des erweiterten und des überwirkenden Bestandsschutzes sowie des „eigentumskräftig verfestigten Anspruchs" werden nur der Vollständigkeit halber erwähnt. Heute sind die einschlägigen Probleme weitgehend einfach-gesetzlich geregelt (§ 35 Abs. 4 BauGB). In der Konsequenz des Nassauskiesungsbeschlusses[20] des Bundesverfassungsgerichtes liegt es, diese gesetzlichen Regelungen als abschließend anzusehen, auch soweit die vorher unter diese Kategorien gefassten Einzelfälle durch den Gesetzgeber gerade ungeregelt geblieben sind.[21] Das Bundesverwaltungsgericht schließt deshalb in seiner neueren Rechtsprechung (ab 1990) einen Rückgriff auf Art. 14 GG aus.[22]

Als erweiterter Bestandsschutz wurde die Konstellation bezeichnet, in der bauliche Veränderungen oder Erweiterungen des vorhandenen Bestandes notwendig sind, um den vorhandenen Bestand weiterhin funktionsgerecht nutzen zu können. Beispiel: Anpassung eines Altbaus an neuzeitliche Wohnstandards durch

---

[19] Vgl. nur BVerwGE 47, 126; Hoppenberg – Kasten, Rdn. A I 178.
[20] BVerfGE 58, 300.
[21] Vgl. Hoppenberg – Kasten, Rdn. A I 84.
[22] BVerwGE 85, 289; NVwZ-RR 1998, 357.

Einbau von sanitären Anlagen oder Anbau einer Garage.[23] Bestandsgeschützt wurde hier – in engen Grenzen – nicht mehr nur die Substanz sondern die ausgeübte Nutzung. Abzugrenzen von der bloßen Erhaltung sind solche Maßnahmen dadurch, dass keine Identität mehr zwischen wiederhergestelltem und ursprünglichem Bauwerk besteht.[24]

Der überwirkende Bestandsschutz folgerte aus dem Schutz der ausgeübten Nutzung bei einem untrennbaren Funktionszusammenhang zum geschützten Objekt einen Anspruch auf Genehmigung einer weiteren baulichen Anlage. Beispiel: statt Anbau nunmehr Bau einer separaten Garage neben dem Wohnhaus.[25]

Unter dem Schlagwort der „eigentumskräftig verfestigten Anspruchsposition" wurden – letztlich wohl aus Billigkeitserwägungen – Fälle abgehandelt, bei denen Bauwerke durch Brände, Naturereignisse usw. zerstört worden waren, so dass im Prinzip jeder Bestandsschutz erloschen war, bei denen nunmehr an gleicher Stelle das zerstörte Gebäude aber wieder aufgebaut werden sollte.

b) Immissionsschutzrecht

Die Besonderheit des Immissionsschutzrechts in Bezug auf Bestandsschutzaspekte liegt in den in § 5 bzw. § 22 BImSchG geregelten dynamischen Betreiberpflichten, nach denen der jeweilige Anlagenbetreiber stets für den aktuellen Stand der Technik und damit zugleich für zeitgemäße Sicherheitsmaßnahmen zu sorgen hat.[26] Daraus ergibt sich die weitreichende Konsequenz eines – jedenfalls im Hinblick auf die einschlägigen immissionsschutzrechtlichen Anforderungen – fehlenden materiellen Bestandsschutzes, so dass der immissionschutzrechtli-

---

[23] Vgl. BVerwGE 25, 161.
[24] Einzelheiten bei Battis/Krautzberger/Löhr, BauGB, 5. Aufl. (1996), § 35 Rdn. 104.
[25] Vgl. BVerwGE 50, 49.
[26] Exemplarisch VGH München, NVwZ-RR 2000, 273; vgl. auch BVerwGE 98, 238.

che Bestandsschutz allein auf der Genehmigung beruht. Sonderregeln gelten allerdings für den Lärmschutz an Schienenwegen.

Anders als im Baurecht genießen daher formell-illegale (= ungenehmigte genehmigungsbedürftige) Anlagen auch dann, wenn sie bei Errichtung oder danach materiell legal waren, keinen Bestandsschutz.[27] Der Betreiber hätte nämlich selbst mit einer Genehmigung keine rechtliche Garantie, dass seine Anlage für die Zukunft so betrieben werden kann, wie sie genehmigt wurde. Denn den Betreiber treffen – wie angedeutet – nach § 5 BImSchG dynamische Grundpflichten, die sich gerade nicht auf die Pflichten beschränken, die der Betreiber bei Genehmigungserteilung hatte.

Umstritten ist sogar, ob genehmigte (=formell legale) Anlagen Bestandsschutz genießen, ferner, ob insbesondere die Genehmigung eine Eigentumsposition (im Sinne des Art. 14 GG) begründet.[28] Im Gegensatz zum Baurecht gibt es im Immissionsschutzrecht jedenfalls keinen Grundsatz, dass dem Antragsteller eingeräumte Rechtspositionen trotz Rechtsänderung im allgemeinen zu belassen oder nur gegen Entschädigung zu entziehen seien.[29] Vielmehr wäre eine solche auf das Eigentum zu gründende Position insbesondere durch §§ 5, 17 BImSchG als Inhalts- und Schrankenbestimmungen begrenzt. Verfassungsrechtlich betrachtet liegt in den dynamischen Grundpflichten eine die Sozialpflichtigkeit des Eigentums konkretisierende Inhalts- und Schrankenbestimmung (Art. 14 Abs. 1 S. 2 GG). Angesichts der beim Betrieb emittierender Anlagen bestehenden relativ

---

[27] Jarass, BImSchG. 4. Aufl. (1999), § 6 Rdn. 32; Landmann/Romer-Kurscheid, Umweltrecht, § 4 BImSchG Rdn. 31 m.w.N.
[28] Vgl. Landmann/Romer-Kurscheid, § 4 BImSchG, Rdn. 18 ff.; Steiling, a.a.O. [Fußn. 3], S. 694 ff.; einerseits: Martens, Immissionsschutzrecht und Polizeirecht, DVBl. 1981, 597, 605; andererseits: Dolde [Fußn. 3], NVwZ 1986, 873, 881 ff.
[29] BVerwGE 65, 313, 317; Jarass, BImSchG, § 6 Rdn. 32.

gewichtigen Gefahr von Auswirkungen auf Dritte und die Allgemeinheit erscheint eine besonders intensive Sozialbindung (Art. 14 Abs. 2 GG) plausibel.[30] Maßgebend für nachträgliche Anordnungen oder sonstige in den Bestand eingreifende Maßnahmen ist aus verfassungsrechtlicher Sicht dann allein der Grundsatz der Verhältnismäßigkeit: Sowohl die Inhalts- und Schrankenbestimmung als solche muss verhältnismäßig sein, wie das Bundesverfassungsgericht im Nassauskiesungsbeschluss[31] klargestellt hat, als auch die Umsetzung im Einzelfall. Dies entspricht der einfach-gesetzlichen Regelung des § 17 Abs. 2 BImSchG:

aa) Passiver Bestandsschutz gegen immissionsschutzrechtliche Anforderungen reduziert sich damit auf eine Prüfung der Verhältnismäßigkeit nachträglicher Anordnungen, also Geeignetheit, Erforderlichkeit und Angemessenheit.[32]
Geeignet sind alle Verbesserungen im Hinblick auf den Immissionsschutz, sofern sie nicht auf Dauer die Herstellung eines rechtmäßigen Zustandes verhindern. Erforderlich sind Maßnahmen, wenn kein anderes milderes, gleich geeignetes Mittel gegeben ist, wobei dem Anlagenbetreiber der Einsatz eines gleich effektiven Austausch- oder Ersatzmittels zu gestatten ist.[33] Angemessen ist eine Maßnahme, wenn der für den Anlagenbetreiber entstehende Aufwand nicht außer Verhältnis zum angestrebten Erfolg steht. Dazu sind Aufwand und Nutzungsdauer konkret festzustellen und mit dem angestrebten Erfolg ermessensfehlerfrei abzuwägen. Insbesondere bei konkreten Gesundheitsgefahren dürften

---

[30] Vgl. Steiling, a.a.O. [Fußn. 3], S. 700; auch: Sach, Genehmigung als Schutzschild? Die Rechtsstellung des Inhabers einer immissionsschutzrechtlichen Genehmigung, 1994, S. 105; Schenke, Zur Problematik des Bestandsschutzes in Baurecht und Immissionsschutzrecht, NuR 1989, 8, 11.
[31] BVerfGE 58, 300.
[32] Vgl. Jarass, BImSchG, § 17 Rdn. 28 - 42.
[33] BVerwG, NVwZ 1997, 498.

Maßnahmen bis hin zur Betriebsstillegung bzw. zum Widerruf der Anlagengenehmigung in aller Regel verhältnismäßig sein.

bb) Aktiver Bestandsschutz ergibt sich dann nur in seltenen Fällen unter den folgenden Voraussetzungen:[34]
Die Anlage muss genehmigt, nicht nur anzeigepflichtig oder anzeigefrei sein, da ansonsten der einzig mögliche formelle Bestandsschutz keine Grundlage hat.
Die beabsichtigte Änderung darf nicht zu einer wesentlichen Änderung des Bestandes führen, also nur substanz- und funktionserhaltend wirken, und nicht zu einer mehr als untergeordneten Kapazitätserweiterung führen.
Die beabsichtigte Änderung muss bei Genehmigung oder zu einem späteren Zeitpunkt, bei dem die Anlage schon betrieben wurde, nach der damaligen Sach- und Rechtslage rechtmäßig gewesen sein. Schon damals geltende Grenzen können also nicht im nachhinein überschritten werden.

Aus dem Kriterium der Situationsgebundenheit darf sich nichts Abweichendes ergeben. Maßgebend ist, „in welchem Ausmaß, in welchem Zeitraum und aus welchen Ursachen sich die Gesamtsituation gewandelt hat", die Situation bei Genehmigung mit der aktuellen also nicht mehr übereinstimmt.[35] Aktiver Bestandsschutz bei einer Änderung der Sachlage – etwa ein Heranrücken von Bebauung – ist daher kaum zu erwarten.

cc) Für den Bereich der Schienenwege gelten jedoch gemäß § 41 BImSchG Sonderregeln, die diese gegenüber den anlagebezogenen Vorschriften privilegieren: Lärmschutzmaßnahmen müssen nur bei Neubau oder wesentlicherÄnde-

---

[34] Vgl. Jarass, BImSchG, § 16 Rdn. 25 - 29.
[35] BVerwGE 50, 49, 59.

rung des Schienenweges ergriffen werden. Unter letzterem sind erhebliche bauliche Änderungen zu verstehen, die zu einer Erhöhung des Verkehrsaufkommens und damit des Verkehrslärms führen.[36] Nähere Regelungen trifft die 16. BImSchV.

Diese Normen führen zu einem absoluten Bestandsschutz vorhandener Verkehrswege in Bezug auf Geräuschemissionen: Vorhandene Schienenwege können aus Gründen des Lärmschutzes keine nachträglichen Anordnungen oder Ähnliches treffen, so dass voller passiver Bestandsschutz besteht. Auch bei Umbauten können Schutzmaßnahmen nur bei wesentlichen Kapazitätserweiterungen – und damit bereits jenseits des Bereichs auch des aktiven Bestandsschutzes – verlangt werden. Darüber hinausgehend kann selbst bei einer wesentlichen Erweiterung nur eine Ausgestaltung des vorhandenen Verkehrswegs im Hinblick auf Lärmschutz verlangt werden, nicht – auch nicht als letztes Mittel – eine geringere Dimensionierung oder gar ein Verzicht auf den Ausbau.[37] Diese Ausgestaltung steht dann wiederum unter dem Gebot der Verhältnismäßigkeit, § 41 Abs. 2 BImSchG.

c) Prozessuales

Wichtig ist, dass nach der Rechtsprechung des BVerwG der Betroffene die materielle Beweislast für das Bestehen von Bestandsschutz trägt.[38] Nach sorgfälti-

---

[36] BVerwGE 97, 367, 369 f.
[37] Vgl. Jarass, BImSchG, § 41 Rdn. 44.
[38] Angemerkt sei allerdings, dass – gerade im Zusammenhang mit durch die innerdeutsche Teilung in Mitleidenschaft gezogenen Streckenabschnitten – die Rechtsprechungspraxis bemerkenswert großzügig verfährt; vgl. etwa BVerwG Buchholz 442.03 § 18 AEG Nr. 55, Urteil v. 23.10.02, Az. 9 A 22/01, Leitsatz 3: „Der seit 1841 bestehende Schienenweg, an dessen Widmung als eine zweigleisige Eisenbahnstrecke nach über 100-jährigem Betrieb keine ernsthaften Zweifel möglich sind, hat im Abschnitt [...] rechtlich fortbestanden. Anhaltspunk-

ger und gründlicher Sachverhaltsaufklärung durch die Behörde (§ 24 VwVfG) gilt: Der Betroffen leitet aus der Vergangenheit ein Recht ab, das es ihm ermöglicht, sein mittlerweile rechtswidriges Tun gegen Anordnungen der Behörde zu schützen. Der Einwand des Bestandsschutzes ist somit ein „Gegenrecht", dass der Abwehr dient und deswegen prozessual wie eine Einwendung zu behandeln ist.[39] Gleiches gilt für den Einwand der Unverhältnismäßigkeit.[40]

III. Folgerungen für die Reichweite eisenbahnrechtlicher Genehmigungen
- Voraussetzungen und Grenzen des Bestandsschutzes im Eisenbahnrecht -

Vergleicht man die Situation im Eisenbahnbereich mit den skizzierten Rechtsgebieten, so ähnelt sie der im Immissionsschutz. Beide Bereiche sind sehr stark technikorientiert in dem Sinne, dass bedeutende Gemeingefahren geschaffen werden und beherrscht werden müssen. Die Regeln der Technik und neue wissenschaftliche Erkenntnis haben immense Auswirkungen auf die Sicherheit. Insbesondere aber gibt es auch im Eisenbahnbereich dynamische Grundpflichten des Eisenbahnunternehmers zur Gewährleistung der Sicherheit in Bezug auf Anlagen, Fahrzeuge und Betrieb, § 4 Abs. 1 AEG. Diese Grundpflicht begrenzt von vornherein jeden möglichen Bestandsschutz dramatisch: Auch ohne Anordnung seitens des Eisenbahn-Bundesamtes ist es stets Aufgabe des Eisenbahnunternehmens, jederzeit Sicherheit zu garantieren.

---

te für eine Entwidmung oder Funktionslosigkeit [...] sind nicht ersichtlich."; inzidenter schon angelegt in BVerwGE 81, 111 ff.
[39] BVerwG NJW 1980, 252.
[40] BVerwG NVwZ 1997, 500.

1) Grundlagen des formellen Bestandsschutzes

Formeller Bestandsschutz bedarf zunächst einer rechtlichen Grundlage. Nur was durch einen Rechtsakt legalisiert ist, kann formellen Bestandsschutz genießen.

a) Nachweisbare Rechtsakte

Als solcher Akt kommen zunächst alle förmlichen Rechtsakte, z.b. Genehmigungen, Fahrzeug-Abnahmen und insbesondere Planfeststellungen, in Betracht. Dieser Akt legitimiert den ihm entsprechenden Ist-Zustand gegenüber der Behörde. Ein Sonderproblem ist dann die Frage, ob beim Bestehen einer solchen bestandskräftigen, den Ist-Zustand legitimierenden Genehmigung oder Abnahme formeller Bestandsschutz zunächst eine Aufhebung (Widerruf oder Rücknahme) dieses Aktes fordert, bevor einschränkende Anordnungen getroffen werden können. Dies wird man jedenfalls bei unveränderter Sachlage oder nahem zeitlichen Zusammenhang annehmen müssen.[41]

Schon die Existenz formeller Rechtsakte behördlicher Billigung für die Zeit vor 1994 ist problematisch, weil hoheitliche Eisenbahnverwaltung und unternehmerischer Bereich nicht getrennt waren. Eine klare Abgrenzung der Zuständigkeiten war nicht notwendig. Jenseits der Planfeststellung war eine formelle Abnahme oder Ähnliches nicht ohne weiteres notwendig. Deren Dokumentation in Verwaltungsakten erschien als Förmelei: Eine interne Geschäftserledigung reichte aus. Damit fehlt aber – jenseits der Planfeststellung – die Grundlage für einen formellen Bestandsschutz!

---

[41] Vgl. zu diesem Themenkomplex Hoppe [Fußn. 8], S. 62 ff. für die Abnahme von Eisenbahnfahrzeugen.

Es gibt ohne formellen Rechtsakt keine in Bestandskraft erwachsene Rechtsposition, deren Bestand geschützt werden könnte. Auch aus dem Gedanken des Vertrauensschutzes ergibt sich nichts anderes, da auch hier eine erlangte Rechtsposition vorauszusetzen ist.[42] Tatsächliche Ungewissheit – ein entsprechender Rechtsakt ist nicht nachweisbar – verhilft ebenfalls nicht zu Bestandsschutz. Die Unternehmen tragen die materielle Beweislast, so dass vom Fehlen des Bestandsschutzes auszugehen ist, wenn sich kein Rechtsakt findet, der ihn begründen könnte.[43] Entscheidend ist allerdings allein, dass entsprechende Rechtsakte behördlicher Billigung – in irgend einer Form nachweisbar – stattgefunden haben, nicht dass sie dokumentiert sind.[44]

Anzumerken ist allerdings die an dieser Stelle – gerade im Zusammenhang mit durch die innerdeutsche Teilung in Mitleidenschaft gezogenen Streckenabschnitten – großzügige Rechtsprechungspraxis, die die Existenz einer Planfeststellung aus der eisenbahnrechtlichen Widmung ableitet und letztere dann sogar – nötigenfalls im Wege einer „Widmung kraft unvordenklicher Verjährung" – vermutet.[45]

---

[42] Vgl. oben I.1.c.(2).
[43] Vgl. oben I.2.c.
[44] Die Rechsprechung – vgl. etwa BVerwGE 81, 111 ff. – steht dem nicht entgegen, da die Widmung der Grundflächen und die Existenz des Fachplanungsvorbehalts von einem etwaigen Bestandsschutz für die konkret vorhandene Betriebsanlage unabhängig sind.
[45] Vgl. etwa BVerwG Buchholz 442.03 § 18 AEG Nr. 55, Urteil v. 23.10.02, Az. 9 A 22/01, Leitsatz 3: „Der seit 1841 bestehende Schienenweg, an dessen Widmung als zweigleisige Eisenbahnstrecke nach über 100-jährigem Betrieb keine ernsthaften Zweifel möglich sind, hat im Abschnitt [...] rechtlich fortbestanden. Anhaltspunkte für eine Entwidmung oder Funktionslosigkeit [...] sind nicht ersichtlich." Bei der in Rede stehenden „Anhalter Bahn" hatte ein Rückbau mehrerer Gleise stattgefunden, der Betrieb war auf einem Teilabschnitt seit 11 Jahren völlig eingestellt: Die Unterbrechung dieser Strecken wird man trotz faktisch langer Dauer als vorläufig – und damit nicht bestandsschutzgefährdend – ansehen können, da die Verfassung selbst auf das Ziel einer Wiedervereinigung angelegt war und damit gleichsam eine Fiktion der Vorläufigkeit statuierte.

b) Insbesondere die eisenbahnrechtlichen Widmung

Möglicherweise lässt sich in Gestalt von Widmungen tatsächlich eine ausreichende Rechtsgrundlage für einen formellen Bestandsschutz finden, sofern man überhaupt diese Rechtsfigur im Eisenbahnrecht noch anerkennen will.[46]

Unter Widmung ist ein Rechtsakt zu verstehen, der eine Sache öffentlich-rechtlicher Sachherrschaft – verstanden als öffentlich-rechtliche Dienstbarkeit auf dem privatrechtlichen Eigentum – unterstellt, indem er ihr eine besondere öffentliche Zweckbestimmung zuweist. Widmungsakt kann dabei eine Rechtsnorm, ein Verwaltungsakt in Gestalt einer Allgemeinverfügung (§ 35 S. 2 VwVfG) oder als konkludente Form die nachweisbare und nach außen erkennbare Indienststellung sein.[47]

Beim so verstandenen Widmungsakt ergibt sich, auch wenn man insoweit die Rechtsfigur der eisenbahnrechtlichen Widmung unterstellt, daraus kein formeller Bestandsschutz. Widmungsinhalt ist nur, dass die jeweilige Fläche dem Zweck der Eisenbahn zu dienen bestimmt ist. Konkretisierende Aussagen, welcher Art dieser Zweck sein soll – Gleisanlage, Stellwerksgebäude, Bahnhof –, lassen sich allein der Widmung nicht entnehmen, wie viel weniger Details über die konkrete Ausgestaltung der jeweiligen Anlagen. Diese Fragen werden vielmehr im Rahmen der Planfeststellung geregelt. Gerade diese Details aber werden unter dem Gesichtspunkt eines eventuellen Bestandsschutzes Probleme

---

[46] Vgl. Durner, Sind Eisenbahnanlagen öffentliche Sachen? Zur Fragwürdigkeit der eisenbahnrechtlichen Widmung als Rechtsinstitut, UPR 2000, 255; auch: Frotscher/Kramer, Sechs Jahre nach der Bahnreform – Das Allgemeine Eisenbahngesetz auf dem Prüfstand, NVwZ 2001, 24, 32: „überflüssig"; eingehend: Kühlwetter, Widmung und Entwidmung im öffentlichen Eisenbahnrecht – ein unbekannte Größe, aus: Grupp/Ronellenfitsch [Hrsg.], Planung – Recht – Rechtsschutz, Festschrift für Willi Blümel zum 70. Geburtstag, Berlin 1999, S. 309 ff.
[47] Erichsen – Salwedel, Allgemeines Verwaltungsrecht, § 42 Rdn. 6 m.w.N. in Fn. 9.

aufwerfen. Darüber hinaus ändert sich an der Gewidmetheit eines Grundstücks nichts, wenn dieses anderweitig für den Eisenbahngebrauch genutzt wird – aus einem Lokschuppen wird ein Empfangsgebäude. Bestandsschutz ist hier von vornherein nicht denkbar.

Damit ist ein Widmungsakt nicht geeignet, formellen Bestandsschutz zu begründen.

2) Grundlagen des materiellen Bestandsschutzes

Materieller Bestandsschutz kann überhaupt nur dann entstehen, wenn die in Rede stehende Anlage, das Fahrzeug oder das Betriebsverfahren früher dem geltenden Recht entsprochen hat, insbesondere den damaligen Sicherheitsanforderungen, wie sie durch die technische Normung konkretisiert waren. Unter dieser Voraussetzung entsteht Bestandsschutz aber dennoch nicht gewissermaßen „von selbst", sondern bedarf seinerseits einer Rechtsgrundlage.

a) Aus einfachem Recht

Allerdings findet sich keine Norm des einfachen Rechts, die einen solchen materiellen

Bestandsschutz anordnen würde. So ist beispielsweise nirgendwo geregelt, dass ältere Anlagen – auf Dauer – nur reduzierten Sicherheitsanforderungen genügen müssten. Vielmehr wird im Gegenteil als Maßstab der Stand bzw. die Regeln der Technik und damit – jedenfalls im Grundsatz – gerade der aktuelle Sicherheitsstandard zugrunde gelegt, Beispiel: § 2 Abs. 1 EBO. Vermeintliche Ausnahmen wie etwa § 1 Abs. 4 EBO, der für bestehende Anlagen und Fahrzeuge geringere Sicherheitsstandards zulässt, erweisen sich bei genauerer Betrachtung gerade als Normierung des Nichtschutzes des Bestandes. So enthält § 1 Abs. 4

EBO eine aus Gründen der Verhältnismäßigkeit gestreckte Anpassungspflicht an die aktuellen Regeln, entbindet damit aber gerade nicht davon.[48]

b) Aus allgemeinen Grundsätzen des Verwaltungsrechts

Nichts anderes ergibt sich aus allgemeinen Grundsätzen des Verwaltungsrechts. Zu denen zählt der Bestandsschutz im eigentlichen engeren Sinne gerade nicht. Dieser wurde vielmehr stets auf die Grundrechte gestützt.

Sehr wohl hier zu erfassen sind die Bestandskraft der Verwaltungsakte, die aber zu formellem Bestandsschutz führen, und der Vertrauensschutz. Dieser setzt allerdings schutzwürdiges tatsächliches Vertrauen in Entstehung und Bestand einer Rechtsposition voraus.[49] Letzteres erscheint insoweit problematisch, als den Eisenbahnen immer schon besondere Sicherheitsvorkehrungen einschließlich Modernisierung/Aktualisierung der eigenen Sicherheitsanstrengungen abverlangt wurden, einerseits öffentlich-rechtlich andererseits zur Wahrung der Verkehrssicherungspflicht.[50] Ein Vertauen, die „Hände in den Schoß legen zu dürfen", konnte daher – jedenfalls in schutzwürdiger Weise – nicht aufkommen. Vielmehr war in gewissen Zeitabständen mit Modernisierungsnotwendigkeiten zu rechnen, so dass ein etwaiger Vertauensschutz von vornherein unter dem Vorbehalt der Sicherheit und damit der Gefahrenvermeidung stand. Einem solch eingeschränkter Vertrauensschutz lässt sich aber mit dem als Verfassungsprinzip ohnehin gebotenen Grundsatz der Verhältnismäßigkeit bereits Genüge tun.

Man wird sich daher zwar schwer tun, noch nicht amortisierte Investitionen zu entwerten. Je dringender aber die Gefährdungslage, desto weniger kann auf

---

[48] Vgl. Pätzold/Wittenberg/Heinrichs/Mittmann, Kommentar zur Eisenbahn-Bau- und Betriebsordnung (EBO), 4. Aufl.(2001), Darmstadt, § 1 EBO Rdn. 10 ff.
[49] Vgl. oben I.1.c.
[50] Vgl. die Ausführungen bei Pätzold u.a., a.a.O. [Fußn. 48], § 2 EBO Rdn. 5 ff.

wirtschaftliche Erwägungen – Amortisierung des Vorhandenen – rekurriert werden. Eine weitergehende geschützte Position gewährt das einfache Recht nicht.

c) Aus Grundrechten

Aus Grundrechten, insbesondere aus Art. 14 GG, fließt nur für Grundrechtsträger Bestandsschutz, so dass die Deutsche Bahn AG und ihre Töchter nicht geschützt sind.

3) Grenzen des Bestandsschutzes

Die Notwendigkeit, den formellen oder materiellen Bestandsschutz ins Kalkül einzubeziehen, ergibt sich aber nur, wenn er – auch mit eventuell geringer Wirksamkeit – tatsächlich besteht. Insoweit findet möglicher Bestandsschutz Grenzen, jenseits derer er ohnehin ausgeschlossen ist.

a) Inbetriebnahme

So entsteht Bestandsschutz nicht schon mit dem Genehmigungsakt – Erlass des Bescheides – sondern erst mit der tatsächlichen Inbetriebsetzung, also der Ausnutzung der entsprechenden Rechtsposition.

b) Funktionswahrende Nutzung

Dient die Anlage/Fahrzeug/Betriebsverfahren nicht mehr ihrer ursprünglich zugedachten Funktion, so erlischt mit der Nutzung zum ursprünglichen Zweck auch der Bestandsschutz. Zu beachten ist aber, dass hier zwar auch – aber nicht ausschließlich – auf die faktische Entwicklung abzustellen ist. Es muss eine Art „Verzicht" auf die ursprüngliche Nutzung vorliegen.
Der ist jedenfalls dann gegeben, wenn der Eigentümer zu erkennen gibt, die ursprüngliche Nutzung auf Dauer aufgeben zu wollen. Dies gibt er zumindest dann

zu erkennen, wenn er eine andere Nutzung ausübt, die die vorherige ausschließt. Ebenfalls zu nennen ist eine auf Dauer angelegte Betriebsstilllegung. Dagegen genügt die einfache Betriebseinstellung allein nicht, wenn – ohne erheblichen technischen Aufwand – eine Wiederinbetriebnahme möglich ist. Im übrigen ist auf den Zeitablauf abzustellen: Je mehr Zeit verstrichen ist, desto weniger kann – ohne besondere Gründe – noch von einer vorübergehenden Unterbrechung der ausgeübten Nutzung ausgegangen werden.

Zu beachten ist schließlich, dass Nutzungsintensitätsschwankungen nichts an der andauernden Nutzung ändern, insbesondere eine Nutzungsverringerung für sich genommen den eventuellen Bestandsschutz also nicht entfallen lässt.

c) Steigerungen der Nutzungsintensität

Bestandsgeschützt ist aber nur die ursprüngliche Nutzungsintensität. Die geschützte Intensität richtet sich dabei in erster Linie nach dem Inhalt einer erteilten Genehmigung. Zur Auslegung des Inhaltes können materielle Kriterien – beispielsweise die ursprüngliche Auslegung einer Anlage, hilfsweise die ursprüngliche tatsächliche Nutzung – herangezogen werden.

Wurde oder wird für die Anlage / das Fahrzeug / das Betriebsverfahren die Nutzungsintensität mehr als unwesentlich qualitativ oder quantitativ gesteigert, so entfällt ebenfalls möglicher Bestandsschutz jedenfalls bezogen auf diesen überschießenden Teil der Nutzung.

4) Umfang des Bestandsschutzes

Im Grundsatz bezieht sich – entsprechend dem soeben Ausgeführten – der mögliche Bestandsschutz nur auf vorhandene und ausgeübte Nutzungen. Probleme ergeben sich im Bereich des aktiven Bestandsschutzes.

a) Instandhaltung und Modernisierung

Erfasst vom Bestandsschutz werden bloße Unterhaltungs- und Instandsetzungsarbeiten. Dies ergäbe sich im grundrechtsgeschützten Bereich von selbst, weil sonst das Eigentum sinnlos entwertet würde. Im sonstigen Bereich deckt bei vernünftiger Auslegung des zugrundeliegenden Rechtsaktes (Genehmigung/Planfeststellung/Abnahme) dieser auch solche Maßnahmen mit ab.

Bei Modernisierungsmaßnahmen ist zu untersuchen, ob sie wesentlich sind. Das ist dann der Fall, wenn die Grenzen des Bestandsschutzes durch die Modernisierung überschritten würden, wenn also insbesondere eine nicht nur unerhebliche Kapazitätssteigerung die Folge wäre oder die ursprüngliche Nutzung bzw. Funktion geändert würde. In diesem Sinne unwesentliche Modernisierungen genießen ebenfalls Bestandsschutz.

b) Erweiterungen

Ist mehr als eine unwesentliche Modernisierungsmaßnahme geplant, so handelt es sich systematisch um Fälle des erweiterten oder des überwirkenden Bestandsschutzes. Diese Erweiterungen des ursprünglich Vorhandenen werden von formalen Positionen nicht mehr gedeckt. Um überhaupt in den Bereich des Bestandsschutzes kommen zu können, setzten diese Fälle materiellen Bestandsschutz voraus, der allenfalls aus Grundrechten ableitbar wäre, wenn nämlich ein Grundrechtsträger auf die Erweiterung zur Fortsetzung der funktionsgerechten Nutzung zwingend angewiesen ist.

c) Neu-Errichtung

Eine Neu-Errichtung fällt nicht mehr in den Bereich des Bestandsschutzes.

IV. Kriterien für die praktische Entscheidungsfindung

1) Leitfragen zum Erfassen von Sachverhalt und Rechtsproblem

Ist der aktive oder der passive Bereich des Bestandsschutzes von Belang? => Wird ein Genehmigungsakt begehrt oder soll ein Eingriff von Seiten des EBA abgewehrt werden?

Besteht formeller Bestandsschutz? => Gibt es einen Rechtsakt, der das Vorhandene (bestandskräftig) legalisiert? In Betracht kommen Genehmigung, Planfeststellung, Abnahme usw., jedoch nicht die Widmung. Lässt sich trotz sorgfältiger Sachverhaltsermittlung keine rechtliche Grundlage für einen formellen Bestandsschutz finden, so ist vom Nichtbestehen eines solchen auszugehen.

Besteht oder bestand materielle Rechtmäßigkeit? => War die Anlage/das Fahrzeug/das Betriebsverfahren bei Entstehung/Einführung oder danach mit dem jeweils geltenden Recht vereinbar?

Sind die Grenzen möglichen Bestandsschutzes eingehalten? =>

Inbetriebnahme erfolgt?

Nutzungskontinuität: Dient Anlage/Fahrzeug/Betriebsverfahren nicht mehr ihrer ursprünglich zugedachten Funktion, z. B. völlig andere Nutzung, auf Dauer angelegte Betriebseinstellung?

Nutzungsintensität: Wurde oder wird für Anlage/Fahrzeug/Betriebsverfahren die Nutzungsintensität mehr als unwesentlich qualitativ oder quantitativ gesteigert?

Für den Bereich des aktiven Bestandsschutzes zusätzlich: Wird lediglich eine Unterhaltung, Instandsetzung bzw. eine unwesentliche Modernisierung erstrebt oder eine Erweiterung oder gar Neu-Errichtung?

2) Prüfschema:
Für die Anwendung auf konkrete Fallgestaltungen schlage ich die folgende Vorgehensweise vor. Zunächst ist nach der Situation zu differenzieren.

a) Rechtliche Zulässigkeit von Eingriffen des EBA
Für Anordnungen durch das EBA, denen passiver Bestandsschutz entgegenstehen könnte, gilt:

Lärmschutz an Schienenwegen?
Es gilt § 41 BImSchG (vgl. I.2.b.cc).

Besteht überhaupt für das Vorhandene Bestandsschutz? (Rechtsakt?, frühere Rechtmäßigkeit?, Grenzen?)
Ansonsten keine Besonderheiten.

Besteht eine konkrete Gefahr aus dem Eisenbahnbetrieb oder aus dem Zustand von Betriebsanlagen für die öffentliche Sicherheit? Zum Schutzgut der öffentlichen Sicherheit zählen Bestand und Funktionsfähigkeit des Staates und seiner Einrichtungen, die gesamte Rechtsordnung und die Individualrechtsgüter Einzelner. Eine Gefahr besteht, wenn bei ungehindertem Kausalverlauf in absehbarer Zeit mit hinreichender Wahrscheinlichkeit ein Schaden droht. Konkret ist die Gefahr, wenn sie im Einzelfall besteht (= nicht in einer unbestimmten Vielzahl von Fällen).
Anordnungen sind im Prinzip zulässig, müssen aber strikt den Grundsatz der Verhältnismäßigkeit wahren. Dazu ist das Gewicht der drohenden Gefahr zu ermitteln bzw. einzuschätzen und mit dem Bestandsschutz und eventuellen sonstigen Argumenten abzuwägen. Zu berücksichtigen ist dabei aber, dass der Be-

troffene aus § 4 Abs. 1 AEG ohnehin zur Gewährleistung der Sicherheit verpflichtet ist und sich demgegenüber nicht auf Bestandsschutz berufen kann! Jedoch ist die Gefahr möglichst schonend abzuwehren, ggf. durch betriebliche Ersatzmaßnahmen.

Besteht lediglich eine abstrakte oder gar keine Gefahr?
Maßnahmen durch das EBA sind unzulässig. Abstrakte Gefahren sind vom Gesetz- bzw. Verordnungsgeber abzuwehren, so dass sich die Frage des Bestandsschutzes mangels Eingriffsermächtigung nicht mehr stellt.

Merke: Die Frage des Bestandsschutzes ist bei der Abwehr konkreter Gefahren tendenziell irrelevant und nur Frage der Verhältnismäßigkeit.

b) Erstrebte Genehmigung

Für die Genehmigung von Vorhaben usw., die durch aktiven Bestandsschutz legitimiert werden könnten, gilt:

Ist das Vorhaben ohnehin genehmigungsfähig?
Dann sind weitere Überlegungen hinfällig.

Lärmschutz für Schienenwege?
Es gilt § 41 BImSchG (vgl. I.2.b.cc).

Entsteht durch die Maßnahme keine konkrete Gefahr im Sinne des soeben (III.2.a) Ausgeführten?
Eine Untersagung wäre möglich, eine entsprechende Genehmigung daher widersinnig.

Besteht überhaupt für das Vorhandene Bestandsschutz?
Ansonsten keine Genehmigung möglich.

Wird auch durch das Geplante die Grenze des Bestandsschutzes nicht überschritten, insbesondere keine Kapazitätserweiterung und nicht mehr als eine unwesentliche Modernisierungsmaßnahme?
Ansonsten keine Genehmigung möglich.

Wäre das Geplante früher genehmigungsfähig gewesen?
Ansonsten keine Genehmigung möglich.

3) Ergebnis

Als Ergebnis bleibt festzuhalten, dass ein eventueller Bestandsschutz für die Abwehr von Gefahren jedenfalls keine unüberwindliche Schranke darstellt. Ob Anordnungen – etwa von betrieblichen Ersatzmaßnahmen oder sogar baulichen Veränderungen – getroffen werden können, reduziert sich materiell auf die besonders sorgfältig zu prüfende Frage der Verhältnismäßigkeit. Maßnahmen zur Abwehr konkreter Gefahren werden sich bei richtiger Auswahl des Mittels regelmäßig als verhältnismäßig erweisen. Maßnahmen zur Anpassung des Bestandes an das heutige allgemeine Sicherheitsniveau – ohne konkrete Gefahren – liegen in der Zuständigkeit des Gesetzgebers, der sie unter Wahrung der Verhältnismäßigkeit – insbesondere durch Übergangsfristen – treffen mag.

Dr. Marc Röckinghausen, Staatliches Umweltamt, Duisburg.

Auswirkungen der TA Lärm auf nicht genehmigungsbedürftige Anlagen im Bereich der Eisenbahnen

Einleitung

Lärm ist ein Phänomen, welches je nach Herkunftsbereich von der Allgemeinheit mal mehr und mal weniger toleriert wird. Die gesellschaftliche Akzeptanz spiegelt sich folgerichtig in unterschiedlich strengen Anforderungen an die Verursacher von Lärm aus den verschiedenen Herkunftsbereichen wider. Neben dieser gesellschaftspolitischen Komponente sind es aber auch Besonderheiten der jeweiligen Lärmquellen, die eine unterschiedliche Bewertung notwendig machen. Verkehrslärm unterscheidet sich von Anlagenlärm im Wesentlichen dadurch, dass die Lärmquelle im einen Fall ortsveränderlich ist und im anderen nicht.

Lärmschutz und Eisenbahn – dies ist ein Zusammenhang, der in erster Linie auf durch den Schienenverkehr ausgelöste Konflikte hindeutet. Geräusche, die ein vorbeifahrender Zug verursacht, sind dabei ebenso denkbar wie Rangiergeräusche, akustische Signale oder Bremsgeräusche. All diese Phänomene sind dem Regelungsbereich des Verkehrslärms zuzuordnen, der im vierten Teil des Bundes-Immissionsschutzgesetzes sowie der 16. Verordnung zur Durchführung des Bundes-Immissionsschutzgesetzes – der Verkehrslärmschutzverordnung – behandelt wird. Mit diesem Beitrag wende ich mich einem anderen Regelungsbereich zu, der für Eisenbahnunternehmen und deren Tätigkeiten ebenso von Bedeutung sein dürfte. Es geht um Lärm, der von Anlagen im Bereich der Eisenbahnen ausgeht. Ein Bahnhof kann hier ebenso betroffen sein wie ein Ausbesserungswerk oder ein Park-and-Ride Parkplatz. Derartiger anlagenbezogener Lärm unterliegt dem rechtlichen Regime der Technischen Anleitung zum Schutz gegen Lärm vom 26. August 1998.[1]

Die TA Lärm ist von der Bundesregierung auf der Grundlage des § 48 Bundes-Immissionsschutzgesetz nach Anhörung der beteiligten Kreise und mit Zustimmung des Bundesrates als allgemeine Verwaltungsvorschrift erlassen worden. Als allgemeine Verwaltungsvorschrift wendet sich die TA Lärm zunächst einmal an die zur Durchführung des Bundes-Immissionsschutzgesetzes zuständigen Behörden. Sie dient der Konkretisierung des Begriffs der schädlichen Umwelteinwirkungen durch Geräuschimmissionen.[2] Die TA Lärm trat am 1. November 1998 in Kraft. Im Gegensatz zu ihrer Vorgängerin, der TA Lärm 1968, gilt die TA Lärm 1998 grundsätzlich auch für nicht genehmigungsbedürftige Anlagen, die den Anforderungen des Zweiten Teils des Bundes-Immissionsschutzgesetzes unterliegen.

Im Weiteren werde ich mich zunächst der Fragestellung zuwenden, welche Anlagen im Bereich der Eisenbahn denn überhaupt als derartige nicht genehmigungsbedürftige Anlagen anzusehen sind, um in einem zweiten Schritt die Anforderungen, die sich aus der TA Lärm ergeben, im Überblick vorzustellen.

1. Nicht genehmigungsbedürftige Anlagen im Bereich der Eisenbahn

Ausgangspunkt für die Beurteilung, ob die TA Lärm zur Anwendung kommt, ist nicht allein die Einstufung als Anlage. Nach Ziffer 1 Absatz 2 der TA Lärm ist

---

[1] Sechste Allgemeine Verwaltungsvorschrift zum Bundes-Immissionsschutzgesetz, GMBl. S. 503.

weitere Voraussetzung, dass die Anlage den Anforderungen des Zweiten Teils des Bundes-Immissionsschutzgesetzes unterliegt. Den Anforderungen des Zweiten Teils unterliegen aber weder die Beschaffenheit und der Betrieb von Fahrzeugen noch Straßen und Schienenwege. Während der Gesetzgeber die Fahrzeuge bereits definitorisch in § 3 Absatz 5 Nr. 2 Bundes-Immissionsschutzgesetz aus dem Anlagenbegriff ausgenommen und den Vorschriften der §§ 38 und 39 Bundes-Immissionsschutzgesetz unterworfen hat, ist für den hier interessierenden Bereich der Schienenwege zu differenzieren. Im Bereich der Eisenbahn ist zunächst zu beachten, dass nach § 3 Absatz 5 Nr. 3 Bundes-Immissionsschutzgesetz öffentliche Verkehrswege keine Anlagen sind. Die nichtöffentlichen Verkehrswege der Eisen- und Straßenbahnen gehören demnach ebenso zu den Anlagen im Sinne des Bundes-Immissionsschutzgesetzes wie Betriebsstätten und sonstige ortsfeste Einrichtungen auch. Öffentliche Verkehrswege hingegen scheiden bereits an dieser Stelle als mögliche Schutzobjekte der TA Lärm aus. Nach der Rechtsprechung[3] gilt dies jedoch „nur für typisch verkehrsbedingte Immissionen des jeweiligen Verkehrssystems und des damit unmittelbar zusammenhängenden Betriebs, z.B. Rangiergeräusche, nicht aber für die dem Verkehr vor- oder nachgelagerten Arbeiten." Ausschließlich die verkehrsbedingten Emissionen können daher bereits an dieser Stelle dem Zugriff der TA Lärm entzogen werden. Neben Bahn- und Betriebshöfen zählen daher etwa auch Bahnstromfernleitungen und Bahnstromoberleitungen zu den Anlagen im Sinne des § 3 Absatz 5 Bundes-Immissionsschutzgesetz.

In einem zweiten Schritt ist darüber hinaus vorab zu klären, ob die so definierten Anlagen vom Regelungsbereich des § 41 Bundes-Immissionsschutzgesetz sowie

---

[2] Landmann/Rohmer, Umweltrecht II, TA Lärm Vorb. Rdnr. 4 u. 5.
[3] VGH Baden-Württemberg, NVwZ-RR 2000, 420, (422).

der Verkehrslärmschutzverordnung erfasst werden. Denn dann unterliegen sie nicht den Anforderungen des Zweiten Teils des Bundes-Immissionsschutzgesetzes und folglich auch nicht der TA Lärm. Bei der Frage der Reichweite des § 41 Bundes-Immissionsschutzgesetz fällt zunächst auf, dass in der amtlichen Überschrift der Begriff „Schienenweg" verwendet wird, während im Text allgemein von „Eisenbahnen" die Rede ist. Festhalten lässt sich an dieser Stelle, dass neben den öffentlichen Eisenbahnen auch die nicht dem öffentlichen Verkehr gewidmeten Bahnen erfasst werden. Anders als im Eisenbahnrecht muss der Begriff der Eisenbahn in § 41 Bundes-Immissionsschutzgesetz aber eng ausgelegt werden. Eisenbahnen im Sinne des § 41 Bundes-Immissionsschutzgesetz sind nicht identisch mit dem vom Gesetzgeber in § 18 Absatz 1 Satz 1 AEG als Legaldefinition eingeführten Terminus „Betriebsanlagen der Eisenbahn",[4] unter den neben dem eigentlichen Schienenweg auch die für dessen Betrieb notwendigen Anlagen und die Bahnstromfernleitungen subsumiert werden.

Die §§ 41 bis 43 des Bundes-Immissionsschutzgesetzes regeln den Schutz vor schädlichen Umwelteinwirkungen durch Verkehrsgeräusche. Es verbietet sich daher, das gesamte Zubehör sowie alle Nebenanlagen und Nebenbetriebe, die keine Verkehrsgeräusche erzeugen, dem Regime dieser Normen zu unterwerfen. Es geht darum, den Schienenweg der Eisenbahn als potentielle Quelle von Lärmemissionen zu erfassen. § 41 Bundes-Immissionsschutzgesetz greift folglich lediglich diejenigen Geräuschquellen auf, die typischerweise geeignet sind, auf die Lärmverursachung durch Schienenverkehr Einfluss zu nehmen.[5] Dazu gehört nach der Rechtsprechung des Bundesverwaltungsgerichts die Gleisanlage

---

[4] BVerwG, NVwZ 1999, 67.
[5] BVerwG, a.a.O.

mit ihrem Über- und Unterbau einschließlich einer Oberleitung.[6] Man wird also davon ausgehen müssen, dass der Gesetzgeber unter Eisenbahnen im Sinne des § 41 BImSchG nur den festen Spurkörper und das unmittelbar zur Aufrechterhaltung der Sicherheit und Leichtigkeit des Betriebes erforderliche Zubehör versteht, wie Signale, Schranken, Verkehrszeichen.[7] Auch Einrichtungen, die eine Lärmminderung bewirken sollen, wie Lärmschutzwälle oder –wände, werden miterfasst. Ganz entsprechend ist der Anwendungsbereich der zur Konkretisierung des § 41 Bundes-Immissionsschutzgesetz erlassenen Verkehrslärmschutzverordnung auf den Bau und die wesentliche Änderung von öffentlichen Straßen und von Schienenwegen der Eisenbahnen und Straßenbahnen beschränkt.

Hinsichtlich der Oberleitung ist anzumerken, dass diese zwar zur Aufrechterhaltung des Schienenverkehrs sicherlich notwendig ist, allerdings enthalten die §§ 41 bis 43 Bundes-Immissionsschutzgesetz Sonderregelungen nur in Bezug auf Verkehrsgeräusche. Soweit von Bahnstromoberleitungen andere als Lärmemissionen freigesetzt werden – beispielsweise elektromagnetische Felder – sind sie insoweit als Nebenanlagen den allgemeinen Vorschriften des Bundes-Immissionsschutzgesetzes unterworfen.[8] Hinsichtlich der Bahnstromfernleitungen gilt dies erst recht, sie sind nicht genehmigungsbedürftige Anlagen im Sinne des § 22 Bundes-Immissionsschutzgesetz.[9]

Ebenfalls nicht in den Anwendungsbereich des § 41 Bundes-Immissionsschutzgesetz fallen Einrichtungen wie Bahnsteige einschließlich der

---

[6] BVerwG, a.a.O. , m.w.N.
[7] Landmann/Rohmer, Umweltrecht I, BImSchG § 2 Rdnr. 8.
[8] Landmann/Rohmer, Umweltrecht I, BImSchG § 2 Rdnr. 8a m.w.N.
[9] BVerwG, NVwZ 1996, 1023, (1024).

für den Zugang erforderlichen Anlagen.[10] Diese sind als wohl überwiegend nicht genehmigungsbedürftige Anlagen vom Regelungsbereich der TA Lärm erfasst. Neben Bahnsteigen und für den Zugang erforderliche Anlagen fallen unter die TA Lärm und § 22 Bundes-Immissionsschutzgesetz auch andere Nebenanlagen und Nebenbetriebe, wie z. B. Abstellanlagen und Instandhaltungsanlagen.[11]

Aus der Beschränkung des § 41 Bundes-Immissionsschutzgesetz auf Verkehrsgeräusche folgt zudem, dass die durch Bauarbeiten an den Verkehrswegen verursachten Geräusche nicht erfasst werden.[12] Für Baumaschinen gelten die anlagenbezogenen Vorschriften der §§ 22 ff. Bundes-Immissionsschutzgesetz; Baustellen können – wenn sie für einen längeren Zeitraum unterhalten werden – Anlagen im Sinne des § 3 Absatz 5 Nr. 3 Bundes-Immissionsschutzgesetz sein und müssen dann insgesamt den Anforderungen der §§ 22 ff. genügen.[13] Die TA Lärm jedoch schließt Baustellen wiederum explizit aus ihrem Anwendungsbereich aus.

Zieht man nun ein erstes Fazit, so lässt sich folgendes festhalten: Fahrzeuge der Eisenbahn sind keine Anlagen und werden in §§ 38 und 39 Bundes-Immissionsschutzgesetz geregelt. Für den Bau und die wesentliche Änderung der öffentlichen sowie nicht öffentlichen Schienenwege (einschließlich des unmittelbaren Zubehörs) regeln die §§ 41 und 43 Bundes-Immissionsschutzgesetz Lärmschutzanforderungen, soweit es um Verkehrslärm geht. Für die sonstigen Anlagen der Eisenbahn gelten die generell für Anlagen geltenden Vorschriften, insbesondere die des Zweiten Teils des Bundes-Immissionsschutzgesetzes und damit auch die TA Lärm. Die Errichtung und der Betrieb von Bahnhöfen und

---

[10] VGH Mannheim, NVwZ-RR 2000, 420, (421).
[11] VGH Mannheim, NVwZ-RR 2003, 461, mit vollständiger Begründung bei juris.
[12] Landmann/Rohmer, Umweltrecht I, BImSchG § 41 Rdnr. 27.
[13] Landmann/Rohmer, a.a.O., m.w.N.

Eisenbahnbetriebswerkstätten sowie sonstiger Hilfs- und Nebenbetriebe der Eisenbahn müssen somit den Anforderungen der §§ 5 resp. 22 Bundes-Immissionsschutzgesetz genügen, je nachdem, ob es sich um genehmigungsbedürftige oder nicht genehmigungsbedürftige Anlagen handelt.[14] Nicht genehmigungsbedürftige Anlagen sind dabei nicht schlechthin genehmigungsfrei, sie unterliegen lediglich nicht dem besonderen Zulassungsregime des Bundes-Immissionsschutzgesetzes. Die Verordnung über genehmigungsbedürftige Anlagen – die 4. BImSchV – listet in ihrem Anhang enumerativ diejenigen Anlagen auf, deren Errichtung und Betrieb die Durchführung eines Genehmigungsverfahrens nach den Vorschriften des § 10 Bundes-Immissionsschutzgesetz voraussetzt. Für den Bereich der Eisenbahnen sind dies z.B. größere Feuerungsanlagen, die zur Beheizung von Gebäuden eingesetzt werden, Flüssiggaslagerung größer drei Tonnen (mit diesem Gas werden beispielsweise Weichen beheizt) oder auch Abfallbehandlungsanlagen wie Gleisschotteraufbereitungsanlagen und Anlagen, in denen ausrangierte Bahnschwellen behandelt werden.

2. Anforderungen der TA Lärm an nicht genehmigungsbedürftige Anlagen der Eisenbahn

Diese Differenzierung nach der Genehmigungsbedürftigkeit spielt auch für die nunmehr zu beleuchtende Frage nach den Anforderungen, die die TA Lärm enthält, eine Rolle. Denn die TA Lärm unterscheidet hier ebenso wie das Gesetz, zu dessen Konkretisierung sie erlassen wurde, zwischen „allgemeinen Grundsätzen für genehmigungsbedürftige Anlagen" und „allgemeinen Grundsätzen für die Prüfung nicht genehmigungsbedürftiger Anlagen."

---

[14] Landmann/Rohmer, Umweltrecht I, BImSchG § 2 Rdnr. 8b m.w.N.

Die TA Lärm ist eine normkonkretisierende Verwaltungsvorschrift, die bei Beachtung der im Bundes-Immissionsschutzgesetz vorgegebenen Randbedingungen den Begriff der schädlichen Umwelteinwirkungen durch Geräusche verbindlich interpretiert.[15] Die Bindung durch Verwaltungsvorschriften ist jedoch generell dadurch eingeschränkt, dass diese nur für von ihnen erfasste typische Fallkonstellationen gelten, nicht im Gegensatz zu höherrangigem Recht stehen dürfen und neuen gesicherten Erkenntnissen nicht widersprechen dürfen.[16] Grundsätzlich geht die Bedeutung der TA Lärm allerdings weit über den in Ziffer 1 genannten Anwendungsbereich hinaus. Die TA Lärm kann auch außerhalb des Anwendungsbereiches des Bundes-Immissionsschutzgesetzes als Erkenntnisquelle zur Klärung der Frage herangezogen werden, wann Umwelteinwirkungen durch Geräusche unzumutbar und damit erheblich sind.[17]

Ziffer 1 Absatz 3 TA Lärm nennt die Verwaltungshandlungen, bei denen die TA Lärm zu beachten ist. Es sind dies alle denkbaren behördlichen Prüfungen, innerhalb und außerhalb von Zulassungsverfahren. Bei nicht genehmigungsbedürftigen Anlagen ist die TA Lärm zu beachten, wenn in Zulassungsentscheidungen nach anderen öffentlich-rechtlichen Vorschriften – das kann neben einer Baugenehmigung auch ein Planfeststellungsverfahren nach § 18 AEG sein – die Einhaltung des § 22 Bundes-Immissionsschutzgesetz zu prüfen ist. Hängt die Erteilung einer Genehmigung oder Erlaubnis davon ab, dass keine schädlichen Umwelteinwirkungen durch Geräusche hervorgerufen werden, ist auch insoweit die TA Lärm zu beachten.[18]

---

[15] Landmann/Rohmer, Umweltrecht II, TA Lärm Nr. 1 Rdnr. 5.
[16] Landmann/Rohmer, Umweltrecht II, TA Lärm Nr. 1 Rdnr. 25.
[17] Landmann/Rohmer, Umweltrecht II, TA Lärm Nr. 1 Rdnr. 5.
[18] Landmann/Rohmer, Umweltrecht II, TA Lärm Nr. 1 Rdnr. 27.

Die Pflicht zur Beachtung der Vorschriften der TA Lärm bedeutet, dass ihre Regelungen sowohl bei der Frage nach Inhalt und Umfang der Sachverhaltsaufklärung – das betrifft die Messung und Prognose der Lärmbelastung – als auch bei der Beurteilung, ob die zu erwartende Lärmbelastung als schädliche Umwelteinwirkung zu werten ist, herangezogen werden müssen.[19]

Gemäß ihrer Ziffer 1 dient die TA Lärm dem Schutz der Allgemeinheit und der Nachbarschaft vor schädlichen Umwelteinwirkungen durch Geräusche sowie der Vorsorge gegen schädliche Umwelteinwirkungen durch Geräusche. Hierin kommt zum Ausdruck, dass die TA Lärm den parallelen Ansatz des Bundes-Immissionsschutzgesetzes, der in der Verpflichtung sowohl auf immissionsbezogene als auch auf emissionsbezogene Anforderungen begründet ist, nachvollzieht. Das scheint selbstverständlich zu sein, verdient jedoch besonderer Erwähnung, da die TA Lärm – anders als die TA Luft – keine emissionsbegrenzenden Werte vorsieht. Die TA Lärm beschränkt sich darauf, den Stand der Technik zur Lärmminderung näher zu definieren und dabei sowohl Maßnahmen an der Schallquelle als auch auf dem Ausbreitungsweg einzuschließen. Der Regelungsschwerpunkt aber liegt eindeutig bei den Anforderungen zur Konkretisierung der Schutzpflicht, insbesondere durch die Festlegung von Immissionsrichtwerten.

Gegenüber ihrer Vorgängerin aus dem Jahr 1968 bezieht die aktuelle TA Lärm nicht mehr nur die von der zu beurteilenden Anlage ausgehenden Geräusche in die Betrachtung ein, sondern verlangt grundsätzlich, dass an den maßgeblichen Immissionsorten die entsprechenden Werte eingehalten werden, und zwar durch alle auf diesen Ort einwirkenden Anlagen gemeinsam. Man spricht daher von

---

[19] Landmann/Rohmer, Umweltrecht II, TA Lärm Nr. 1 Rdnr. 28.

einem Akzeptorbezug. Bei diesem akzeptorbezogenen Ansatz[20] ist die Gesamtbelastung, die aus der Vorbelastung durch andere Anlagen, die der TA Lärm unterliegen, und der Zusatzbelastung durch die zu beurteilende Anlage gebildet wird, maßgeblich. Bei der Beurteilung, ob eine schädliche Umwelteinwirkung zu besorgen ist, ist darauf abzustellen, ob die zu beurteilende Anlage kausal zu einer als schädliche Umwelteinwirkung zu qualifizierenden Gesamtimmission am maßgeblichen Einwirkungsort beiträgt. Entscheidend ist also die Gesamtimmission, der der Akzeptor ausgesetzt ist, auch wenn sie sich aus Emissionsbeiträgen mehrerer Anlagen zusammensetzt, die für sich betrachtet die Grenze der schädlichen Umwelteinwirkungen jeweils nicht überschreiten.

Wenn nun der Eindruck entstanden ist, in die Betrachtung würden tatsächlich alle Geräusche einbezogen, die auf einen Ort einwirken, so trügt dieser Eindruck. Grundsätzlich unberücksichtigt bleiben nämlich die sogenannten Fremdgeräusche, das sind diejenigen Geräusche, die Quellen entstammen, die nicht von der TA Lärm erfasst werden. Und hier ist in erster Linie der Verkehrslärm zu nennen, der bei der Beurteilung nach der TA Lärm grundsätzlich unbeachtlich ist.[21] Die Unbeachtlichkeit des Verkehrslärms muss jedoch wiederum für den Fall eingeschränkt werden, dass dieser – auch auf öffentlichen Straßen – einer Anlage zuzurechnen ist. Für diese Zurechnung stellt die TA Lärm besondere Anforderungen auf.

Die Frage, wie viel Lärm ist dem Akzeptor denn zuzumuten, beantwortet die TA Lärm nicht einheitlich. Die Art der baulichen Nutzung eines Baugebietes bestimmt, welche Immissionsrichtwerte in Ansatz zu bringen sind. Während in

---

[20] Landmann/Rohmer, Umweltrecht II, TA Lärm Vorb. Rdnr. 16 (III) u. Rdnr 20.
[21] Landmann/Rohmer, Umweltrecht II, TA Lärm Vorb. Rdnr. 16 (III).

Industriegebieten sowohl tags als auch nachts 70 dB(A) festgelegt werden, sind in reinen Wohngebieten tags 50 dB(A) und nachts 35 dB(A) erlaubt. Damit liegen die zulässigen Werte zum Teil erheblich niedriger als die in der Verkehrslärmschutzverordnung normierten Werte für Verkehrsgeräusche.

Die in der TA Lärm genannten Werte sind dort selbst als „Richt"werte bezeichnet. Das bedeutet, dass im Einzelfall auch hiervon abweichende Werte in einer konkreten Zulassungsentscheidung festgeschrieben werden können. Insbesondere dort, wo Gemengelagen von gewerblicher und Wohnnutzung bestehen, kann aus dem Gebot zur gegenseitigen Rücksichtnahme gerade für die Wohnbebauung ein erhöhtes Maß an Lärm zumutbar sein. Die Werte für Kern-, Dorf- und Mischgebiete von 60 dB(A) tags und 45 dB(A) nachts sollen aber auch dann nicht überschritten werden.

Wie bereits erwähnt, differenziert die TA Lärm zwischen genehmigungsbedürftigen und nicht genehmigungsbedürftigen Anlagen hinsichtlich der Prüfung der Lärmschutzanforderungen. Soweit genehmigungsbedürftige Anlagen betroffen sind, wird grundsätzlich verlangt, dass die Gesamtbelastung die Immissionsrichtwerte nicht überschreitet; Fremdgeräusche bleiben dabei außer Acht. Zur Beurteilung dieser Frage ist im Genehmigungsverfahren eine Ermittlung der Vorbelastung sowie eine Prognose der Zusatzbelastung nach den detaillierten Vorschriften des Anhangs zur TA Lärm vorgesehen.

Bei den nicht genehmigungsbedürftigen Anlagen sieht die TA Lärm eine vereinfachte Regelfallprüfung im Rahmen der immissionsschutzrechtlichen Mitprüfung bei anderweitigen behördlichen Entscheidungen vor. Die Vereinfachung besteht darin, dass eine Vorbelastungsermittlung grundsätzlich unterbleiben kann und lediglich die Geräuschimmissionen der zu beurteilenden Anlage mit den Immissionsrichtwerten zu vergleichen sind. Diese zunächst anlagenbezogene Betrachtung lässt sich nur im Zusammenspiel der weiteren Regelungen für die nicht genehmigungsbedürftigen Anlagen in das Gesamtkonzept des akzeptorbezogenen Ansatzes einordnen. Denn eben diesen Akzeptorbezug hatte ich ja als Neuerung gegenüber der TA Lärm 1968 dargestellt. Die anlagenbezogene vereinfachte Prüfung stellt ein Instrument der Verfahrensvereinfachung dar, kann aber nicht die ebenfalls normierte grundsätzliche Pflicht, schädliche Umwelteinwirkungen zu verhindern, derogieren. Durch die vereinfachte Regelfallprüfung soll der Aufwand reduziert werden. Es bleibt jedoch entscheidend, dass die gesetzlichen Pflichten eingehalten werden. Danach sind nach dem Stand der Technik zur Lärmminderung vermeidbare schädliche Umwelteinwirkungen durch Geräusche zu verhindern sowie unvermeidbare schädliche Umwelteinwirkungen auf ein Mindestmaß zu beschränken. Die Vermeidung schädlicher Umwelteinwirkungen – d.h. die Einhaltung der jeweils maßgeblichen Immissionsrichtwerte – wird dabei nicht der zu beurteilenden Anlage abverlangt, sondern orientiert sich am Akzeptor. Soweit die Immissionsrichtwerte mit den dem Stand der Lärmminderungstechnik entsprechenden Maßnahmen eingehalten werden können, stimmen die materiellen Pflichten bei den nicht genehmigungsbedürftigen Anlagen mit denen bei genehmigungsbedürftigen Anlagen überein. Sind die Werte nicht einhaltbar, sieht die TA Lärm als weitere Maßnahmen solche organisatorischer Art, außerdem die zeitliche Beschränkung des Betriebs, die Einhaltung von Schutzabständen sowie das Ausnutzen natürlicher oder künstlicher Hindernisse vor.

Vor diesem Hintergrund erklärt sich auch die Regelung zur Berücksichtigung der Vorbelastung. Berücksichtigung bedeutet dabei allein die verfahrensrechtliche Relevanz, nicht aber die materiell-rechtliche Pflicht. Nach Ziffer 4.2. lit. c) ist die Vorbelastung nur zu ermitteln, „wenn auf Grund konkreter Anhaltspunkte absehbar ist, dass die zu beurteilende Anlage im Falle ihrer Inbetriebnahme relevant zu einer Überschreitung der Immissionsrichtwerte beitragen wird". Irrelevant ist der Beitrag nach der Wertung des Vorschriftengebers in der Regel dann, wenn der Immissionsrichtwert um mindestens 6 dB(A) unterschritten wird. Um das Erfordernis einer Vorbelastungsermittlung auszulösen, ist daher zweierlei erforderlich: Zum einen muss die zu beurteilende Anlage einen Beitrag leisten, der die Irrelevanzschwelle überschreitet, zum anderen muss eine Überschreitung der Immissionsrichtwerte durch die zu erwartende Gesamtbelastung drohen. In dieser doppelten Hürde liegt die wichtigste Erleichterung für nicht genehmigungsbedürftige Anlagen.

Der Charakteristik der Grundpflichten des Bundes-Immissionsschutzgesetzes als dynamische oder Dauerpflichten entsprechend, beinhaltet die TA Lärm aber nicht nur Anforderungen, die zum Zeitpunkt der Erteilung einer Zulassung zu erfüllen sind, sondern auch Anforderungen an bestehende Anlagen. Hier unterscheidet sich die TA Lärm wesentlich von der Verkehrslärmschutzverordnung, die lediglich Anforderungen an den Bau und die wesentliche Änderung von Schienenwegen enthält. Da die Durchsetzung von Anforderungen an bestehende Anlagen mittels nachträglicher Anordnung oder Anordnung im Einzelfall erfolgt, konkretisiert die TA Lärm die vom Bundes-Immissionsschutzgesetz aufgestellten Eingriffsvoraussetzungen. Auch dabei wird wieder zwischen genehmigungsbedürftigen und nicht genehmigungsbedürftigen Anlagen differenziert. Auch hier besteht eine Erleichterung für nicht genehmigungsbedürftige Anlagen. Während sich aber die Erleichterung, die für die nicht genehmigungsbedürftigen Anlagen im Rahmen von Zulassungsverfahren greift, zu Gunsten des

Betreibers auswirkt, ist dies bei Anordnungen im Einzelfall umgekehrt. Die Eingriffsschwelle, die für genehmigungsbedürftige Anlagen errichtet wird, soll der anordnenden Behörde bei nicht genehmigungsbedürftigen Anlagen nicht im Wege sein. Der verfahrensmäßigen Erleichterung bei nicht genehmigungsbedürftigen Anlagen im Rahmen von Zulassungsverfahren steht somit aus Sicht des Betreibers eine erhöhte Gefahr nachträglicher Anordnungen gegenüber.[22]

Denn das Ermessen zum Erlass einer nachträglichen Anordnung für eine genehmigungsbedürftige Anlage wird durch die TA Lärm in der Weise eingeschränkt, dass eine Anordnung nicht getroffen werden darf, wenn eine Überschreitung der Immissionsrichtwerte Folge der Erhöhung oder erstmaligen Berücksichtigung der Vorbelastung ist, die Zusatzbelastung weniger als 3 dB(A) beträgt und die Immissionsrichtwerte um nicht mehr als 5 dB(A) überschritten sind.

Diese im Wesentlichen auf die kumulativen Effekte der Geräuscheinwirkungen mehrerer Anlagen auf einen Immissionsort abhebende Regelung ist zwar auf die nicht genehmigungsbedürftigen Anlagen nicht anwendbar, gleichwohl beschäftigen sich die ermessenslenkenden Vorschriften für die nicht genehmigungsbedürftigen Anlagen ebenfalls mit diesem Thema. Liegt eine Überschreitung der Immissionsrichtwerte durch mehrere einwirkende Anlagen vor, so kommen als Eingriffsobjekte grundsätzlich nur die Anlagen in Betracht, deren Beitrag relevant ist, d.h. weniger als 6 dB(A) unterhalb des Richtwertes liegt. Gibt es mehrere derart relevante Beiträge, so gibt die TA Lärm weitere Hinweise für die Auswahl des oder der Adressaten für eine Anordnung. Neben der Wirksamkeit von Minderungsmaßnahmen ist der Aufwand solcher Maßnahmen sowie die

---

[22] Landmann/Rohmer, Umweltrecht II, TA Lärm Vorb. Rdnr. 16 (III).

Höhe der Verursachungsbeiträge und auch der Grad eines etwaigen Verschuldens zu bewerten.

Damit möchte ich den Überblick über die Regelungen der TA Lärm beenden. Es ist deutlich geworden, dass die anlagenbezogenen Regelungen dieser Allgemeinen Verwaltungsvorschrift in wesentlichen Punkten von den verkehrsbezogenen Regelungen der Verkehrslärmschutzverordnung abweichen. Sowohl Mess- und Beurteilungsverfahren, als auch die zulässigen Werte und nicht zuletzt die Beachtlichkeit für bestehende Anlagen unterscheiden sich erheblich. Die besondere Schwierigkeit für den Bereich der Eisenbahn liegt wohl darin, dieses Nebeneinander im Tatsächlichen und im Rechtlichen zu bewältigen.

Dr. Urs Kramer, Philipps-Universität Marburg/Lahn.

Die Entwicklung des Eisenbahnrechts im letzten Jahr

Es ist ja mittlerweile fast schon Tradition, dass ich im Rahmen der „Aktuellen Stunde" zu Ihnen sprechen darf. Ich möchte die Gelegenheit in diesem Jahr nutzen und gleichsam unter dem Tagesordnungspunkt „Verschiedenes" über die Entwicklung des Eisenbahnrechts in den letzten zwölf Monaten wenigstens stichpunktartig berichten, um Ihnen zu zeigen, was sich auch in Teilgebieten, mit denen Sie vielleicht nicht täglich befasst sind, getan hat.

Die These, die ich an den Anfang meiner Überlegungen stellen möchte, lautet: Im zehnten Jahr seit der Bahnreform von 1993/94 gewinnt das deutsche Eisenbahnrecht immer mehr an Bedeutung und Konturen. Im Mittelpunkt steht dabei weniger das in Art. 87e Grundgesetz (GG) normierte Eisenbahnverfassungsrecht, sondern das insbesondere im Allgemeinen Eisenbahngesetz (AEG) niedergelegte „einfache" Eisenbahnrecht.[1] Die wesentlichen Aspekte dieser Entwicklung sollen im Folgenden aufgezeigt werden. Hierbei richtet sich das Augenmerk allerdings nicht auf die bereits an anderer Stelle ausführlich erörterten umfangreichen Rechtsfragen, die sich aktuell um das Planfeststellungsrecht[2] und um das im vergangenen Jahr für den Schienenpersonennahverkehr (SPNV) reformierte Vergaberecht ranken.[3]

---

[1] Ausführlich zum AEG und seiner Regelungsmaterie *Frotscher/Kramer* NVwZ 2001, 24 ff., und ganz aktuell die Kommentierung des AEG von *Kramer* in: *Kunz* (Hrsg.), Eisenbahnrecht (Loseblatt).
[2] Vgl. dazu *Sellmann/Sellmann,* DVBl. 2003, 358 ff.; *Stüer/Hermanns,* DVBl. 2003, 711 ff.
[3] Hierzu nur *Werner/Köster,* NVwZ 2003, 572 f. Zu den Auswirkungen der jüngsten *EuGH*-Entscheidung im Verfahren „Altmark Trans" (Urteil vom 24.07.2003 – Az.: C-280/00) auf den SPNV *Kramer,* Bahn-Report, 5/2003, 17.

Die folgende Darstellung gliedert sich nach den Beiträgen, welche die drei Staatsgewalten Legislative, Exekutive und Judikative zu dieser Entwicklung geleistet haben.

I. Die Gesetzgebung

Der Gesetzgeber hat auf den wachsenden Problemdruck im Bereich des Eisenbahnwesens mit der ersten Novelle des AEG reagiert, die seit Juni 2002 in Kraft ist und insbesondere ein erweitertes und verbessertes Aufsichtsrecht, ein novelliertes Stilllegungsverfahren und Veränderungen beim Netzzugang mit sich brachte.[4] Weit fortgeschritten ist darüber hinaus auch schon die zweite Gesetzesnovelle, die der Umsetzung von europarechtlichen Vorgaben aus dem so genannten Infrastrukturpaket[5] dienen soll.[6] Sie hätte nach dem in den Richtlinien genannten Zeitrahmen bereits zum 15.03.2003 in Kraft treten müssen, „hängt" derzeit aber noch in der ministeriellen Ressortabstimmung. Die EG-Kommission hat wegen der verzögerten Umsetzung bereits ein Vertragsverletzungsverfahren gegen Deutschland in Gang gesetzt.[7] Mit dieser Gesetzesreform werden die Netzzugangsansprüche der Eisenbahnverkehrsunternehmen (EVU) nochmals erweitert, um so Diskriminierungen durch die Eisenbahninfrastrukturunternehmen (EIU) möglichst weitgehend zu verhindern. Ungeklärt, aber deswegen nicht weniger „umkämpft" ist in diesem Zusammenhang derzeit allerdings noch die Frage, ob betroffene Bahnen trotz der noch nicht erfolgten Umsetzung der euro-

---

[4] Vgl. dazu bereits *Frotscher/Kramer*, NVwZ 2001, 24/34 Fußn. 148; *Wilmsen*, ETR 52 (2003), 61 ff.
[5] Richtlinien 2001/12/EG – 2001/14/EG. Vgl. zum Inhalt BT-Drs. 14/1332 und BR-Drs. 835/98; *Kämmerer* in: *Ronellenfitsch/Schweinsberg*, Aktuelle Probleme des Eisenbahnrechts VI (2002), S. 85 f.
[6] S. hierzu *Ronellenfitsch*, DVBl. 2002, 657 ff.
[7] Vgl. Bahn-Report 5/2003, 14.

parechtlichen Richtlinien in deutsches Recht bereits zu ihren Gunsten Folgerungen aus dem „Infrastrukturpaket" ziehen dürfen. Bei Anwendung der hierzu vom EuGH entwickelten Grundsätze[8] – wird eine den Adressaten begünstigende EG-Richtlinie nicht rechtzeitig umgesetzt, kann er seine Ansprüche unmittelbar auf diese stützen, sofern sie selbst insoweit hinreichend bestimmt ausgestaltet ist – dürfte die Frage allerdings zu bejahen sein.[9]

Doch mit dieser gesetzgeberischen Aktivität (bzw. Passivität) nicht genug: Auf Bundes- und Länderebene werden bereits Ideen für eine dritte AEG-Novelle gesammelt, bis zu deren In-Kraft-Treten aber sicherlich noch einige Zeit vergehen wird. Auch ihr genauer Inhalt ist noch völlig unklar. Daneben versuchen einige Länder auch noch, mit der bundesrechtlichen Fortentwicklung des Eisenbahnrechts Schritt zu halten, und passen ihre Landeseisenbahngesetze (LEG) entsprechend an. Zu nennen ist hier beispielsweise das LEG Hamburg, das bislang noch auf einem Stand weit vor der Bahnreform ist[10] und dessen Neufassung nunmehr ebenfalls (unter anderem) eine deutliche Stärkung der Position der Eisenbahnaufsichtsbehörde bewirken soll.

II. Die Verwaltung

Auch an verschiedenen Entwicklungen im Bereich der Verwaltung wird die gesteigerte Bedeutung des Eisenbahnrechts und insbesondere des AEG deutlich:

---

[8] Ständige Rechtsprechung seit *EuGHE* 1970, 1213 ff. – Rs. 33/70 Spa SACE; s. auch *BVerwGE* 74, 241 ff., *BVerfGE* 75, 223 ff.. Zusammenfassend *Oppermann*, Europarecht, 2. Aufl. (1999), Rz. 556 ff.
[9] So offenbar auch *OVG Münster*, Beschluss vom 05.06.2003 – Az.: 20 B 113/03, BA S. 6.
[10] Vgl. dazu beispielsweise nur die Regelungen über die Planfeststellung in § 14 LEG Hamburg, die mit denen in §§ 18 ff. AEG in keiner Weise vereinbar sind. Dazu *Kramer*, Das Recht der Eisenbahninfrastruktur (2002), S. 98 m. Fußn. 383.

Neben der bereits erwähnten Stärkung der Landeseisenbahnaufsicht hat das Eisenbahn-Bundesamt (EBA) im letzten Jahr gerade auch wegen der AEG-Novelle einen weiteren Aufgabenzuwachs erfahren. Zudem wurde dort ein eigenes Referat „Netzzugang" eingerichtet, das der zunehmenden Wichtigkeit dieses Rechtsbereichs Rechnung tragen soll und dies durch einige recht spektakuläre Entscheidungen durchaus pressewirksam, wenngleich nicht immer völlig erfolgreich, auch getan hat.

1. Für Aufregung auf der Ebene der Bundesländer sorgte zunächst ein Beschluss des VG Koblenz,[11] in dem das Gericht den in 13 von 16 Bundesländern gängigen Landesbeauftragten für die Bahnaufsicht (LfB) für verfassungswidrig erklärte. Über die Figur des LfB hatten sich die genannten Bundesländer die Einrichtung einer eigenen Landeseisenbahnaufsichtsbehörde (weitgehend) erspart und die Erfüllung dieser Aufgabe dem EBA übertragen. Durch den Koblenzer Richterspruch drohte nunmehr die seit Jahrzehnten geübte Verwaltungspraxis urplötzlich zu scheitern. Vor diesem Hintergrund erklärt es sich, dass das betroffene Bundesland bestrebt war, sich mit dem Kläger des streitauslösenden Verfahrens gütlich zu einigen, um dann den Rechtsstreit für erledigt zu erklären.[12] Während andere Verwaltungsgerichte in ähnlichen Verfahren, wo ebenfalls Rechtsakte von LfB den Streitgegenstand bildeten, die Argumentation des VG Koblenz schlicht übergingen,[13] hält sie auch einer eingehenden rechtlichen Überprüfung nicht stand:[14] Trotz der im Grundsatz strikten Trennung der Auf-

---

[11] Beschluss vom 14.01.2002 – Az.: 8 K 534/01.KO.
[12] Das *VG Koblenz* mochte seine rechtlichen Erwägungen in dem bereits ausgefertigten, dann aber wegen der übereinstimmenden Erledigungserklärungen für wirkungslos erklärten Urteil aber dennoch nicht einfach zu den Akten legen und zog sie daher zur Begründung seiner Kostenentscheidung im Einstellungsbeschluss (o. Fußn. 11) heran.
[13] So z. B. *VG Aachen*, Urteil vom 11.12.2001 – Az.: 2 K 1262/01, UA S. 7.
[14] Zum Folgenden näher *Kramer*, Verwaltungsrundschau 2003, 122 ff.

gabenbereiche der verschiedenen staatlichen Verwaltungsebenen nach dem GG ist in begründeten Ausnahmefällen nämlich doch eine Verlagerung von Kompetenzen und in bestimmten Konstellationen sogar von Zuständigkeiten auf andere Verwaltungsträger möglich. Das gilt allerdings nur dann, wenn die hierfür bestehenden (formellen) Anforderungen bei den Rechtsgrundlagen und bei den gegebenenfalls erforderlichen Begründungsakten (zumeist sind das Verwaltungsabkommen) erfüllt werden. Hier besteht bei einigen der alten LfB-Verträge sicherlich Handlungsbedarf – der rheinland-pfälzische Vertrag wurde beispielsweise unlängst entsprechend angepasst[15] –, allerdings ist die Konstruktion des LfB als solche eben sehr wohl mit dem GG vereinbar.

2. Noch ungeklärt sind derzeit dagegen zwei heftig umstrittene Teilbereiche, die jeweils einer Entscheidung des hierzu angerufenen EBA bzw. Bundeskartellamts harren: Zum einen geht es um den Anspruch dritter EVU auf Zugang zu den für den lukrativen Autotransport zur Insel Sylt wichtigen Verladeeinrichtungen, zu denen die hier bislang exklusiv tätige DB AutoZug aus den aus ihrer Sicht verständlichen Gründen Konkurrenten keinen Zugang gewähren will. Hier wird zu klären sein, ob solche Anlagen (die in der Regel sogar mit öffentlichen Zuschüssen gebaut wurden) unter den Begriff der Eisenbahninfrastruktur im Sinne des § 14 I AEG fallen bzw. ob die DB AutoZug überhaupt ein von dieser Norm erfasstes öffentliches EIU ist. Über die Definition des § 2 I AEG führt aber auch die zweite Frage letztlich auf die erste zurück, betreibt danach doch ein EIU eine Eisenbahninfrastruktur. Bei deren Beantwortung mit Hilfe des Gesetzes beißt sich die Katze dann jedoch gleichsam selbst in den Schwanz, denn

---

[15] Verwaltungsabkommen zwischen dem Land Rheinland-Pfalz und der Bundesrepublik Deutschland „zur Durchführung der Aufsicht über die Eisenbahnen im Land Rheinland-Pfalz, die nicht Eisenbahnen im Sinn von § 2 Abs. 6 Allgemeines Eisenbahngesetz (AEG) sind (nichtbundeseigene Eisenbahnen)" vom 24.07.2003.

§ 2 III 3 AEG zählt zur Eisenbahninfrastruktur unter anderem auch „Verladeeinrichtungen, sofern sie jedem Eisenbahnunternehmen zur Verfügung stehen". Dem Sinn und Zweck der Norm nach wird man die aufgeworfene Frage im Ergebnis letztlich aber wohl dennoch bejahen müssen. Denn selbst wenn die genannte Norm vielleicht unklar oder ungeschickt formuliert ist, will der Gesetzgeber mit ihr das Eingreifen des Anspruchs aus § 14 I AEG sicher nicht davon abhängig machen, dass überhaupt erst einmal einem Dritten Zugang zu der fraglichen Eisenbahninfrastruktur gewährt wurde. Andernfalls würde der Netzzugangsanspruch zumindest im Falle der Identität von EVU und EIU nämlich gerade bei den für den Verkehr so wichtigen (sonst würden sie nicht gebaut) neu errichteten Verladeeinrichtungen oft ins Leere laufen. Der Wortlaut ist wohl vielmehr dahingehend zu verstehen, dass es darauf ankommen soll, ob die jeweilige Anlage auch für andere Nutzer von Interesse und für die Nutzung durch sie geeignet ist (was z. B. bei Verladeanlagen für Militärfahrzeuge auf Kasernengelände ausgeschlossen sein kann). Diese Voraussetzungen sind bei den Verladeanlagen der DB AutoZug jedenfalls erfüllt.

Ein zweiter Streitpunkt in diesem Kontext sind die neuen Bahnstrompreise der DB Energie GmbH, die bei verschiedenen Konkurrenten der „großen Bahn" auf heftige Kritik stoßen, da sie wegen ihrer mengendegressiven Preisgestaltung für kleinere EVU diskriminierend seien.[16] Maßstab hierfür sollen jedoch weniger § 14 AEG (obwohl sich auch der Energiepreis für die Zugförderung unter diese Norm subsumieren ließe), sondern vielmehr die Diskriminierungsverbote des

---

[16] Vgl. dazu näher *Richter*, Bahn-Report 2/2003, S. 8 f.

GWB sein, weswegen auch vornehmlich das Bundeskartellamt an diesem Fall arbeitet.[17]

3. Ein in der Vergangenheit auch häufiger vor die Verwaltungsgerichte getragenes Teilgebiet des Eisenbahnrechts wird heute praktisch nicht nur ausschließlich von den Eisenbahnaufsichtsbehörden und damit der Exekutive vollzogen, sondern dieser Vollzug auch von ihr allein überwacht. Die Rede ist von den Stilllegungsverfahren nach § 11 AEG. Dass diese vor Gericht de facto keine Rolle mehr spielen, liegt allerdings nicht daran, dass es hier kein Konfliktpotenzial mehr gäbe, sondern vielmehr an der Begrenzung der diesbezüglichen Rechtsschutzmöglichkeiten durch die Verwaltungsgerichtsbarkeit auf das stilllegungswillige EIU (und damit verbunden eben am Ausschluss anderer EVU, die bei den von Gesetzes wegen zu führenden Übernahmeverhandlungen für eine Infrastruktur aus welchen Gründen auch immer nicht zum Zuge kamen).[18] Die im vergangenen Jahr im Zuge der ersten AEG-Novelle vorgenommenen Neuregelung des Stilllegungsrechts hat im Übrigen zu keiner merklichen Veränderung der Verwaltungspraxis der DB Netz AG als größtem abgabewilligem EIU geführt. Unter Beachtung des neuen § 11 Ia AEG werden zwar nunmehr alle stillzulegenden Strecken zunächst im Internet interessierten Dritten angeboten,[19] bei tatsächlich erfolgreichen Übernahmen fordert das Unternehmen allerdings im-

---

[17] Einem Bericht des Handelsblattes vom 19.08.2003 nach will das Bundeskartellamt vor diesem Hintergrund das Monopol der *DB Energie GmbH* bis Anfang 2004 brechen und verlangt deshalb von dem Unternehmen ein Konzept, wie dritte Anbieter Energie ab diesem Zeitpunkt ihren Strom (zu erwartenden günstigeren Abgabepreisen) in das Bahnstromnetz einspeisen können. Ein offizielles Verfahren gegen die *DB Energie GmbH* gibt es jedoch trotz anders lautender Berichte offenbar nicht; die Behörde „beobachtet" lediglich die Entwicklung.
[18] Grundlegend *VGH Kassel*, NVwZ 2001, 105 ff. (mit weitgehend wörtlicher Übernahme von *VG Neustadt/Wstr.*, Urteil vom 15.05.2000 – Az.: 9 K 3017/99.NW), gegen *VG Kassel*, NVwZ 2001, 112 ff. Dazu kritisch, *Kramer*, a.a.O. (o. Fußn. 10), S. 283 ff. m.w.N.
[19] Vgl. http://www.bahn.de/konzern/netz/infrastruktur/die_bahn_abgabe_eisenbahninfra.shtml.

mer höhere Abgabepreise; eine Abgabe zum Nulltarif, wie sie unmittelbar nach der Bahnreform im Jahre 1994 fast der Regelfall war, kommt praktisch nicht mehr vor. Das hat zur Folge, dass überhaupt nur noch äußerst selten eine stilllegungsgefährdete Strecke mittels Übernahme durch ein anderes EIU gerettet wird.[20]

Ein interessantes Problem in diesem Kontext tauchte im Zusammenhang mit den so genannten Streckenrangierbezirken auf dem Gebiet der ehemaligen DDR auf: Dort wurden von der damaligen Deutschen Reichsbahn nicht mehr im Vollbetrieb, sondern nur noch für die Zustellung von Güterwagen genutzte „Strecken" oft zu Streckenrangierbezirken (im untechnischen Sinne) „umgewidmet". Damit stellt sich nun aber heute die Frage, ob sie damit wie die (westdeutschen) Bahnhofsnebengleise nicht mehr dem Anwendungsbereich des § 11 AEG unterfallen und somit ohne aufwändiges Verfahren aufgegeben werden können. Zu beachten ist hierbei allerdings, dass der Begriff des Streckenrangierbezirks nur ein bestimmtes Betriebsverfahren (wie z.B. den Zugleitbetrieb bei der DB AG) bezeichnete. Er sagt also noch nichts über den Status einer Infrastruktur als Strecke oder Bahnhofsnebengleis aus, zumal in der DDR auch diese beiden Begriffe Verwendung fanden. Damit kann auch eine solche Anlage eine Strecke sein und demzufolge § 11 unterfallen.

Nachdem, wie dargelegt, die Übernahmebedingungen für stilllegungsbedrohte Strecken in der letzten Zeit nicht unbedingt attraktiver geworden sind, sollte eine andere Entwicklung die Aufmerksamkeit der am Erhalt von Eisenbahninfrastruktur Interessierten beanspruchen: Ausgangspunkt hierbei ist allerdings gar

---

[20] Dazu aktuell mit Zahlenmaterial *Kramer* in: *Kunz*, a.a.O. (o. Fußn. 1), § 11 I AEG Erl. 12 (S. 117 ff.).

nicht das Stilllegungs-, sondern das Planfeststellungsrecht. Nachdem zunächst die Möglichkeit einer raumordnerischen Untersagungsverfügung gemäß § 12 ROG diskutiert worden war, wenn der Bund seine Bindung an raumordnerische Ziele im Rahmen der Bundesverkehrswegeplanung nicht beachtete,[21] wurde dieses Instrument der unbefristeten Untersagung sodann von der zuständigen Landesbehörde – vorausgesetzt, dass es im konkreten Einzelfall eine landesrechtliche Umsetzung des § 12 ROG gibt – für die Untersagung einer Planfeststellungsentscheidung der (Bundes-) Eisenbahnaufsichtsbehörde bezüglich des Abbaus von Kreuzungsgleisen an Bahnhöfen angewandt, welcher der Festsetzung im betreffenden Raumordnungsplan widersprach.[22] Geht man diesen Weg gedanklich weiter, so erscheint es durchaus möglich, eine solche unbefristete Untersagung nach § 12 ROG auch gegen die Erteilung der Stilllegungsgenehmigung durch das EBA einzusetzen. Voraussetzung dafür ist dann allerdings, dass im jeweiligen regionalen Raumordnungsplan eine Festsetzung dergestalt erfolgt ist, dass die betreffende stillzulegende Bahnstrecke z. B. als im Güterverkehr betriebene Linie festgesetzt ist. Interessante Folgefrage ist sodann, wer, wenn die Stilllegungsgenehmigung auf Grund einer solchen Untersagung verweigert wird, für die Kosten des Verfahrens nach § 11 AEG aufzukommen hat: Denkbar wäre es hier, die Versagung auf die entgegenstehenden verkehrlichen und wirtschaftlichen Belange im Sinne des § 11 II 1 AEG mit der entsprechenden Kostenfolge für das sie „schaffende" Bundesland (§ 11 III 2 Hs. 2 AEG) zu stützen. Dem steht jedoch entgegen, dass eine derartige Versagung der Stilllegungsgenehmigung gemäß § 11 V AEG nur für ein Jahr möglich ist (mit anschließender Fiktion der Genehmigung), während § 12 ROG gerade eine dauerhafte Untersagung vorsieht. Ein anderer Anknüpfungspunkt für eine Kostentragungspflicht des im

---

[21] Vgl. dazu *Goppel*, DVBl. 2000, 86 ff.

Stilllegungsverfahren mit der Untersagungsverfügung raumordnungsrechtlich „dazwischenfunkenden" Landes ist nicht ersichtlich, so dass die Verfahrenskosten dem antragstellenden (und im Verfahren letztlich unterliegenden) EIU zur Last fallen. Diese Kostentragungspflicht rechtfertigt sich auch aus dessen „Mitverschulden", weil es bei der Aufstellung des betreffenden regionalen Raumordnungsplanes versäumt hat, seine Interessen wahrzunehmen bzw. gegen den Plan später Widerspruch einzulegen, um seine Bindung an die raumordnerischen Ziele gemäß § 5 I ROG zu verhindern. Jedenfalls aber hätte das Unternehmen vor Beantragung der Stillegungsgenehmigung ein Zielabweichungsverfahren nach § 11 ROG betreiben können, um so die Erteilung der Stillegungsgenehmigung trotz gegenteiliger raumordnerischer Ziele doch noch zu ermöglichen.

III. Die Rechtsprechung

Auch außerhalb des immer schon konfliktträchtigen Bereichs der Planfeststellung hatten sich die Gerichte im vergangenen Jahr wieder mit verschiedenen eisenbahnrechtlichen Fragestellungen zu beschäftigen. Die wichtigsten Entscheidungen sollen auch hier nun, geordnet nach Sachgebieten, kurz vorgestellt werden:

1. Zu nennen sind zunächst Rechtsprobleme in Zusammenhang mit der Zulassung von Bahnfahrzeugen nach § 32 EBO. Hier stellte sich wiederholt die Frage, ob eine nach dieser Vorschrift vorgeschriebene Abnahme auch für Fahrzeuge erforderlich ist, die nur in Teilen umgebaut wurden. Die Rechtsprechung kam hier zu unterschiedlichen Ergebnissen, ohne dass klare Unterscheidungskriterien

---

[22] Solch ein Untersagungsbescheid erging in Bayern, vgl. *Kramer* in: *Kunz*, a.a.O. (o. Fußn. 1), § 20 AEG Erl. 3 a (S. 189). So wohl auch *Goppel*, BayVBl. 2002, 617/618.

erkennbar wären: So verneinte das OVG Münster mit Billigung des BVerwG die Abnahmebedürftigkeit einer neuen Bremsanlage an einem Kesselwagen, mit der höhere Geschwindigkeiten ermöglicht werden sollten.[23] Zur Begründung verwiesen die Gerichte dabei auf den Wortlaut des § 32 I EBO, der für die Abnahme entweder ein neues Fahrzeug oder aber unter Heranziehung des § 1 IV EBO umfassende Umbauten eines alten Fahrzeugs verlange, wozu jedoch der bloße Umbau einzelner (auch wesentlicher) Teile eines bereits abgenommenen Fahrzeugs nicht zähle. Diese Auffassung erscheint allerdings nicht unbedingt überzeugend, zumal sie erhebliche Sicherheitsdefizite nach sich ziehen kann. Das mag auch der Grund dafür gewesen sein, dass das VG Aachen[24] noch kurz zuvor den Umbau und die Modernisierung einer Lokomotive ohne nähere Erörterung der vorgenannten Probleme der Abnahmepflicht des § 32 EBO unterstellt hatte. Auch wenn die neue Entwicklung in der höchstrichterlichen Rechtsprechung von Museums- und privaten Eisenbahnen sicherlich begrüßt wird, weil es damit einfacher möglich ist, ins Ausland verkaufte deutsche Fahrzeuge zu reimportieren und sie ohne erneute Abnahme hierzulande einzusetzen, bleibt doch zu hoffen, dass die Aufsichtsbehörden (mit Billigung der Rechtsprechung) Mittel und Wege finden, die Sicherheit auf deutschen Schienen auch bei nun nicht mehr amtlich abgenommenen Umbauten beispielsweise auch an „sensiblen" Teilen in jedem Bereich zu gewährleisten.

2. Wichtigstes Streitgebiet im vergangenen Jahr war jedoch zweifelsohne (wieder) der Bereich des Netzzugangs. Für Aufsehen sorgten hier bereits zwei Urteile, die das mittlerweile abgelöste Trassenpreissystem der DB Netz AG, auf dessen Grundlage für jede Zugfahrt je nach Bestellumfang des jeweiligen EVU be-

---

[23] *OVG Münster*, TransportR 2003, 67 ff.; *BVerwG*, TransportR 2003, 70. Vgl. dazu auch die Urteilsanmerkung von *Kramer*, TransportR 2003, 71 f.

stimmte Trassenentgelte zu zahlen waren, wegen Verstoßes gegen den Grundsatz der Billigkeit (§ 315 BGB a.F.)[25] bzw. gegen das kartellrechtliche Diskriminierungsverbot des § 20 I GWB[26] für unwirksam erklärt und eine entsprechende Leistungsklage der DB Netz AG gegen ein privates EVU abgewiesen haben. Denkbar erscheint hier nun eine große Rückforderungswelle weiterer Kunden der DB Netz AG. Beide Urteile bestätigen im Übrigen in eindrucksvoller Weise bereits in der Vergangenheit geäußerte Bedenken gegen das damalige Trassenpreissystem, indem sie näher darlegen, dass und wie kleinere Bahnunternehmen gegenüber den Verkehrsunternehmen im DB-Konzern eklatant benachteiligt wurden.[27]

Weiterhin entbrannte in diesem Kontext Streit um die so genannten Schnittstellenverträge zu Anschlussbahnen, die an das Streckennetz der DB Netz AG anschließen und oftmals der Anbindung wichtiger Güterkunden oder Güterumschlagplätze wie z. B. Häfen dienen. Die Bedienung solcher Anschlussbahnen haben sich die DB-Verkehrsunternehmen in Verträgen mit den Eigentümern der Gleisanlagen oftmals exklusiv gesichert, was sie jedoch nach einer neueren Entscheidung des LG Nürnberg-Fürth im Hinblick auf das Kartellrecht nicht vor Konkurrenten schützt, denn deren Züge müssen ebenfalls auf den Gleisen befördert werden, selbst wenn zwischen den beteiligten Unternehmen noch kein bei der DB Netz AG üblicher so genannter Schnittstellenvertrag abgeschlossen wurde. Das gelte jedenfalls dann, wenn das betriebsführende Unternehmen mit der

---

[24] *VG Aachen*, a.a.O. (o. Fußn. 13), UA S. 7.
[25] *LG Düsseldorf*, Urteil vom 13.03.2002 – Az.: 34 O (Kart) 108/01.
[26] *OLG Düsseldorf*, Urteil vom 19.02.2003 – Az.: U (Kart) 20/02.
[27] So verweist z. B. das *OLG Düsseldorf*, a.a.O. (o. Fußn. 26), UA S. 12, darauf, dass ein privates EVU im Einzelfall ein um etwa 130 % höheres Nutzungsentgelt als die *DB Cargo AG* an die *DB Netz AG* zahlen musste.

der Abwicklung solcher Fremdaufträge in der Vergangenheit selbst gezeigt habe, dass dieses Erfordernis nicht unumgänglich sei.[28]

Auf die meisten Gerichtsentscheidungen im Zusammenhang mit dem Netzzugangsanspruch aus § 14 AEG ist bereits mein Vorredner eingegangen, so dass mir an dieser Stelle nur noch ein am Rande ebenfalls unter den Begriff „Netzzugang" – wenn auch mit anderer Bedeutung – subsumierbarer Streitpunkt vorzustellen bleibt. Es geht dabei um die Frage, ob die DB AG in ihren Fahrplanmedien (seien sie nun gedruckt oder eben im Internet bzw. in ihrem Auskunftssystem) auf die Zugangebote von mit ihr konkurrierenden EVU hinweisen muss. Hierzu hat das KG Berlin (wie schon die Vorinstanz) entschieden, dass aus dem Kartellrecht zumindest ein Anspruch der Konkurrenzbahnen auf sofortige Aufnahme in das Computer-Auskunftssysteme folge, während bei den Printmedien kein Neudruck nötig sei (der DB AG war aber in Parallelverfahren bereits zuvor untersagt worden, für ihr Kursbuch damit zu werben, es enthalte alle Züge).[29]

3. Ein letzter Aspekt, der in diesem Zusammenhang anzuführen ist, betrifft noch einmal Widersprüche und Klagen gegen eisenbahnrechtliche Entscheidungen – diesmal allerdings im Unterschied zum Stilllegungsrecht aus der umgekehrten Perspektive, dass nämlich möglicherweise (zu) viele Personen bzw. Institutionen solche Rechtsbehelfe ergreifen dürfen. Die Rede ist von dem neuen Behindertengleichstellungsgesetz (BGG)[30], dessen § 13 ähnlich wie schon der auf Bundesebene neu geschaffene § 61 BNatSchG ein so genanntes altruistisches Verbandsklagerecht vorsieht, mit dessen Hilfe Behindertenverbände z.B. auch bei

---

[28] Vgl. *LG Nürnberg-Fürth*, Beschlüsse vom 03.12.2002 – Az.: 9 O 10320/02 und vom 21.03.2003 – Az.: 5 HK O 10320/02.
[29] *KG*, Beschlüsse vom 26.06.2003 – Az.: 2 U 20/02 und 1/03.
[30] Gesetz zur Gleichstellung behinderter Menschen vom 27.04.2002 (BGBl. I S. 1467).

der Aufstellung von Plänen zur Beseitigung von Mobilitätshindernissen nach § 2 III 2 EBO die Verletzung von Bundesrecht gerichtlich geltend machen können.[31]

Insgesamt lässt sich zum Abschluss dieses „Jahresrückblicks" ungeachtet der Bewertung der einzelnen Entwicklungen feststellen, dass – gemäß meiner zu Beginn aufgestellten These – das deutsche Eisenbahnrecht in den Tätigkeitsfeldern aller drei Staatsgewalten in den vergangenen zwölf Monaten tatsächlich nicht nur an Bedeutung, sondern auch an Konturen gewonnen hat. Es bleibt zu hoffen, dass sich dieser Trend fortsetzt und vielleicht ich Ihnen in einem Jahr an gleicher Stelle von weiteren derartigen Fortschritten berichten kann.

---

[31] Kritisch zu diesem Verbandsklagerecht *Hennes*, Der Eisenbahningenieur 54 (2003), 96/97.

Dr. Urs Kramer, Philipps-Universität Marburg/Lahn.

Das Verhältnis von Widmung und Planfeststellung - eine Neubewertung ist nötig!

Es freut mich sehr, dass ich auch in diesem Jahr kurz die Gelegenheit erhalte, Sie über den Fortgang meiner Studien zum Eisenbahninfrastrukturrecht zu informieren. Das bereits im letzten Jahr von seinem Inhalt her in groben Zügen vorgestellte Werk ist mittlerweile als Dissertation erschienen.[1]

Einen Teilaspekt aus dem Bereich, mit dem wir uns im Rahmen dieser Tagung bereits beschäftigt haben, nämlich aus dem Planfeststellungsrecht, möchte ich jetzt noch einmal kurz aufgreifen und Ihnen gleichsam als „Hausaufgabe" zum Nach- und Überdenken bis zur nächsten Tagung mit nach Hause geben. Es geht um das schon oft thematisierte, in meinen Augen aber bis heute nicht überzeugend geklärte Verhältnis von Planfeststellung und Widmung. Ich möchte Ihnen erläutern, warum ich eine Neubewertung dieses Verhältnisses für dringend angezeigt erachte. Ganz aktuell wird das Thema, wenn man berücksichtigt, dass im zweiten europäischen Bahnpaket erstmals eine Definition der Eisenbahninfrastruktur enthalten ist,[2] die eine entsprechende Anpassung des deutschen Rechts befördern könnte und sollte.

Das Problem ergibt sich in erster Linie daraus, dass der an sich durch die Aufgabenstellung des öffentlichen Sachenrechts begrenzte „Wirkungsbereich" der Widmung insbesondere von der Rechtsprechung, ihr folgend aber auch von der

---

[1] *Kramer*, Das Recht der Eisenbahninfrastruktur (2002).
[2] Vgl. dazu näher das Referat von *Dernbach* auf dieser Tagung.

ganz herrschenden Auffassung im Fachschrifttum häufig dadurch über Gebühr ausgedehnt wird, dass ihr Rechtsfolgen zugerechnet werden, die an und für sich der Planfeststellung zukommen. Denn auch wenn die herrschende Meinung die klare Trennung beider Rechtsinstitute betont,[3] weicht sie in der Rechtswirklichkeit diese strikte Differenzierung selbst wieder auf, wenn sie den Planvorrang (als Rechtsfolge des § 38 BauGB) und damit auch die Frage, ab wann bahnunverträgliche gemeindliche Planungen für (ehemalige) Bahnanlagen möglich sind,[4] an die fortbestehende Widmung knüpft. Dasselbe gilt für das angeblich fehlende erneute Planfeststellungsbedürfnis stillgelegter Bahnstrecken bei nicht beseitigter Widmung und für die Eingriffskompetenzen der Naturschutzbehörden in derartigen Fällen.[5] Ungenau ist die herrschende Meinung ferner auch

---

[3] Vgl. nur *Kühlwetter*, in: *Grupp/Ronellenfitsch* (Hrsg.), Festschrift Blümel (1999), S. 312. Nach *Heldwein*, BayVBl. 2000, 65 (73) Fußn. 74, trennt der mittlerweile für das Eisenbahnrecht zuständige *11. Senat* des *Bundesverwaltungsgerichts* im Unterschied zum früher zuständigen *4. Senat* „wenigstens begrifflich zwischen Planfeststellung und Widmung".

[4] Die baurechtliche Planung soll nach herrschender Meinung zulässig sein, wenn in absehbarer Zeit mit dem Wegfall der insoweit „sperrenden" Widmung zu rechnen ist (insbesondere wenn die Entwidmung Voraussetzung der Baugenehmigung ist). Vgl. *VGH Mannheim*, NVwZ 1987, 1091 (1091); das *BVerwG*, NVwZ 1987, 1080 (1080), hat die Revision gegen dieses Urteil nicht zugelassen. Strittig ist insoweit nur der Zeitpunkt, ab welchem zur Wirksamkeit der entsprechenden Baupläne die Widmung entfallen sein muss: beim Satzungsbeschluss gemäß § 10 BauGB – so BVerwGE 81, 111 (115); *OVG Lüneburg*, NVwZ 1997, 602 (603) – oder erst bei der Bekanntmachung der Pläne – so *von Heyl/Steinfort*, DVBl. 1999, 1311 (1318). Grundlegend zu diesem Komplex unter Herstellung praktischer Konkordanz mit der kommunalen Selbstverwaltungsgarantie des Art. 28 Abs. 2 GG *Brohm*, NVwZ 1985, 1 (6 ff.). Noch weitergehend *Thomas*, Städte- und Gemeinderat 1995, 87 (89), wonach die Gemeinde bereits vor entsprechenden Willenserklärungen oder Handlungen des Infrastrukturbetreibers planen könne, wenn erkennbar sei, dass die Anlage in absehbarer Zeit nicht mehr genutzt würde.

[5] Vgl. dazu allgemein *Spannowsky* in: *Ronellenfitsch/Schweinsberg* (Hrsg.), Aktuelle Probleme des Eisenbahnrechts V (2000), S. 83 ff.; *Kraft* in: *Spannowsky/Mitschang* (Hrsg.), Bauleitplanung auf Bahnflächen? (2001), S. 30 ff.; *Gruber*, BauR 2000, 499 (507). Zu den Naturschutzbehörden *Schmitz*, LKV 1993, 291 (293 f.), z. B. für das Abbrennen von Böschungsbewuchs an einer Strecke zur Gewährleistung der Sicherheit und Ordnung. *Schmitz* nimmt davon allerdings wieder Maßnahmen zur Wiederinbetriebnahme stillgelegter Strecken aus, da diese nicht der Gefahrenabwehr dienten. Bei genauer Betrachtung besteht jedoch auch hier keine Eingriffskompetenz der Naturschutzbehörden, wenn es um bloße Unterhaltungsmaßnahmen an einer noch planfestgestellten Strecke geht. Anders stellt sich die Rechtslage nur

beim Phänomen der wirkungslos gewordenen Fachplanung: Teilweise stellt sie dabei, beispielsweise bei den durch die frühere innerdeutsche Grenze zerschnittenen Bahnstrecken, auf die planungsrechtliche, teilweise auf die widmungsrechtliche Ebene oder aber auch auf beide zugleich ab und vermengt so auch hier wieder beide Rechtsinstitute: So wird z. B. widersprüchlicherweise bei einer nie planfestgestellten Fläche deren Widmung vermutet, um für sie weiterhin den Planvorrang zu begründen.[6] Noch stärker vernachlässigt wird die erforderliche Unterscheidung endlich, wenn das Bundesverwaltungsgericht im Zusammenhang mit dem Erschließungsrecht ausführt, sobald die DB ein Grundstück derart widme, dass die Errichtung neuer oder die Änderung bestehender Anlagen dem Planfeststellungserfordernis (damals nach § 36 BbG, heute nach § 18 AEG) unterfalle, werde es damit zugleich der kommunalen Planungshoheit entzogen.[7] Ähnliches gilt auch für die Aussage des Bundesverwaltungsgerichts, die Änderung der wegerechtlichen Rechtslage, also der Widmung, erfolge durch eine Planfeststellung und nicht nur bei Gelegenheit einer solchen.[8]

---

dar, wenn ein neues Planfeststellungsverfahren erforderlich ist. Daran sind dann auch die Naturschutzbehörden zu beteiligen. Eine generelle Eingriffsbefugnis der Naturschutzbehörden bejaht überdies im Fall einer stillgelegten Strecke *VG Bayreuth*, NVwZ-RR 1999, 370 (370). Danach soll den Konflikt von Landesnaturschutzrecht und bahnrechtlicher Planfeststellung (laut *VG*: Widmung) allerdings nicht § 38 BauGB, sondern § 9 BNatSchG über das Verhältnis der Bundes- und Landesbehörden zueinander regeln. Dem Bund sei nur bei „eigenen" Eingriffen die *vollständige* Vollzugshoheit zugewiesen, so dass in diesem Fall die Planfeststellung den naturschutzrechtlichen Maßnahmen der Landesbehörden entgegenstehen könne. Jedenfalls würden davon – insoweit doch wieder wie bei § 38 BauGB – nur der Planfeststellung widersprechende Nutzungen wie z. B. die endgültige Unter-Naturschutz-Stellung erfasst, nicht jedoch nur einstweilige Schutzmaßnahmen (das *VG* zieht insoweit Parallelen zur vorbeugenden Bebauungsplanerstellung mit der Möglichkeit von Veränderungssperren).

[6] Vgl. beispielsweise *BVerwG*E 99, 166 (168 f., 170). Ähnlich *OVG Schleswig*, NordÖR 2000, 380 (380).
[7] So *BVerwG*E 78, 321 (328).
[8] *BVerwG*E 64, 202 (206 ff.). Kritisch zur Vermengung beider Institute insgesamt auch *Durner*, UPR 2000, 255 (256, 260 f.).

Insgesamt wird damit deutlich, dass die herrschende Meinung die von ihr propagierte strikte Trennung beider Rechtsinstitute offenbar selbst nicht so ganz ernst nimmt. Fraglich ist, ob es dieser „Wackelpartie" wirklich bedarf, um die im Ergebnis – das sei hier betont – durchaus überzeugenden Lösungen der Rechtsprechung zu erzielen.

Klar ist, dass die Ausdehnung der Rechtsfolgen einer Widmung über den Rahmen des öffentlichen Sachenrechts hinaus weder dogmatisch überhaupt, geschweige denn überzeugend begründet werden kann. Sie ist aber auch gar nicht erforderlich. Denn der von der „herrschenden Meinung" regelmäßig mit der Widmung verknüpfte Planvorrang ergibt sich bei genauer dogmatischer Betrachtung bereits unmittelbar aus der Planfeststellung, die von § 38 S. 1 BauGB explizit zu den privilegierten Vorhaben gezählt wird. Für den oftmals vor Gericht geltend gemachten Wechsel der Planungshoheit kommt es daher nur darauf an, ob die streitgegenständliche Infrastruktur objektiv noch eine Betriebsanlage im Sinne des § 18 Abs. 1 S. 1 AEG ist.[9] Ihre mögliche Widmung ist dagegen insoweit völlig unerheblich; sie kann keine Betriebsanlage schaffen und bei Wegfall der Tatbestandsvoraussetzungen für eine Betriebsanlage auch nicht das Wiedererstarken der kommunalen Planungshoheit verhindern. Sie schützt die Anlage nämlich nur vor einer anderweitigen, widmungszweckwidrigen Nutzung.

Auch im Fall der stillgelegten Strecken fehlt die erneute Planfeststellungsbedürftigkeit nur deshalb, weil diese Strecken mangels Beseitigung der alten Planfeststellung stets planfestgestellte Betriebsanlagen der Eisenbahn im Sinne des §

---

[9] Diese Sichtweise legt nunmehr auch die allein auf objektive Merkmale abstellende Definition der Eisenbahninfrastruktur im zweiten europäischen Bahnpaket nahe. Ebenso und eingehender dazu *Dernbach*, a. a. O. (oben Fußn. 2).

18 Abs. 1 S. 1 AEG geblieben sind.[10] Hierzu passt, dass selbst die Rechtsprechung zumindest in den ersten Entscheidungen eine „Entwidmung" durch eine Planfeststellung für möglich erachtete, da es dabei letztlich um die Beseitigung der Planfeststellungswirkung ging. Ebenso fügt sich die von der vorherrschenden Auffassung angenommene „Entwidmung" durch Funktionslosigkeit hier stimmig ein, weil es auch bei ihr real um den Wegfall der Planfeststellungswirkung geht. Für tatsächlich planfestgestellte Bahnanlagen bedarf es mithin in allen diesen Fällen gar keiner Heranziehung der Widmung. Für Altanlagen, bei denen sich keine Planfeststellung, in der Regel aber auch keine Widmung feststellen lässt, greifen die genannten gesetzlichen Rechtsfolgen zwar nicht ein, für sie besteht aber ohnehin nach allgemeinen baurechtlichen Grundsätzen Bestandsschutz. Alternativ kommt insoweit auch die analoge Anwendung des § 38 S. 1 BauGB in Betracht, da für derartige Anlagen die dort geregelte Interessenlage vergleichbar und anderweitig kein Vorrang der Fachplanung begründbar ist, mithin insoweit eine planwidrige Regelungslücke besteht. Ähnliches gilt – das sei hier nur am Rande erwähnt – auch für die weiteren von der herrschenden Meinung mit der Widmung verknüpften Rechtsfolgen (wie z. B. die begrenzte Zuständigkeit der Polizei- und Ordnungsbehörden), für die es ebenfalls dogmatisch überzeugendere Begründungen gibt.[11]

In der Praxis hatte die herrschende Auffassung vom Zusammenwirken von Planfeststellung und Widmung vor allem zur Folge, dass der Rechtsschutz bei der Wiederinbetriebnahme meist teilungsbedingt stillgelegter Bahnstrecken verkürzt

---

[10] Vgl. zu diesem Komplex *Blümel*, Fragen der Entwidmung von Eisenbahnbetriebsanlagen (2000), S. 40 f.; zusammenfassend auch *Brohm*, in: *Grupp/Ronellenfitsch* (Hrsg.), Festschrift Blümel (1999), S. 94. Anschaulich für die geschilderten „Verrenkungen" der Rechtsprechung nur *BVerwG*E 81, 111 (117). Aus dieser Sicht konsequent die Position in BT-Drs. 13/3762, S. 25 f., wo die Entwidmung als „Entplanfeststellung" bezeichnet wird.
[11] Vgl. dazu näher *Durner*, UPR 2000, 255 (262).

wurde.[12] Das ist bei exakter juristischer Prüfung, wie gezeigt wurde, jedoch gar keine Rechtsfolge der fortbestehenden Widmung, sondern Konsequenz der Planfeststellung. Der „Wirkungsbereich" der Widmung ist mithin enger zu fassen, als die herrschende Meinung das derzeit macht. Berührungspunkte beider Rechtsfiguren bestehen somit allenfalls dadurch, dass der von der Widmung geschützte öffentliche Zweck einer Eisenbahninfrastruktur gleichzeitig die Rechtfertigung für ihre gemeinnützige Planfeststellung bildet. Weitere Verknüpfungen bestehen dagegen nicht.

Angesichts dieses hier in aller Kürze referierten Befundes möchte ich mich sehr vehement dafür aussprechen, die Institute der Planfeststellung und Widmung wieder strikt – und nicht nur (wie derzeit) als bloße petitio principii – zu trennen. Hilfreich wäre hierfür auch die längst überfällige, vom Gesetzgeber bislang aber offenbar wegen des damit verbundenen Konfliktpotenzials vermiedene Normierung des Widmungsrechts, dessen Existenz gerade auch wegen des Fehlens einer rechtlichen Basis in der letzten Zeit bekanntermaßen wieder verstärkt in Zweifel gezogen wird.[13] Denn dann könnte zugleich auch die Abgrenzung beider Rechtsinstitute normativ durch den Gesetzgeber erfolgen. Sinnvoll wäre dabei schließlich auch eine rechtliche Regelung über die Beseitigung der Planfeststellungswirkung – ein Problem, auf das an dieser Stelle nicht näher eingegangen werden soll.[14] Damit würde dann endlich die Rechtsklarheit geschaffen,

---

[12] Vgl. *Durner*, UPR 2000, 255 (263), welcher der Widmung nunmehr (nach dem Ende der unmittelbaren Nachwendezeit) auch insoweit ihre rechtspolitische Berechtigung abspricht.

[13] Die Kritiker verlangen dabei im Hinblick auf die belastende Wirkung der Widmung für den Eigentümer nach dem Grundsatz vom Vorbehalt des Gesetzes und der darauf bezogenen so genannten Wesentlichkeitstheorie eine gesetzliche Grundlage. Vgl. *Axer*, Die Widmung als Schlüsselbegriff des Rechts der öffentlichen Sachen (1994), S. 201; *Buchner*, Eisenbahnrechtliche Planfeststellung und kommunale Planungshoheit (2001), S. 157 ff.; *Durner*, UPR 2000, 255 (259 f.) m.w.N. Dagegen aber ausführlich *Schmitz-Valckenberg*, Entwidmung und bahnfremde Nutzung von Bahnanlagen (2002), S. 95 ff.; *Kramer*, a. a. O. (oben Fußn. 1), S. 167 f.

[14] Vgl. dazu nur m. w. N. *Kramer*, a. a. O. (oben Fußn. 1), S. 319 ff.

die der derzeit noch vorherrschenden Auffassung – diese Kritik sei hier erlaubt – bislang leider manches Mal fehlt.

Nadine Kari.

Der Zugang zur Eisenbahninfrastuktur in Frankreich

Die Zugänge zu den Eisenbahninfrastrukturen in Europa sind sehr unterschiedlich ausgestaltet. Die Netzöffnung war vor allem in Frankreich in der Vergangenheit sehr minimal ausgestaltet. Die Politik in Europa versuchte in den letzten Jahren mit verschiedenen Richtlinien den Zugang in die jeweiligen Europäischen Länder zu vereinfachen.

Die Umsetzung in Frankreich wurde sehr kritisiert und geschah häufig verspätet und auch nicht allumfassend. Mit folgender Arbeit soll die rechtliche und tatsächliche Lage des Zugangs zur Eisenbahninfrastruktur in Frankreich untersucht und beurteilt werden. Hierzu sollen aktuelle und vergangene Maßnahmen sowohl der europäischen und insbesondere der französischen Gesetzgebung herangezogen werden.

Tätigkeit auf europäischer Ebene

Auf europäischer Ebene kann ein Tätigwerden im Eisenbahnsektor erst richtig im Jahre 1991 erkannt werden. Dies ist allerdings von Nöten, wenn man den Worten der Verkehrskommissarin zustimmt: „Alle Anstrengungen im Hinblick auf die Erbringung leistungsstarker und wettbewerbsfähiger Eisenbahnverkehrsdienste in der Union werden im Sande verlaufen, solange fünfzehn voneinander abgeschottete und auf ein nationales Netz beschränkte Systeme nebeneinander fortbestehen."

Die Bahn hat es derzeit schwer gegenüber anderen Verkehrsmitteln in Europa mitzuhalten. Woran liegt das? Bestimmte Vorteile, die sich im Straßenverkehr zeigen, wie beispielsweise flächendeckende Verfügbarkeit, hohe Flexibilität oder Geschwindigkeit sind in heutiger Zeit für die Bahn nicht zu erreichen. Dies ist zum Teil systembedingt, zum Teil liegt es aber auch an der Marktöffnung, die im Eisenbahnsektor – anders als im Straßengüterverkehr – auf europäischer Ebene nicht erfolgreich genug durchgeführt werden konnte. Um eine notwendige Effizienzsteigerung im Eisenbahngüterverkehr zu erreichen muss ein einheitlicher europäischer Eisenbahnraum geschaffen werden. Dafür müssen die nationalen Grenzen aber auch im Bahnbereich fallen. Es muss die vollständige Öffnung der noch nationalen Bahnmärkte und die Harmonisierung der Wettbewerbsbedingungen erreicht werden, um einen diskriminierungsfreien Wettbewerb zwischen den europäischen Bahnen zu gewährleisten.

Im Jahr 1985 gab es einen ersten Impuls der Europäischen Union zu einer „erzwungenen" gemeinsamen Verkehrspolitik mit dem Urteil des Europäischen Gerichtshofes vom 22.Mai 1985, wonach dieser den Rat wegen Untätigkeit hinsichtlich der Erlassung gemeinschaftlicher Verkehrsregelungen verurteilte. Der Artikel 75 des EG-Vertrages – nunmehr Artikel 71 - enthielt bis 1.5.1999 eine Bestimmung, nach der die gemeinsamen Regeln für den innergemeinschaftlichen Verkehr bis zum 31.12.1969 zu erlassen gewesen wären. Bis 1983 war aber wenig auf diesem Gebiet geschehen, sodass das Europäische Parlament mit Unterstützung der Kommission diese Klage gemäß dem nunmehrigen Artikel 232 EG-V erhob. Dieses Urteil sowie das Programm zur Realisierung des Binnenmarktes ab 1. Januar 1993 waren die eigentlichen Impulse zu weiteren verkehrsrechtlichen Maßnahmen der Gemeinschaft.

Traditionell beschränkten die Eisenbahnunternehmen ihre Beförderungsleistungen auf das Gebiet ihres jeweiligen Staates. Die Eisenbahnunternehmen standen im Eigentum der Staaten und somit war Eisenbahnpolitik über lange Jahre nationale Politik. Dadurch haben sich die Eisenbahnunternehmen nach einzelstaatlichen Vorgaben entwickelt, sodass dies zu Schwierigkeiten im grenzüberschreitenden Betrieb, zu unzureichenden Planungen der Infrastruktur und zur Zersplitterung der Zulieferindustrie sowie der Forschungstätigkeiten geführt hat. Obwohl Fortschritte erzielt wurden, liegt eine vollständige Marktöffnung inklusive technischer Harmonisierung noch nicht vor.[1] In der Entwicklung dieses Sektors bringt erst das Jahr 1991 einen entscheidenden Impuls.

Ziel und Maßnahmen für die Revitalisierung der Eisenbahnen sind in der Richtlinie 91/440/EWG des Rates vom 29. Juli 1991 zur Entwicklung der Eisenbahnunternehmen der Gemeinschaft gesetzlich fixiert. Ziel der EU ist, die Anpassung der Eisenbahnunternehmen der Gemeinschaft an die Erfordernisse des Binnenmarktes zu erleichtern und ihre Leistungsfähigkeit zu erhöhen. Dazu wurde dieses Maßnahmenpaket festgelegt:
- die Unabhängigkeit der Geschäftsführung der Eisenbahnunternehmen soll gewährleistet werden,
- die Finanzstruktur der Eisenbahnunternehmen soll saniert werden,
- der Betrieb der Eisenbahninfrastruktur und die Erbringung von Verkehrsleistungen durch die Eisenbahnunternehmen sollen voneinander getrennt werden,
- internationalen Gruppierungen von Eisenbahnunternehmen sowie Eisenbahnunternehmen, die Verkehrsleistungen im grenzüberschreitenden kombinierten

---

[1] K. Gstettenbauer: „EU und Eisenbahnen„ (BMVIT – Referat EU-Eisenbahnangelegenheiten – 2002)

Güterverkehr erbringen, sollen Zugangsrechte zu den Eisenbahnnetzen der Mitgliedstaaten garantiert werden

Trennung und Zugang zur Eisenbahninfrastruktur stehen in engem Zusammenhang. Die EU beschäftigt sich immer noch sehr intensiv mit dem Zugang zur Eisenbahninfrastruktur. Die Schaffung von Zugangsrechten Dritter auf die bestehende Eisenbahninfrastruktur bezeichnete die Kommission der Europäischen Gemeinschaften als Schlüsselelement zur Revitalisierung des Eisenbahnsektors. Sie sollte in erster Linie dazu dienen, dem Binnenmarkt zugrunde liegenden Grundsatz der Dienstleistungsfreiheit auf dem Eisenbahnsektor zum Durchbruch zu verhelfen. [2]

In allen Ländern hat die Richtlinie 91/440/EWG Reformen ausgelöst. Inhalte, und vor allem auch der zeitliche Ablauf dieser Reformen sind verschieden. Die Trennung des Verkehrs von der Infrastruktur ist somit eine Maßnahme des Maßnahmenpaketes.

Im Jahre 1995 wurden weitere Eisenbahnrichtlinien der Gemeinschaft beschlossen. Die „Richtlinie 95/18/EG des Rates vom 19.Juni 1995 über die Erteilung von Genehmigungen an Eisenbahnunternehmen,„ welche im Wesentlichen die Marktzugangsbedingungen für Eisenbahnunternehmen regelt und die „Richtlinie 95/19/EG des Rates vom 19.Juni 1995 über die Zuweisung von Fahrwegkapazität der Eisenbahn und die Berechnung von Wegeentgelten,„ welche erstmals ein Verfahren für die Zuweisung von Schieneninfrastruktur an ein Eisenbahnver-

---

[2] Dr. Carlo Pfund „Die Trennung des Verkehrs von der Infrastruktur der Bahn oder die Trennungsphilosophie der Europäischen Union EU,„ 1. November 2002

kehrunternehmen festschreibt und den Versuch unternimmt, eine Harmonisierung von Benutzungsentgelten herbeizuführen.

Das sogenannte Eisenbahninfrastrukturpaket I wurde schließlich 1998 von der Kommission präsentiert und besteht aus 3 Richtlinien. Die Richtlinien aus den Jahren 1991 und 1995 wurden geändert. Das Europäische Parlament und der Rat nahmen im Hinblick auf die Liberalisierung des Eisenbahnsektors am 26. Februar dieses Bündel von drei Richtlinien an, die das «Infrastrukturpaket» bilden. Der neue gesetzliche Rahmen ist die Richtlinie 2001/12/EG zur Änderung der Richtlinie 91/440/EWG zur Entwicklung der Eisenbahnunternehmen der Gemeinschaft. Sie verschärft die Trennung der Bereiche Infrastruktur und Betrieb dahingehend, dass nun neben den Bilanzen auch die Gewinn- und Verlustrechnungen beider Bereiche getrennt werden müssen und verlangt überdies die Veröffentlichung dieser getrennten Rechnungen. Ein wesentlicher Faktor dieser Richtlinie ist weiterhin die fakultativ eingeräumte Möglichkeit der organisatorischen und funktionellen Trennung der beiden Bereiche, wobei aber bei weiterhin integrierten Eisenbahnunternehmen (d.h. bloße rechnerische Trennung innerhalb eines Unternehmens) zumindest essentielle Faktoren („essential facilities,,) auf unabhängige Organisationseinheiten übertragen werden müssen: Konzessionserteilung, Trassenzuweisung, Benutzungsentgeltfestsetzung, etc.

Des weiteren wird der Netzzugang wesentlich erweitert: Jeder Mitgliedstaat verpflichtet sich, sein Netz auf bestimmten Korridoren für den innergemeinschaftlichen konventionellen Güterverkehr zu öffnen (Transeuropäisches Schienengüternetz). Die übrigen, von diesem Netz nicht umfassten Bereiche sollen spätestens 2008 ebenfalls geöffnet werden.

Teil des Infrastrukturpakets ist auch die neue Richtlinie 2001/14/EG über die Zuweisung von Fahrwegkapazität der Eisenbahn, die Erhebung von Entgelten für die Nutzung von Eisenbahninfrastruktur und die Sicherheitsbescheinigung. (Ersetzt Richtlinie 95/19/EG.) Mit der nun neuen Vorschrift werden die Grundsätze und Verfahren für die Zuweisung von Fahrwegkapazität wesentlich detaillierter normiert. Die Richtlinie soll dem Fahrwegbetreiber ermöglichen, die verfügbaren Kapazitäten zu vermarkten und optimal zu nutzen. Der Fahrwegbetreiber muss sogenannte Schienennetz-Nutzungsbedingungen aufstellen und veröffentlichen, die wesentliche Angaben zum Fahrweg enthalten müssen und die Basis für jeden individuell abzuschließenden Nutzungsvertrag zwischen Fahrwegbetreiber und Nutzer bilden. Die Staaten werden überdies verpflichtet, die Bedingungen herzustellen, die sicherstellen, dass der Fahrwegbetreiber aus seinen Einnahmen und den gewährten Finanzhilfen ein ausgeglichenes Ergebnis erzielt. Der Staat kann vom Fahrwegbetreiber verlangen, dass dieser seine Ausgaben und Einnahmen ohne staatliche Mittel ausgleicht. Zur Senkung der Kosten sind dem Fahrwebetreiber Anreize zu geben.

Das Infrastrukturpaket wird ergänzt durch die neue Richtlinie 2001/13/EG über die Erteilung von Betriebsgenehmigungen an Eisenbahnunternehmen. (Ersetzt Richtlinie 95/18/EG).

Die Trennung des Verkehrs von der Infrastruktur ist eine Kreation der EU. Sie entwickelte eine eigentliche Trennungsphilosophie im Zusammenhang mit der Revitalisierung der Eisenbahnen. Ein Element ist die Einführung des Wettbewerbs auf der Schiene. Das Instrument dazu ist der Netzzugang.

Umsetzung und Netzzugang in Frankreich

Ziel des regulierten - oder verhandelten - Netzzugangs ist es, den Wettbewerbern der einstigen Monopolunternehmen diskriminierungsfreien Zugang zu deren Netzen zu eröffnen. Da die einstigen Monopolunternehmen ihrerseits auf den nachgelagerten Märkten tätig sind und dafür - soweit nicht bereits eine Netztrennung erfolgt ist - ihre eigenen Netze in Anspruch nehmen, erfordert diskriminierungsfreier Zugang für die „Newcomer,, auf den Märkten, dass sie zu denselben Konditionen die Netze nutzen können wie die Netzbetreiber. Ein solches Konzept verlangt vom Netzbetreiber, dass er gleichsam seine eigenen Wettbewerber zu fördern hat. Um Konflikte zu vermeiden, die zwischen dem ehemaligen Monopolisten und den von ihm zu fördernden „Newcomer,, entstehen können, wird die Ansicht vertreten, eine Trennung von Netz und Verkehr auf dem Netz sei aus Wettbewerbserwägungen sinnvoll. Das dann auftauchende Problem liegt in den möglicherweise resultierenden Effizienzeinbußen, die daraus herrühren, dass Synergien zwischen Netz und Verkehr nicht mehr - oder nur abgeschwächt - zum Tragen kommen.[3]

Wie sieht der Netzzugang in Frankreich aus. Hat es in Frankreich eine wirkliche Umsetzung der europäischen Richtlinien gegeben? Es besteht bereits seit 1982 eine gesetzliche Festsetzung die Umsetzung der europäischen Richtlinien in Frankreich aus. Die erste wichtige gesetzliche Regelung für den Netzzugang zur Eisenbahninfrastruktur in Frankreich kann im Jahre 1982 erkannt werden. Mit dem Gesetz zur Reglementierung der Innerstaatlichen Transporte wurde am 30. Dezember 1982 das erste Mal gesetzlich festgeschrieben, dass eine international ausgerichtete Einsenbahnstruktur gebildet werden soll und ein internationaler,

---

[3] Dr. Carlo Pfund „Die Trennung des Verkehrs von der Infrastruktur der Bahn oder die Trennungsphilosophie der Europäischen Union EU,‚ 1. November 2002

insbesondere europäischer Austausch stattfinden soll. Das Gesetz bestimmt die Schaffung von Organen und Dezentralisierung einer Transportpolitik. Diese „politique globale" (Gesamtpolitik) der Transporte soll gesichert werden durch den Staat und betreffende Körperschaften in einem dezentralisierten Rahmen. Es soll, wie vor allem in Artikel 14 dieses Gesetzes geregelt wird, diese Politik dafür sorgen, dass Entwürfe geschaffen werden für den Transportservice. Artikel 14 dieses Gesetzes regelt vor allem Infrastruktur, Ausrüstung und technische Komponenten. Er schreibt vor, dass in den einzelnen Bereichen Entwürfe für eine Verbesserung der Netznutzung und des Transportservice erarbeitet werden sollen. Jedes große Projekt muss mit den entwickelten Entwürfen kompatibel sein. Hier wird sowohl der interne Transport, als auch die internationale Ausrichtung angesprochen. Die Entwürfe müssen der Öffentlichkeit zugänglich gemacht werden. Gemäß Artikel 18 dieses Gesetzes soll ab dem Jahre 1983 ein das Unternehmen „société nationale des chemins de fer français" (SNCF).

Dieses Gesetz, das lediglich eine Vorgabe sein sollte für weitere Projekte und insbesondere regelte, was bestimmte Entwürfe regeln sollte und in welchem Rahmen diese stattfinden sollten, ist die Grundlage für ein Gesetz, dass die Umsetzung der Richtlinie 91/440/EWG und damit die Trennung von Infrastruktur und Betrieb der Eisenbahn. Diese Umsetzung in nationales Recht geschah erst spät im Jahre 1997. Mit dem Gesetz vom 13. Februar 1997 (loi n° 97-135) wurde zur Trennung der Rechnungsführung die Réseau Ferré de France (RFF) gegründet, die als von der SNCF unabhängige Staatsagentur Eigner der Infrastruktur ist. Dieses Unternehmen soll – so das Gesetz – die Einrichtung und Organisation, die Entwicklung und die Kohärenz der Infrastruktur und diese zur Geltung zu bringen. Die einzelnen Aufgaben, der Status, die finanzielle Organisation und auch Sicherheitsregelungen der RFF wurde ebenfalls 1997 mit dem „décret n° 97-444„ vom 5. Mai 1997 und seinen folgenden Dekreten bestimmt.[4]

SNCF und RFF:
RFF ist für Bau, Betrieb und Unterhalt der nationalen Schieneninfrastruktur verantwortlich. Operativ werden diese Prozesse jedoch auf Grundlage eines Geschäftsbesorgungsvertrages von der SNCF als Auftragnehmer der RFF durchgeführt. Für die Nutzung der Fahrwege entrichtet die SNCF Fahrwegeentgelte an die RFF. Der französische Staat hat die Altschulden der SNCF nicht übernommen. Die Schuldenübernahme erfolgte stattdessen durch den französischen Netzbetreiber RFF. Durch den Transfer des Anlagevermögens und der Schulden an die RFF wurde die SNCF entschuldet, RFF muss diese Schulden verwalten und – mit staatlicher Unterstützung - tilgen. RFF verfügt über keine eigenen Mitarbeiter zum Management der Infrastruktur, sondern hat diese Aufgabe insgesamt an die SNCF untervergeben. Für die Netznutzung erhält RFF von der SNCF Trassennutzungsgebühren. Derzeit liegen allerdings die Zahlungen an die SNCF für das Infrastrukturmanagement (1999 ca. 16 Mrd. FF) deutlich höher als die von der SNCF gezahlten Trassenpreise (ca. 10 Mrd. FF). Das bedeutet, dass bei der SNCF keinerlei Kapitalkosten für die genutzte Infrastruktur anfallen und zudem noch über die RFF ca. 1 Mrd. € p.a. als Unterstützung für den laufenden Infrastrukturbetrieb gezahlt werden. RFF ist allerdings bemüht, die SNCF kostenseitig zukünftig stärker unter Druck zu setzen.[5]

Ein umfassendes Monopol hat aber nach wie vor die weiterhin staatliche französische Bahn SNCF. In Frankreich wurde in der Konsequenz der EU–Richtlinie

---

[4] siehe auch „décret n° 97-445 du 5 mai 1997„„ „décret n° 97-446 du 5 mai 1997„ und n° „décret n° 2000-286 du 30 mars 2000„
[5] Christian Böttger: „Überlegungen zu einer effizienten Organisation der Eisenbahninfrastruktur in Deutschland„„ September 2001

lediglich eine institutionelle Trennung zwischen Betrieb und Netz vorgenommen: Die SNCF als alleiniger Betreiber fährt auf dem Netz eines ebenfalls öffentlichrechtlichen Unternehmens, der RFF. Zwar zahlt die SNCF an die RFF Trassenpreise, doch Entscheidungen über den Unterhalt oder Neubau von Strecken fällt die Staatsbahn selbst. Auch im Schienennahverkehr hat die SNCF nach wie vor das Monopol.

Frankreich hat somit mit SNCF/RFF formell getrennt. Auf gesetzlicher Ebene wurde jedoch fixiert, dass die SNCF wie ursprünglich das Netz betreibt und unterhält und somit als integriertes Unternehmen weiter funktioniert. Die Division Infrastruktur ist Teil der SNCF. Die Bahn ist somit zwar institutionell getrennt, aber materiell ist die SNCF ein integriertes Unternehmen. Sie war hoch verschuldet, vor allem zufolge der Investitionen für die Entwicklung und die Modernisierung des Eisenbahnnetzes.

Die Regierung beabsichtigte eine Entschuldung. Aber Frankreichs Verschuldung mit damals zusätzlichen 134 Mrd. FF hätte den Eintritt des Landes in die Gemeinschaft des Euro 1999 erschwert. Deshalb wurde die SNCF auf dem Umweg über Réseau Ferré de France RFF entschuldet. Die Schuld konnte nicht einfach bei RFF parkiert werden. Damit sie von Europa nicht als öffentliche Schuld qualifiziert wurde, musste RFF als ein sog. «établissement public national à caractère industriel et commercial», abgekürzt EPIC mit kommerziellen Erträgen ausgestaltet werden. Die SNCF hat dieselbe Gesellschaftsform. Réseau Ferré de France - RFF ist einerseits Eigentümer des Eisenbahnnetzes und übernimmt andrerseits die Schulden der SNCF. RFF ist vom Staat beauftragt, Finanzierung,

Entwicklung, Konsistenz und Kohärenz sowie die Nutzung des Netzes sicherzustellen. Sie ist Betreiber der Infrastruktur (Gestionnaire des infrastructures).[6]

Das ist die formelle Regelung, aber materiell führt die SNCF aus. Sie ist «beauftragter Betreiber der Infrastruktur» oder Managementbeauftragte für die Infrastruktur (Gestionnaire délégué des infrastructures). Nach der Kreation von RFF hat die SNCF zwei unterschiedliche Aufträge zu erfüllen:

Im Verkehrsbereich transportiert die SNCF Personen und Güter und bleibt damit Eisenbahnverkehrsunternehmen.
Im Infrastrukturbereich:
. betreibt die SNCF die Infrastruktur,
. hält sie instand,
. bezahlt sie Benützungsgebühren und
. erhält sie Bezahlung für Betrieb und Instandhaltung der Infrastruktur.

Frankreich achtet auf die Aufrechterhaltung einer «unité opérationnelle». Die Division Infrastruktur bleibt personell und materiell jedoch bei der SNCF. RFF hat rund 300 Mitarbeiter, die Groupe SNCF hat 220'000. Die SNCF erreicht 70 Mia Personenkilometer und 56 Mia Tonnenkilometer im Vergleich zu den SBB mit 13 und 11 Mia. Mit der Trennung von Maîtrise d'ouvrage und Maîtrise d'oeuvre beim Bau des TGV Est - européen übernimmt RFF zwar neue Funktionen, aber schlussendlich ist immer wieder die SNCF dabei.

---

[6] Dr. Carlo Pfund: „Die Trennung des Verkehrs von der Infrastruktur der Bahn oder die Trennungsphilosophie der Europäischen Union EU,„ 1. November 2002

Was hat die Trennung gebracht? Finanziell eine Entschuldung, organisatorisch nichts, es sei denn verkomplizierte Entscheidungsprozesse im Infrastrukturbereich mit einer Bürokratie. RFF existiert. Man versucht sich zu arrangieren, wenn auch immer neue Auseinandersetzungen auftreten. Die SNCF und auch die Regierung setzen darauf, «que la SNCF restera une entreprise de caractère intégré». Die Aussage, auch die SNCF sei getrennt, ist formell richtig, materiell falsch.

Damit hat Frankreich in der Netzöffnung lediglich die Minimalanforderungen der EU-Richtlinien umgesetzt, private Wettbewerber sind bislang nicht aufgetreten. Frankreich sieht das Konzept der Netzöffnung grundsätzlich sehr kritisch.

Bis ins Jahr 2003 war durch diese minimale und nicht ausreichende Trennung und der beiden Unternehmen RFF und SNCF somit rein rechtlich eine ausreichende Regelung vorhanden. Doch die Hoffnung der EU, mit der Trennung den Zugang zu erleichtern, hatte sich – zumindest in Frankreich – nicht erfüllt. Denn um Zugang zu der französischen Eisenbahninfrastruktur zu bekommen musste als Bedingung für den Anfragenden eine Partnerschaft mit einem Anbieter des französischen Netzes geschlossen werden. Ein sogenanntes „regroupment des entreprises„. Da aber die SNCF in der Praxis als einziges Eisenbahnunternehmen in Betracht kommt, konnte mit keinem anderen Unternehmen als der SNCF eine solche Partnerschaft eingegangen werden. D.h. ein Eisenbahnunternehmen aus einem anderen Land der EU hatte nicht alleine Zugang zum französischen Netz. Lediglich in Verbindung mit der SNCF konnte dies geschehen. Dies hat allerdings vor allem politische und soziale Gründe. Die SNCF hat zwar einige ihrer Kompetenzen an andere untervertraglich abgetreten, aber der Partner für fremde EVU bleibt allein die SNCF selbst.

Es ist allerdings dennoch nicht richtig, wie es im Jahre 2001 eine Studie der Prognos AG und die Parlamentarische Staatssekretärin im Bundesverkehrsministerium, Angelika Mertens erklärten, dass in Frankreich der Netzzugang Dritter weiter ausdrücklich per Gesetz verboten sei.[7] Dies ist nie so gewesen. Es ist in der Tat so, dass rein faktisch der Zugang reichlich unzureichend in Frankreich immer gewesen ist und - zumindest im Personenverkehr – es heute noch ist, dies hat aber rein tatsächliche und keineswegs rechtliche Gründe.

Die neue Gesetzgebung von März 2003 (décret n° 2003-194 du 7 mars 2003 „relative à l`utilisation du réseau ferré national") soll in Frankreich die Umsetzung des Eisenbahninfrastrukturpaketes einläuten. Es handelt sich um die Umstrukturierung der Monopolstellung der SNCF auf dem Gebiet des Güterverkehrs. Frankreich tat sich auf politischer Ebene sehr schwer mit der Umsetzung des Eisenbahninfrastrukturpaketes. Eine einfache und umfassende Öffnung des nationalen Netzes wollte man unter allen Umständen vermeiden. Dies liegt vor allem an den Gewerkschaften, die strikt gegen eine solche Maßnahme gewesen sind. Es zeigt sich bereits mit der Umsetzung der von der EU vorgegebenen Trennung. Hier hat Frankreich versucht mit der oben beschriebenen Trennung von SNCF und RFF dennoch den Zugang zu verschließen, indem zwar die rechtlichen Vorgaben erfüllt wurden, aber in tatsächlicher Hinsicht ein Zugang unmöglich war (s.o.). Frankreich setzte somit die Richtlinie um, indem aber nur die Minimalforderung, d.h. einen unbeschränkten Zugang für den Güterverkehr erlassen wurde. Eine Eisenbahngesellschaft ohne Partnerschaft mit der SNCF hat nach der neuen Gesetzgebung Zugang nach Frankreich lediglich für den internationalen Güterverkehr. Dafür benötigt sie im Wesentlichen eine Lizenz in

---

[7] http://www.zugchefa.de/news/index.html („Studie: Netzzugang in Europa unzureichend - Deutschland vorn")

einem der EU-Länder – nicht zwingendermaßen in Frankreich – und ein Sicherheitszertifikat, das von dem französischen Transportministerium vergeben wird. Im Gegensatz zum Personenverkehr kann nun im Güterverkehr jedes Unternehmen frei im französischen Netz fahren, wenn die oben genannten Bedingungen erfüllt sind (Artikel 1 des Gesetzes). Die Bedingungen sind in Artikel 4 des Gesetzes geregelt. Die „Internationalen Gruppierungen,, die in Artikel 2 erwähnt werden sind alle Verbunde, die europäische oder internationale EVU miteinander geschlossen haben. Im Güterverkehr sind diese nun frei für den Zugang.

In der von dem Réseau Ferré de France herausgegebenen „Bezugsunterlage der Schienennetznutzungsbedingungen,,, die von den betreffenden EVU bestellt werden können, ist festgelegt, welche Kandidaten Zugangsberechtigung zum nationalen, französischen Eisenbahnnetz haben und welche Voraussetzungen erfüllt werden müssen.

Das nationale Eisenbahnnetz ist danach zugänglich für:

Den SNCF-Verkehr;
Die Bahngesellschaften der Mitgliedstaaten der Europäischen Union für den internationalen Gütertransport auf den Strecken des nationalen französischen Eisenbahnnetzes, das zum Transeuropäischen Güterverkehrsnetz gehört;
Die Bahngesellschaften der Mitgliedstaaten der Europäischen Union für den internationalen kombinierten Gütertransport;
Internationale Zusammenschlüsse von Bahngesellschaften mit Sitz in Frankreich und einem Mitgliedstaat der Europäischen Union für internationale Transporte zwischen den Mitgliedstaaten, in denen die die Zusammenschlüsse bildenden Bahngesellschaften ihren Sitz haben;

Internationale Zusammenschlüsse von Bahngesellschaften mit Sitz in einem Mitgliedstaat der Europäischen Union außerhalb Frankreichs verfügen über ein Transitrecht, welches ihnen die Nutzung der Infrastruktur des französischen Bahnnetzes zugesteht, ohne jedoch die Bedienung nationalen französischen Gebietes zu erlauben.[8]

Man könnte die Überlegung anstellen, dieses Dekret umzudeuten für den Personenverkehr. Dieser ist immer noch gehemmt für den Zugang, da ein Zusammenschluss des anfragenden Unternehmens mit der SNCF notwendig ist und dieses faktisch fast unmöglich ist, da hier eine wirkliche Fusion von Nöten wäre. Wenn man aber in der neuen Gesetzgebung den Begriff „regroupement international„ ein europäisches EVU annimmt, das in Frankreich eine Filiale hat, so könnte eventuell die Voraussetzung der Partnerschaft mit der SNCF ausgehebelt werden. Dies ist und bleibt aber nur eine theoretische Überlegung, wenn man die politischen Hintergründe der Gesetzgebung betrachtet und davon ausgeht, dass ein „regroupment international„, ebenfalls nur im Rahmen des Güterverkehrs gilt. Lediglich eine Filiale eines europäischen EVU bedeutete aber wohl keine Partnerschaft mit einem französischen EVU, da diese nicht untervertraglich mit der SNCF verbunden ist. Somit bleibt der Zugang dem Personenverkehr weiterhin verwehrt.

Tatsache ist also, dass es zwar immer rechtlich möglich war Zugang zu bekommen, da aber Frankreich die Vorgaben der EU nicht strikt umgesetzt hat und die Trennungsphilosophie nicht sehr gut eingehalten hat (das einzige EVU bleibt die SNCF, im Gegensatz zu Deutschland, wo sich über 260 private Anbieter fin-

---

[8] „Benutzungsunterlage der Schienennetznutzungsbedingungen„ – Herausgegeben von *Réseau Ferré de France (RRF)*

den), war der tatsächliche Zugang immer verwehrt. Dies bleibt heute auch noch so, was den Personenverkehr betrifft (obwohl einigen ausländischen Gesellschaften, wie der Deutschen Bahn der Zugang unter bestimmten Bedingungen erlaubt ist[9]), wurde aber weit geöffnet, was den Güterverkehr betrifft (décret du 7 mars 2003).

Im Jahre 2002 wurde von Prof. Christian Kirchner an der Humboldt-Universität zu Berlin ein sogenannter „Liberalisierungsindex„ (LIB-Index) aufgestellt.[10] Dieser soll graphisch darstellen wie weit die verschiedenen europäischen Länder die Vorgaben aus Richtlinien der Europäischen Gemeinschaft in Bezug auf die Liberalisierung des Bahnsektors in nationales Recht umsetzen. Dabei sollte nach der Offenheit der Märkte für schienengebundenen Personen- und Güterverkehr in den in die Untersuchung einbezogenen Länder gefragt werden. Es gilt, bei dieser Untersuchung, drei Ebenen zu unterscheiden, nämlich (1) die Ebene des nationalen Rechtsrahmens, (2) die Ebene der tatsächlich vorhandenen Zugangsmöglichkeiten bzw. –barrieren und (3) die Ebene der tatsächlich erfolgten Marktöffnung.

Der LIB-Index besteht aus drei Einzelindizes. Diese analysieren jeweils einen Teilaspekt des Schienenverkehrsmarktes:

---

[9] D.h. das Réseau Ferré de France stellt den Bahngesellschaften die Bahnsteige für Personenbahnhöfe und die damit verbundenen Anlagen zur Verfügung, wenn ein Antrag diesbezüglich in Verbindung mit bestimmten Trassenanforderungen eingereicht wird. Der Antrag muss Informationen über die vorgesehenen Verbindungen zwischen den denselben Wagenumlauf bildenden Trassen enthalten. Bei der Zuteilung der Trassen werden sowohl die qualitativen und quantitativen Bedürfnisse der Bahngesellschaften als auch die Möglichkeiten der Infrastruktur und der eingesetzten Fahrzeuge berücksichtigt. (Bezugsunterlage RRF)
[10] Prof. Christian Kirchner: „Liberalisierungsindex Bahn 2002 – Vergleich der Marktöffnung in den Eisenmärkten der 15 Mitgliedstaaten der EU, der Schweiz und Norwegens„

Der LEX-Index verdichtet die gesetzlichen Rahmenbedingungen für einen Marktzugang in den einzelnen Ländern.

Der ACCESS-Index vergleicht die praktischen Marktzutrittsbedingungen und -hürden.

Der COM-Index indiziert die Marktdynamik und die gegenwärtige Marktsituation.

Nimmt man diesen Index als Grundlage für eine Untersuchung Frankreichs, so kommt man zu dem Ergebnis, dass Frankreich sich hinsichtlich des Gesamtergebnisses in der Gruppe "delayed" befindet. Diese Gruppe wird mit dem Status „Verzögerte Marktöffnung" bezeichnet.

LEX-Index

Frankreich hatte die Vorraussetzungen der Richtlinie 91/440/EWG i.d.F. Richtlinie 2001/12/EG erfüllt. Im Übrigen war die Société Nationale des Chemins de Fer Francais (SNCF) alleiniger Anbieter im Güter- und Personenverkehr. Eine Trennung zwischen dem Betrieb der Infrastruktur und der Erbringung von Eisenbahnverkehrsleistungen ist rein rechtlich erfolgt. Es herrscht eine klare Vorstellung darüber, welche Strecken dem Transeuropäischen Güterverkehrsnetzwerk zugeordnet werden sollen. Als Problemfelder gelten die Zugänge zu den Häfen. Eine Regulierungsbehörde nach 2001/14/EG gibt es seit der neuen Gesetzgebung von März 2003.

ACCESS-Index

Es sind in Frankreich in den Jahren 1997 bis 2003 Verordnungen und Dekrete erlassen worden, welche die Lizenzvergabe und Sicherheitszertifizierung an Dritte Eisenbahnverkehrsunternehmen (EVU) regeln. Durch das Transportministerium wird jedoch bestätigt, dass mit den Prozessen der Vergabe von Lizenzen derzeit noch keine Erfahrung gesammelt werden konnte, da in Frankreich bis dato keine Lizenz durch ein Drittes EVU beantragt worden ist. Bei den Sicherheitszertifikaten - heißt es weiter - sei man bereit, diese anzuerkennen, wenn die Anforderungen eines anderen europäischen Landes mit den eigenen übereinstimmten. In Frankreich werden hinsichtlich der Erteilung von Sicherheitszertifikaten zwei Fälle unterschieden: (1) Zulassung neuer Technik durch SNCF und/oder (2) Sicherheitszertifikat für ein neues EVU, welches Zugang zum französischen Schienennetz möchte. Interessierte Dritte EVU haben die Möglichkeit zum "One-Stop-Shop" für Lizenzvergabe und Sicherheitszertifizierung. Ansprechpartner ist das Transportministerium. Das Trassenpreissystem der RFF ist offengelegt und kann im Internet eingesehen werden. Energiekosten und sonstige Kosten sind nicht im Trassenpreis kalkuliert und fallen gesondert an.

COM-Index

Der französische Bahnmarkt verlor gemessen an der Verkehrsleistung im Vergleich zur Straße im Güterverkehr 17% und im Personenverkehr 4% (1991-2000). Ausländische Wettbewerber beklagen die Abschottung des französischen Marktes.

Fazit

Bis heute operiert nur SNCF im Güter- und Personenverkehr. Lediglich im Rahmen der Richtlinie 91/440/EWG und der neuen Gesetzgebung ist internationaler Güterverkehr für die Partner möglich. Im März 2003 hat Frankreich die Richtlinien des ersten Eisenbahnpakets – zumindest teilweise für den Güterverkehr – umgesetzt. Der Markt für Kabotage ist jedoch weiterhin unzugänglich.

Prognosen für die Zukunft auf europäischer Ebene:

Netzzugang findet somit nicht oder nur beschränkt statt in der EU. Die große Zahl der «New Entrants» ist nicht in Sicht. Im Personenverkehr wird der open access ohnehin abgelehnt. Personenverkehr ist Systemverkehr. «Open access is a failure» erklären auch Länder mit Erfahrung mit Netzzugang im Güterverkehr. Die Begründung ist nicht Diskriminierung, sondern die hohen Markteintrittsbarrieren: hohe Anfangsinvestitionen und hohe Fixkosten, komplexer Markt und komplexe Organisation und das Resultat sind geringe Gewinnchancen und hohe Verlustrisiken. Auch die Belastung mit Benützungsgebühren ist nicht der Grund für das Fernbleiben vom Markt, denn sie werden entweder laufend reduziert oder für gewisse Verkehre sogar ausgesetzt. Wenn nun aber der Netzzugang nicht stattfindet, ist die Trennung sinnlos. Und sollte der Netzzugang im beschränkten Umfang doch noch eintreten, ist diese Maßnahme beispiellos unverhältnismäßig.

Der offene Netzzugang (Open Access) entspricht den EU - Richtlinien für «internationale Gruppierungen» (Richtlinie 2001/12/EG vom 26.2.2001, Art 10). Die EU will bis im Jahr 2008 die Zugangsrechte zur grenzüberschreitenden Güterbeförderung ausdehnen, und zwar in einem festgelegten Netz, das als «Transeuropäisches Schienengüternetz» bezeichnet wird. Heute gilt er für den «grenzüberschreitenden kombinierten Verkehr». Verschiedene Länder gehen heute weiter. Die Bilanz ist negativ. Die EU versteht Freien Zugang als Instrument für Wettbewerb und eine bessere Nutzung der Eisenbahninfrastruktur. In keinem Land ist diese Zielsetzung tatsächlich erfüllt. An deren Stelle ist der Verdrängungswettbewerb ausgelöst. Anbieter liefern sich einen Preiskampf. Das Gesamtsystem Bahn nimmt weniger ein. Henry Posner, Chairman Railroad Development Corporation, Pittsburgh, USA, drückt es treffend aus: «Open Access doesn't take trucks off the highway; it takes existing railway business and hauls it with someone else's locomotives.» Zudem werden in einigen Ländern die Zugangsrechte überhaupt nicht beansprucht. Auf Basis der Erfahrungen kann prognostiziert werden, dass auf die erweiterte Einführung des Freien Zugang im Personenverkehr in der EU verzichtet wird. Im Güterverkehr findet der Netzzugang nicht im erwarteten Ausmaß statt. Dieses Instrument zur besseren Nutzung der Eisenbahninfrastruktur wird als untauglich erkannt und liquidiert. Zukunft haben Allianzen. Und damit wäre die Trennung des Verkehrs von der Infrastruktur nicht sehr sinnvoll, denn sie sollte die organisatorische Maßnahme für den diskriminierungsfreien Netzzugang sein. Die Entwicklung in Richtung Trennung des Verkehrs von der Infrastruktur und die Trennung von Funktionen wird sich jedoch noch einige Zeit fortsetzen bis in Europa die Politik die negativen Auswirkungen erkennt, dass insbesondere

die bessere Nutzung der Eisenbahninfrastruktur mit Freien Zugang ausbleibt und der so genannte Wettbewerb höchstens zum Verdrängungswettbewerb ausartet,

Kosteneinsparungen und Synergiewirkungen durch Zusammenlegen von Infrastruktur und Verkehr realisierbar sind, und

die Erstellung der gemeinsamen Dienstleistung von hoher Qualität aus einer Hand gesamtverantwortlich zu führen ist.

Darauf folgt der Weg zurück zum integrierten Eisenbahnunternehmen: Verkehr und Infrastruktur unter einem Dach. Netzzugang als Voraussetzung für den Ausschreibungswettbewerb? Für den regelmäßigen Personenverkehr ist nach wie vor eine Konzession erforderlich. Somit kann bei der Konzessionserteilung als Auflage aufgenommen werden, dass ein anderes Unternehmen das Recht hat, auf einem bestimmten Abschnitt zu fahren. Ist die Konzession erteilt, soll der Konzessionsinhaber die Sicherheit haben, dass kein New Entrants zugelassen wird, und zwar hinsichtlich des Investitionsrisikos. Die Erfahrungen im Ausland belegen, dass auf Investitionen verzichtet wird, wenn diese Sicherheit fehlt. Die

Öffentlichkeit aber hat mehr Interesse an Investitionen als an einem zusätzlichen Zug eines Konkurrenzunternehmens.

Die Trennung des Verkehrs von der Infrastruktur ist dogmatisch. Das Ziel der Funktionalität der Bahn ist höher zu gewichten. Wettbewerb ist kontraproduktiv, wenn die Qualität der auf dem Gesamtnetz erbrachten Leistungen abnimmt, die Gesamtwirtschaftlichkeit verschlechtert wird oder gar das System kollabiert. Kommt dazu, dass der Wettbewerb mit Netzzugang im Güterverkehr nicht das erwartete Ausmaß erreicht und zudem keine positiven Resultate verzeichnet. Die aktuelle Situation in einem Satz formuliert: Die europäischen Bahnen ergreifen auf Anlass der EU noch immer problematische organisatorische Maßnahmen für den Netzzugang, der im erwarteten Ausmaß nicht stattfindet.

Es bleibt dennoch festzustellen, dass bei der Öffnung der Netze Deutschland am weitesten gegangen ist. Auf dem Papier haben sich alle in Richtung EU und ihren Forderungen nach Harmonisierung bewegt, in der Praxis bestehen deutliche Unterschiede. Die Schiene ist integraler Bestandteil der Verkehrsinfrastruktur, etliche Regierungen haben ihre Hausaufgaben noch nicht gemacht, die nationale Brille muss zur Seite gelegt und die europäische Dimension des Schienenverkehrs behandelt werden.

Prognosen für Frankreich

Die Infrastruktur in Deutschland und seiner DB Netz AG wird heute bereits von über 200 Eisenbahn-Verkehrsunternehmen genutzt, Tendenz weiter steigend. Dies dürfte in Europa, wohl sogar weltweit einmalig sein. Wir haben gesehen, dass dies in Frankreich keineswegs der Fall ist.

Hier gab es Pläne und Vorschläge der Partei Chiracs für den Verkehrsbereich. Das Programm, le programme transports des Chiraquiens - une nouvelle politique des transports - ist ausgesprochen EU-lastig und enthält u.a. eine Vertiefung der Trennung SNCF/RFF und die Übertragung der Funktion Zuweisung von Fahrwegkapazität an RFF. Dass im Zuge einer Weiterentwicklung der Ordnung in Frankreich die Division Infrastructure der SNCF zur RFF hinüberwechselt ist aber nicht wahrscheinlich! Die Gewerkschaften sind vehement dagegen. Der Président du Comité exécutif SNCF, Louis Gallois, hat den Gewerkschaften nach dem letzten Streik zugesichert, «que la SNCF restera une entreprise de caractère intégré». Der Kampf für ein materiell integriertes Unternehmen wird fortgesetzt. Gewisse Veränderungen mit der neuen Regierung sind nicht auszuschließen. Da ist die Deklaration des programme transports: Vertiefung der Trennung SNCF/RFF. Aber man erinnere sich auch im Verkehrsministerium an die präzise Aussage des gewählten Präsidenten der Republik Frankreichs: «Je veillerai à l'unité du système ferroviaire»!

Somit ist trotz all der Kritik bezüglich des Versuchs auf Europäischer Ebene eine Liberalisierung des Netzzugangs herzustellen zunächst abzuwarten, wie sich in Frankreich aktuell mit der neuen Gesetzgebung der Netzzugang tatsächlich entwickelt. Seit Juli liegt eine Veröffentlichung der RFF vor, die ausführlich die rechtlichen und tatsächlichen Zugangsbedingungen in Frankreich beschreibt (diese ist zurzeit nur zu kaufen, aber ab Oktober im Internet veröffentlicht). Damit folgt Frankreich auch der Verpflichtung der Transparenz und Aufklärung und macht für Unternehmen, die Zugang zum französischen Netz bekommen möchten möglich, sich zu informieren welche Bedingungen zu erfüllen sind.

Ist eine positive Entwicklung in Frankreich zu erkennen, so ist eine „abgespeckte,, Trennung, wie sie in Frankreich vorgefunden werden kann im Gegensatz zu einer tatsächlichen Trennung, wie bspw. in Deutschland wohl auch möglich. Ist allerdings vor allem im Personenverkehr, wo in Frankreich zur Zeit noch keine Verbesserung der Probleme erkennbar sind und immer noch nach der alten Regelung agiert wird, keine Veränderung in nächster Zeit zu erwarten, dann sollte man hinsichtlich einer tatsächlichen Trennung, wie sie in der Richtlinie 91/440/EG vorgesehen war in Frankreich über Maßnahmen nachdenken. Der freie Netzzugang des Personenverkehrs in Frankreich ist und bleibt aber wohl ein politisches Problem, da die Gewerkschaften nicht willig sind hier einer Gesetzesänderung zuzustimmen.

Literaturverzeichnis

Rechtliche Regelungen:

Directive 91/440/CE du 29 juillet 1991 relative au développement des chemins de fer communautaires, modifiée par la directive 2001/12/CE du 26 février 2001

Directive 95/18/CE du 19 juin 1995 concernant les licences des entreprises ferroviaires, modifiée par la directive 2001/13/CE du 26 février 2001

Directive 2001/14/CE du 26 février 2001 concernant la répartition des capacités d'infrastructure ferroviaire, la tarification de l'infrastructure ferroviaire et la certification en matière de sécurité

Loi n° 82-1153 du 30 décembre 1982 d'orientation des transports intérieurs, modifiée notamment par la loi du 13 février 1997 visée ci-dessous

Loi n° 97-135 du 13 février 1997 modifiée portant création de l'établissement public « Réseau ferré de France » en vue du renouveau du transport ferroviaire

Décret n° 97-444 du 5 mai 1997 modifié relatif aux missions et aux statuts de Réseau ferré de France

Décret n° 97-445 du 5 mai 1997 portant constitution du patrimoine initial de Réseau ferré de France

Décret n° 97-446 du 5 mai 1997 modifié, relatif aux redevances d'utilisation du réseau ferré national

Décret n° 2000-286 du 30 mars 2000 modifié, relatif à la sécurité du réseau ferré national

Décret n° 2002-1359 du 13 novembre 2002 fixant la consistance du réseau ferré national

Décret n° 2003-194 du 7 mars 2003 relatif à l'utilisation du réseau ferré national

Arrêté du 30 décembre 1997 modifié relatif aux redevances d'utilisation du réseau ferré national

Arrêté du 5 juin 2000 relatif aux règles techniques et de maintenance applicables aux matériels roulants circulant sur le réseau ferré national

Arrêté du 5 juin 2001 relatif au transport des marchandises dangereuses par chemin de fer (dit "arrêté RID")

Arrêté du 12 juin 2001 relatif aux modalités d'application des règles de sécurité aux transports internationaux utilisant le réseau ferré national

Arrêté du 20 décembre 2001 fixant le barème des redevances d'utilisation du réseau ferré national, modifié notamment par l'arrêté du 27 juin 2003

Arrêté du 13 décembre 2002 fixant le barème des redevances d'utilisation du réseau ferré national

Arrêté du 6 mai 2003 fixant les modalités de délivrance, de suspension temporaire et de retrait des licences d'entreprises ferroviaires

Arrêté du 6 mai 2003 fixant les modalités de fonctionnement de la mission de contrôle des activités ferroviaires

Arrêté du 20 mai 2003 fixant les seuils en matière de capital social, d'arriérés d'impôts et de cotisations sociales à prendre en compte pour l'attribution de la licence d'entreprise ferroviaire

Literatur:

Willi Piecyk: „Die Eisenbahnmaßnahmepakete aus europäischer Sicht,, (Vortrag anlässlich des gemeinsamen Workshops von DVWK und IVE am 17./18.10.2002 in Hannover

K. Gstettenbauer: „EU und Eisenbahnen,, (BMVIT – Referat EU-Eisenbahnangelegenheiten – 2002)

Liberalisierungsindex Bahn 2002 – Vergleich der Marktöffnung in den Eisenmärkten der 15 Mitgliedstaaten der EU, der Schweiz und Norwegens

Jan Scherp: „Der neue Rahmen für den Zugang zur Eisenbahninfrastruktur in der EU,, 2003

Prof. Dr. Christian Böttger: „Überlegungen zu einer effizienten Organisation der Eisenbahninfrastruktur in Deutschland,, Berlin, September 2001 http://www.litra.ch/Ausw_D/PD/Bilder/LIBIND.pdf

Dr. Carlo Pfund „Die Trennung des Verkehrs von der Infrastruktur der Bahn oder die Trennungsphilosophie der Europäischen Union EU,,, 1. November 2002 http://www.litra.ch/Ausw_D/AVP/GS/pdf/nr5.pdf

http://europa.eu.int/rapid/start/cgi/guesten.ksh?p_action.gettxt=gt&doc=IP/01/962|0|RAPID&lg=EN

RFF Jahresbericht, http://www.rff.fr/e34n34uk/fprofinf.htm

Aus unserem Verlagsprogramm:

Planungs-, Verkehrs- und Technikrecht

Michael Ronellenfitsch / Ralf Schweinsberg (Hrsg.)
Aktuelle Probleme des Eisenbahnrechts VIII
Hamburg 2003 / 148 Seiten / ISBN 3-8300-1188-1

Michael Ronellenfitsch / Ralf Schweinsberg (Hrsg.)
Aktuelle Probleme des Eisenbahnrechts VII
Hamburg 2002 / 286 Seiten / ISBN 3-8300-0753-1

Michael Ronellenfitsch / Ralf Schweinsberg (Hrsg.)
Aktuelle Probleme des Eisenbahnrechts VI
Hamburg 2001 / 296 Seiten / ISBN 3-8300-0486-9

Michael Ronellenfitsch / Ralf Schweinsberg (Hrsg.)
Aktuelle Probleme des Eisenbahnrechts V
Hamburg 2000 / 311 Seiten / ISBN 3-8300-0216-5

Dirk Gaupp
Der Netzzugang im Eisenbahnwesen
Eine Untersuchung der rechtlichen Rahmenbedingungen des Zugangs zum Schienennetz für dritte Anbieter von Eisenbahnverkehrsleistungen in der Bundesrepublik Deutschland und der Schweizerischen Eidgenossenschaft unter Berücksichtigung der rechtlichen Grundlagen der Liberalisierung des Eisenbahnverkehrs in der Europäischen Union
Hamburg 2004 / 404 Seiten / ISBN 3-8300-1310-8

Alexander Wolfgang Schmid
Eisenbahnplanungsrecht in den Niederlanden
Mit rechtsvergleichenden Bezügen zum deutschen Fachplanungsrecht
Hamburg 2001 / 348 Seiten / ISBN 3-8300-0468-0

Postfach 50 08 47 · 22708 Hamburg · www.verlagdrkovac.de · info@verlagdrkovac.de

Einfach Wohlfahrtsmarken helfen!